采掘业治理

[澳] 安东尼·贝宾顿
[加纳] 阿卜杜勒－加法鲁·阿卜杜来
[美] 丹妮丝·汉弗莱斯·贝宾顿　　　著
[赞比亚] 马里亚·亨菲拉
[秘] 辛西娅·桑伯恩
谢卫军　译著

对外经济贸易大学出版社
中国·北京

图书在版编目（CIP）数据

采掘业治理 /（澳）安东尼 • 贝宾顿等著；谢卫军译著. —北京：对外经济贸易大学出版社，2020.8

书名原文：Governing Extractive Industries——Politics, Histories, Ideas

ISBN 978-7-5663-2166-4

Ⅰ. ①采… Ⅱ. ①安…②谢… Ⅲ. ①矿业–研究–世界②石油工业–研究–世界③天然气工业–研究–世界 Ⅳ. ①F416.1②F416.22

中国版本图书馆 CIP 数据核字（2020）第 115326 号

著作权登记号：图字：01–2020–1381

采掘业治理

［澳］安东尼·贝宾顿 ［加纳］阿卜杜勒–加法鲁·阿卜杜来
［美］丹妮丝·汉弗莱斯·贝宾顿 ［赞比亚］马里亚·亨菲拉 著
［秘］辛西娅·桑伯恩
谢卫军 译著

责任编辑：董 黛
助理编辑：杨娇娇

出版发行：对外经济贸易大学出版社
社 址：北京市朝阳区惠新东街 10 号
网 址：www.uibep.com
资源网址：www.uibepresources.com
邮政编码：100029
邮购电话：010 – 64492338
发行部电话：010 – 64492342
E-mail：uibep@126.com

成品尺寸：185mm×260mm
印 张：14
字 数：306 千字
ISBN 978-7-5663-2166-4
印 刷：北京九州迅驰传媒文化有限公司
版 次：2020 年 8 月北京第 1 版
印 次：2020 年 8 月第 1 次印刷
定 价：79.00 元

前言和致谢

这本书已经写了好几年了。本书的基础是一个研究项目，而关于这个研究项目的构想是于 2012 年慢慢开始的，这些构想成为“有效国家和包容性发展研究中心（ESID）”更广泛讨论的一部分，ESID 则是由曼彻斯特大学全球发展研究所协调的一个研究中心的国际协作项目。ESID 致力于解决的问题是：“什么样的政治能够帮助实现包容性发展，以及如何促进这些政治的形成？”我们的研究项目探讨人们如何理解政治解决、采掘业治理和长期包容性发展模式之间的相互作用。我们每个人都多年从事采掘业工作，都非常明确地知道，政治是该行业如何进行治理的核心。然而，要找到一种正式的语言来讨论政治这一因素，并且是以一种能够在不同国家背景下进行系统比较和综合的方式来讨论，无疑是一个巨大的挑战，而正是这一挑战激起了我们的兴趣。于是，我们开始构思这份手稿。

为了使本书与更广泛的“有效国家和包容性发展研究中心（ESID）”计划的总方向保持一致，我们从有关政治解决的文献着手工作。这本身也是一种挑战——有时它似乎帮助了我们的分析，但另外一些时候，语言又好像阻碍了我们的分析。我们就这一概念的有用与否进行了辩论，到最后也是用政治解决的方式解决了我们自己的问题。在某种程度上，这是因为眼前的挑战。我们完全有理由在四十页的篇幅里谈论一个国家政治和自然资源治理的 125 年历史：在政治辩论和一般对话中，公民们经常对历史作非常简明的解释，然后运用这些解释作为更广泛辩论的一部分。然而，撰写这四十页解释的实际挑战是残酷的：一方面，我们觉得遗漏了太多东西，另一方面，细节又总是阻碍着我们争论的进行。在对构成本书基础的四个国家的案例进行了多次反复研究和讨论之后，我们又回到了这样的观点，即政治解决框架成为讨论这些长期动态情况的最有成效和最综合的方式，能够在时间和空间之间进行比较。我们还得出结论，“政治解决”这种语言特别有用，因为它允许我们通过一个框架来讨论资源开采的不同形式：大规模采矿、大规模油气、个体和小规模采矿（ASM）以及采矿合作联盟。这一点很重要，因为在文献中，这些不同的开采形式通常是分开讨论的，尽管它们之间存在着明确的政治、经济和地理关系。

踏上了这一分析和理论的道路之旅后（其间经历了爆胎、故障和超速罚单），我们得到了来自曼彻斯特的萨姆·希基高超的学术指导。萨姆慷慨地发表了他的评论和批评，也是我们项目最忠实的支持者和啦啦队长，尤其是当我们感到止步不前的时候。在核心的

ESID 团队中，巴勃罗·扬瓜斯、库纳尔·森和马蒂亚斯·冯·豪的评论和想法也很有帮助。该项目与另外两个项目联系在一起：一个是调查矿业中的企业社会责任，由托马斯·弗雷德里克森领导；另一个是处理自然资源税收与再分配社会政策之间的关系，由保罗·莫斯利领导。托马斯和保罗是我们辩论团队的一部分，我们也应该感谢他们在学术上的见地。在秘鲁，塔尼亚·拉米雷斯和维罗妮卡·赫尔多斯对研究和写作作出了重大和重要的贡献，阿尔瓦罗·卡诺关于个体和小规模采矿（ASM）公共政策演变的工作对我们关于此问题的理解至关重要，亚历杭德拉·维拉努埃瓦的研究为理解采矿业提供了新的见解，阿尔瓦罗·帕雷德斯提供了研究援助。关于玻利维亚的研究，西莉娜·格里西·胡伯在实地研究中发挥了至关重要的作用，劳拉·里德林和斯科特·奥德尔分别提供了宝贵的协助。在赞比亚，杰西卡·阿奇伯格和贾斯丁·西西恩每个人都对研究材料的准备工作提供了巨大的帮助。

在曼彻斯特和我们各自所在的机构，许多人协助管理这个项目。他们为我们举行的会议提供了便利、组织了专题讨论会、处理了预算，并做了所有其他管理工作，没有这些管理工作，我们就不可能进行研究，特别是国际合作和比较方面的研究。我们尤其感谢凯特·贝塞尔、朱莉娅·布伦特、克莱尔·德根哈特、帕梅拉·邓克尔、索菲·金、苏珊·普里尔、朱莉·拉弗蒂、祖莱卡·拉莫斯、英格丽德·维加和安娜·韦伯斯特。我们特别感谢克拉克大学的斯科特·奥德尔，他出色地编辑了各个章节，梳理了各章的信息，澄清和纠正了句法和语法，并为牛津大学出版社（OUP）编写了这本手稿。在墨尔本，钱德拉·贾亚苏里亚在为这本书准备所有地图方面提供了巨大帮助。在牛津大学出版社，我们感谢亚当·斯沃洛对该项目的指导和支持，感谢凯瑟琳·欧文和凯蒂·毕晓普通过合同和出版来指导项目。

随着这项工作的进展，许多人对其进行了评论，他们的观察和批评在许多方面改进了我们的论点。特别是，我们感谢马丁·阿布雷古、哈维尔·阿雷拉诺–扬瓜斯、科霍·阿桑特、何塞·亚历杭德罗·佩雷斯–卡贾斯、阿尔瓦罗·卡诺、约翰·克拉布特里、杰拉多·达蒙特、爱德华多·达金特、萨姆·希基、戴维·胡尔梅、戴维·凯莫维茨、特里·卡尔、卡洛斯·蒙格·阿尔瓦罗·帕雷德斯、马里察·帕雷德斯、马丁·斯卡拉和亚历杭德拉·维拉努埃瓦。我们还感谢收到的对这本书建议稿和手稿不同章节的各种匿名评论。我们的论点和解释也在拉丁美洲研究协会 2016 年纽约年会和 2017 年利马年会、利马太平洋大学、阿克拉的加纳民主发展中心的 ESID 研究传播专题研讨班、卢萨卡的南部非洲政策分析和研究所的专题研讨班、塔里哈的塔里哈区域研究和发展中心、科恰班巴的玻利维亚文献和信息中心等工作坊、论坛和小组会议上提出。我们感谢所有这些活动与会者的反馈意见。

本项目得到了“有效国家和包容性发展研究中心”（ESID）的财政支持，以及我们各自所在的主办机构的许多财政补贴：克拉克大学、墨尔本大学、太平洋大学、南部非洲政策研究所和加纳大学商学院。托尼·贝宾顿也非常感谢约翰·西蒙·古根海姆纪念基金会奖学金和澳大利亚研究委员会的澳大利亚高级学者奖学金提供的资助。

安东尼·贝宾顿，阿卜杜勒–加法鲁·阿卜杜来，丹妮丝·汉弗莱斯·贝宾顿，马里亚·亨菲拉，辛西娅·桑伯恩

分别于墨尔本，阿克拉，伍斯特，卢萨卡，利马

2017年10月

译　者　序

采掘业的发展为其他各个部门提供了丰富的矿物原料，对国民经济发展起着基础性的支撑作用。做好采掘业治理，对促进行业自身的发展以及整个国民经济的发展，都有着不可替代的重要作用。多年以来，许多国家、尤其是资源型国家的政府，一直在寻求与其自身执政理念和目标相一致的采掘业治理模式，这无疑是一件相当不容易的事情。当然，如果要把这些不同国家、不同时期的采掘业治理模式进行分析比较，从中找出相关规律性的特征，并以期得出更好的采掘业治理模式，那就更不容易了。

来自澳大利亚、秘鲁、加纳、赞比亚等国家的五位学者，就做了这样一件难度不小且意义非凡的工作。之所以说难度不小，就在于所选主题具有挑战性、研究方法要有创新性、研究理论须有深刻性、研究结论应有可信性，以及研究地域广度大、研究时间跨度长等等。然而，通过作者们的不懈努力和创新思维，这些困难被一一克服。至于意义非凡，他们研究采用的崭新视角，对完善全球采掘业治理的深刻启迪，对采掘业治理政治文献的独特贡献等，显然无须赘述。

非洲和拉丁美洲是两个具有悠久采掘业发展历史的区域，作者们选择地处拉丁美洲的秘鲁、玻利维亚以及非洲的赞比亚、加纳作为对象进行研究分析，运用相关的案例研究，形成一个广泛的地理比较，无疑具有典型意义；而且他们选择了“长时段”关注，“分析单位是一个世纪左右的国家历史”，这样来比较这四个国家在较长历史时期的情况，就能够向大家展示在一个相当全面的时间和空间里，这些国家采掘业发展和治理的历史以及随时间变化的模式。

作者们围绕的研究主题是“什么样的政治能够帮助实现包容性发展，以及如何促进这些政治的形成”。这一主题无疑具有极大的挑战性。国家的发展阶段不同、政治体制不同、国际社会影响力不同，都会得出不同的解答。作者们经过仔细研讨，决定通过采用“政治解决”框架来解答这一问题。他们发现，政治解决框架是讨论长期动态情况最有成效和最综合的方式，能够在时间和空间之间进行比较。他们认为，玻利维亚、加纳、秘鲁和赞比亚的历史清楚地表明，契约的订立、争论、谈判和暴力一直是自然资源开采治理的重要组成部分，采用政治解决的语言来分析这些现象是有用的。他们不仅运用政治解决视角来理解自然资源，而且还探讨自然资源的物质性（质量、位置等）如何影响其治理方式以及各种政治形式，并对理解政治解决的规模和空间给予了明确的关注。他们还探讨了人们如何理解政治解决、采掘业治理和长期包容性发展模式之间的相互作用。因此，虽然现有关于更有效地治理自然资源的相关建议强调了制度和治理的重要性，但较少提及发生制度变革的政治条件，作者们则在这方面进行了有益的尝试，这在方法论上是一个重大的突破。

在研究中，作者们秉持两个主要主张：一是政治解决理论可以帮助解释矿物和油气资源如何随着时间的推移而治理；二是自然资源的物质性、规模和思想在自然资源治理中会影响精英和其他社会行为体之间的关系，并在政治解决方案的制定中发挥因果作用。这两个主张相互独立但相得益彰，在逻辑上是顺畅的。

基于上述两个主要主张，作者们对有关政治解决理论的核心观点进行了比较全面和准确的梳理。在这一理论框架里，精英间契约、讨价还价的能力和结果尤为关键；精英与被排斥的派别之间关系也是重大要素；政治因素对制度的形式和绩效有驱动作用；政治解决方案的稳定和不稳定是有根源的。此外，跨时间关系以及与自然资源相关的政治和文化观念也必不可少；国家或地方各级行为体时常会此消彼长、跨国行为体具有持续影响等。

为进一步阐述政治解决理论的内涵，作者们重点探讨了贯穿本书的三个基本问题：第一，跨国因素如何影响采掘业治理的政治以及矿业经济与政治解决之间的关系；第二，有关思想的交流和资源的物质性如何影响自然资源政治，以及政治解决与自然资源治理之间的关系是怎样的；第三，政治解决的性质如何影响采掘业行业的治理及采掘业与社会包容发展模式之间的关系，以及围绕资源开采的动态如何反过来影响这些政治解决的特征。

关于第一个问题，作者们认为，从殖民时代到现在，跨国因素一直是自然资源治理政治的核心。跨国因素对采掘业治理的政治以及矿业经济与政治解决之间的关系具有重大影响。从全球价格到国际公司做法的跨国因素都影响到了政治解决的性质和自然资源的治理。跨国因素包括跨国行为体（以前的殖民大国、现在的国际组织如国际货币基金组织和世界银行、相关跨国公司等）、全球大宗商品的价格波动等。采矿与殖民统治和后殖民过渡时期的联系仍然是当代资源治理政治的一个重要因素。同时，由于国内需求有限和经济相对单一，作为全球大宗商品市场的价格接受者，作者们所研究的这四个资源型国家对全球价格的依赖尤其严重，因而受国际价格影响也更为重大。全球商品市场对每个国家政治行为体的组成和解散以及他们掌权和包容的相对程度也具有影响。跨国因素也是造成这些国家在工业国有化和私有化之间来回振荡的主要原因。此外，跨国公司的企业战略、管理思想和经营实践等，会随着全球商品和资本市场的约束效应以及企业信息共享和自我组织的俱乐部效应进行跨国传播。企业社会责任的兴起就影响到了地方形式的爱国主义和精英的关注程度以及当地发展。

关于第二个问题，作者们认为，对自然资源政治的理解，不仅要考虑相关方在谈判资源使用和控制时涉及的利益，而且要考虑这类资源本身的基本性质和关于该资源的相关思想。这些思想可能与特定利益相关，也可能无关。思想指导行为，与资源开采有关的思想影响了国家政治解决的方案构成和治理安排。围绕领土、权利、环境影响和种族认同的思想在地方各级行为体的出现中发挥了重要作用；资源民族主义、民族团结、国家和“主体观念”等思想，以及技术官僚更能有效地进行治理的思想，对自然资源治理的政治解决都产生了重要的影响。就资源的物质性而言，所涉资源的位置、质量、开采方便程度等方面的性质都会对政治产生影响。由于矿物和油气资源的地理位置可能与政治权威、种族和族裔、土地和领土主张的地理位置相互重叠，而资源的质量又有助于决定它是否可行、如何开采，因此它们都不可避免会影响采掘业治理的政治。从这个意义上讲，关于资源的思想和资源的物质性都影响到资源治理和政治解决的形成。

关于第三个问题，作者们认为，“资源诅咒”是采掘业治理政治的重要关注内容，它主要是一种政治现象，而不是一种经济现象。如果没有所有利益相关方的巨大协调努力，就无法消除阻碍经济多样化和包容性发展的制度扭曲现象。在作者们研究的这些国家，并没有消除这些制度扭曲现象来促进经济多样化和包容性发展。比如，竞争客户主义占统治的时期没有成功地利用资源租金来促进任何实质性的经济多样化，尽管大规模采掘业一定程度上通过缴纳税收和特许权使用费促进了社会包容发展；虽然威权性或主导性的政党制度确实鼓励了发展政策，但他们并没有成功地将这些愿景转化为可持续的社会包容发展形式。这是因为他们的治理能力和技术能力有限，以及商品价格下跌的影响。由于缺乏战略一致性的治理安排，统治联盟中的精英往往尝试利用制度变革来应对横向派别和纵向派别的具体诉求和可能紧急情况，但多数时候是不成功的。个体和小规模采矿行业（比如加纳的“加兰西”）则有潜力作为水平权力的一种约束形式影响主导联盟。

在作者们研究这四个国家的长时段里，这些国家并没有超越依赖初级产业的经济发展模式，他们在发展制造业并使其多样化方面没有取得真正的成功，公共预算仍然取决于商品价格的涨跌。如何解决这个略显困惑的两难境地呢？作者们采用了讨论“元解决”的办法，将从殖民时代到现在的五个不同的政治解决方案结合起来，确定了在不同解决方案中都持续存在的两个关键现象：威权主义和狭隘（但脆弱）精英。应该说，这种“元解决”的概念对于观察这四个国家政治关系中的持久趋势是非常有用的，涉及类似的精英和基本思想。这样的研究具有一定的独创性和针对性，也更有深度和借鉴意义。

总体看来，作者们运用政治解决框架来讨论这四个国家一个多世纪的采掘业治理政治是有成效的。他们关于政治解决的长期自然资源治理视角，对我们理解和研究采掘业治理政治的相关问题，具有良好的启示意义。

首先，如果关键自然资源行业成为国家政治经济、身份形成和国家政治行为体组成之核心，那么国家解决方案与政策领域解决方案并无明确区别，政治解决与自然资源开采这两个“空间”之间存在着相互构成的关系；其次，对采掘业治理政治的分析和政治解决方案构成的分析必须跨界面进行，因为资源开采具有地方、国家和全球维度，跨国行为体可以多种形式影响采掘业治理，而矿物和油气的本土化性质也使地方行为体纳入国家和国际动态；再次，自然资源能产生巨大的租金，这对政治解决方案是有影响的。采掘业治理政治也是不同类型精英明确的政治和意识形态战略的核心筹资机制的政治。复次，大规模的自然资源开采项目需要大量的前期投资，这类投资需要政府做出重大的“可信承诺”，为投资者提供他们为推进这些项目所需的金融、法律和实物安全。从次，底土资源的象征意义意味着“思想”具有潜在的因果力量。政治解决的性质必须从利益和思想的政治角度来理解。“资源民粹主义”和“正义”一直都是影响自然资源治理和社会动员的重要思想。思想和物质性对于创造新的政治行为体至关重要。最后，“长时段”观点使政治解决思维中使用的一些范畴框架复杂化。长期历史方法强调如何谈判横向和纵向排斥派别的边界及其影响。国家分析还明确了理解因果进程的重要性。采取长期观点有助于防止将政治解决方案与政权联系在一起。

当然，作者们在论证究竟“什么样的政治能够帮助实现包容性发展，以及如何促进这些政治的形成”方面，显然还没有完全得出答案。他们只在研究的部分时间和局部空间里，在某些政治解决方案下，看到了这种包容性发展。比如，在广泛的竞争客户主义政治逻辑下，“大规模采掘业至少通过缴纳税收和特许权使用费促进了社会包容发展”，“秘鲁和玻利维亚在过去十年中在减贫方面都取得了重大成功”。究其原因，是因为面对“如何才能理解、预期和促进更多‘有效’和‘包容性’制度出现的条件”这一分析性和政治性的问题，政治解决方案也不是灵丹妙药。此外，在探讨跨国因素的影响时，作者们提到了国际商品市场价格的涨落、跨国公司的战略等方面的影响，而对更具根本性的因素，比如广大发展中国家（尤其是资源依赖型国家）在西方发达国家主导下的国际政治经济秩序中所处的天然不利地位，以及西方发达国家在发展中国家推行的一系列新自由主义经济改革造成后者的水土不服，则没有提及和挖掘。在资源的物质性方面，矿业生命周期也是重要的维度，对政治解决方案也具有影响。这也许可以在今后的研究中进行探讨和分析，从而丰富政治解决框架的内涵、增强说服力。

要为上述问题提出有效解决方案并非易事。毕竟，各国发展阶段不同、体制形式不同，其政治内涵亦不相同；而且，对“包容性发展”的理解也不尽一致。尽管如此，以下因素应是相关解决方案的必要内容：相对稳定的政治体制和体系；不只为自身谋利益、而是为广大民众谋福祉的政党和政府；较为完善的法律制度，包括稳定的采掘业产权制度；良好的治理体系和治理能力，不仅仅在自然资源领域；民主程度和觉悟程度相对较高的公民社会；先进的采掘技术和管理模式；环境保护、经济发展和社会事业的综合平衡；政府、企业、社区的良性互动；适宜的跨国因素，比如合理的国际制度设计与良好的责任共同体建设，较好的国际商品价格等。这些都是促进包容性发展的必要变量。在实践中，同时满足条件的变量越多，则解决方案越为理想。而且，这些变量在现实中都是能够找到的。

此外，作者们在书中有几处提到了中国因素，表明中国矿业企业在全球的影响力越来越大。对中国矿业企业来说，学习和掌握相关国际和东道国的采掘业治理历史、政治和思想，对我们更好地走出去开展采掘业的国际经营、更好地推动一带一路建设、努力成为促进当地经济社会可持续发展的积极“跨国因素”，是很有裨益的。同时，中国企业也应该通过合理参与国际矿业治理，努力争取有利的海外投资和经营环境，不断增强自身的国际竞争力。

鉴于本书在研究采掘业治理与政治解决相互作用方式方面的独特方法，在理论分析与实证支持方面的紧密结合，以及它对采掘业治理政治文献的开创性贡献，特翻译出版，以飨读者。

谢卫军
2020 年 2 月　北京

书　评

探索自然资源治理的一种新视角

——简评《采掘业治理》

2020 年春，在举国上下齐心抵抗新冠病毒疫情之际，我认真拜读了《采掘业治理》一书，对书中提出的政治解决和包容性发展的观点耳目一新。受译者之托，在此谈几点个人浅见。

自然资源治理是一个既古老而又全新的重大问题。在 125 年前，西方学界就开始讨论了有关国家政治与自然资源治理的关系。但是，采掘业要实现包容性发展还面临着许多特殊的挑战。西方国家所谓的采掘业是专指从大自然中开采或攫取自然资源产品的行业，主要是油气、煤炭、金属及非金属矿和砂石矿采选业，采掘业的形式有大型矿、大型油气田、个体及小规模采矿（ASM）、矿业合作联盟等。一般说来，大型油气采掘和大型矿业需要密集型投资和高技术含量，也往往更容易形成资源垄断，在个别国家或资源富集区还容易滋生各种社会不公平、环境损害、社区矛盾等问题，如果各利益相关方的诉求无法满足或者得不到补偿，这些采掘业和资源型城市或地区很难实现各方协调的包容性发展。世界上很多国家的小矿治理也是如此。中国的小矿与西方国家所谓的个体及小矿大不相同。中国的基本矿情是小矿多、大中型矿少，有关小矿的关井压产、资源整合等治理难题在 20 世纪 80 年代中后期、90 年代末以及 21 世纪前 10 年曾经是中国的重大问题，当时有关小矿治理的理论研究和实践案例丰富。我本人从 2003 年开始参与了世界银行组织的社区与小矿调研和学术交流活动，前后历时长达十多年。如今在世界上一些资源富聚型的发展中国家，小矿在其国家经济社会发展和脱贫致富过程中仍发挥着重要的不可替代作用，学者们还在不断地探索小矿治理策略。无疑，本书是一部从全新视角探索自然资源治理的优秀成果。

首先，我认为这本书为探索自然资源治理打开了一扇新的窗口。该书最显著的创新之处在于它超越了传统的制度分析框架，从形成制度的政治联盟视角，探讨了资源性行业特别是采掘业中政治解决方案是如何发挥作用的，提出了一些与众不同的政治解决方案、思路和模式，这为当前中国乃至全球的自然资源治理提供了一个全新的视角。

其次，本书从政治经济学的视角提出了典型的自然资源治理模式。该书对比了秘鲁、玻利维亚、赞比亚和加纳四个国家实现采掘业治理和包容性发展的政治经济学途径，特别关注体制变革中的一些政治驱动因素，详细阐述了采用什么样的政治体制才能有助于实现包容性发展，以及这些政治手段的作用机制。作者强调了权力和体制在解决采掘业中的政治和经济权益的重要作用，提出了一种全新的权力平衡和政治解决的具体思路和实践案例。这些为新时代自然资源治理提供了很好的参考借鉴。

再次，本书还详细地回答了自然资源行业为什么要实现包容性发展这个重要命题。采掘业对一些国家或地区社会经济发展的贡献是不言而喻的，但采掘业运行或退出之后，在一些地区往往还存在或遗留更多的社会经济问题，诸如贫困和收入不平等、环境正义、性别平等或人权和公民权利等。如何有效地管理好自然资源的开发利用并实现区域协调和可持续发展，很多学者和管理部门都强调各种制度创新。30 年前人们讨论资源诅咒现象是否是采掘业治理的核心问题。20 世纪 90 年代初，奥蒂（Auty，1993）首次提出了“资源诅咒”的假说，试图解释自然资源财富是否对于一个国家或地区的社会经济发展或政治福祉带来不利的影响。之后，很多学者还大量地引入不同的统计变量，如资源富裕度、对外贸易依存度、制度质量、腐败程度、民主与发展程度、政治激励等等，通过模型检验分析“资源诅咒”现象是否存在，以及如何通过不同的政策手段来规避“资源诅咒”困局。可以肯定的是，政治制度是采掘业与经济社会发展之间一个重要的外生中介变量。

从次，我希望读者采用批判性眼光来审读全书。为了回答采用什么样的制度安排才能实现包容性发展这个问题，首先需要澄清的是什么样的发展才是包容性的？世界各国和地区以及不同的民族及其个体，可能对其含义会提出不同的理解。一些人强调人人平等、人与自然和谐，另外一些人可能强调收入均等、稳定的消费和经济增长，还有些人可能倡导环境公正和资源民族主义。由此看来，我们需要一种“批判性现代主义者”的眼光，科学地看待包容性发展，正像本书作者和其他学者主张的观点，要重视自由、进步和权利，要允许对包容性发展提出各种质疑。

最后，我也非常钦佩和感谢谢卫军博士翻译了这本英文专著，书中大量的案例、资料和新观点不仅对于我国矿业“两种资源、两个市场”发展战略具有重要的实践指导，而且为中国当前正在探索的人类命运共同体和自然资源治理新理念提供了很好的理论参考。

沈　镭

中国自然资源学会执行秘书长

中国科学院地理科学与资源研究所研究员

2020 年 2 月 26 日　于北京

缩 略 语 表

AAC	英美资源公司
ADEX	秘鲁全国出口商协会（*Asociación de Exportadores*）
ADN	玻利维亚民族主义民主运动（*Acción Democrática Nacionalista*）
ANC	非洲国民大会
ANMM	玻利维亚国家中小型矿工协会（*Asociación Nacional de Mineros Medianos*）
AP	秘鲁民众行动党（*Acción Popular*）
APRA	秘鲁美洲人民革命联盟（*Alianza Popular Revolucionaria Americana*）
ARPS	加纳土著权利保护协会
ASM	个体和小规模开采矿业
AU	非洲联盟
BCRP	秘鲁中央银行（*Banco Central de Reserva del Perú*）
BSAC	英国南非公司
CAF	中非联邦
CEDIB	玻利维亚文献信息中心（*Centro de Documentación e Información Bolivia*）
CEO	首席执行官
CIPEC	铜出口国政府间理事会
CIUP	秘鲁太平洋大学研究中心（*Centro de Investigación de la Universidad del Pacífico*）
CNTCB	玻利维亚农民工人全国联合会（*Confederación Nacional de Trabajadores Campesinos de Bolivia*）
COB	玻利维亚工人联合会（*Central Obrera Boliviana*）
CODEPANAL	玻利维亚保卫民族遗产委员会（*Comité de Defensa del Patrimonio Nacional*）
COMIBOL	玻利维亚矿业公司（*Corporación Minera de Bolivia*）
COMSUR	南方矿业公司（*Compañía Minera del Sur*）
CONFIEP	秘鲁全国私营商业机构联合会（*Confederación Nacional de Instituciones Empresariales Privadas*）

CPMC	秘鲁塞罗德帕斯科矿业公司
CPP	加纳公约人民党
CSR	企业社会责任运动
CSUTCB	玻利维亚统一工会农民工联合会（*Confederación Sindical Única de Trabajadores Campesinos de Bolivia*）
DA	加纳的社区议会
DA	开发协议
DGAAM	秘鲁矿业环境事务总体指南（*Director General de Asuntos Ambientales Mineros*）
ECLAC	联合国拉丁美洲和加勒比经济委员会
EI	采掘业
EIA	环境影响评估
EITI	采掘业透明度倡议
ERP	加纳经济复苏方案
ESID	有效国家和包容性发展研究中心
FDI	外国直接投资
FENCOMIN	玻利维亚全国矿工联合会（*Federación Nacional de Cooperativas Mineras de Bolivia*）
FISP	赞比亚农民投入支助方案
FPIC	自由、事先和知情同意
FSTMB	玻利维亚矿业工人联盟（*Federación Sindical de Trabajadores Mineros de Bolivia*）
FTA	自由贸易协定
GHEITI	加纳采掘业透明指数
GRA	加纳税务局
GRFA	秘鲁军队革命政府（*Gobierno Revolucionario de la Fuerza Armada*）
HIPC	重债贫穷国减债计划
ICMM	国际采矿和金属理事会
IFC	国际金融公司
IFI	国际金融机构
IGV	秘鲁一般消费税（*Impuesto General a las Ventas*）
ILO	国际劳工组织
ILO 169	1989 年国际劳工组织土著和部落人民公约
IMF	国际货币基金组织
INEI	秘鲁国家统计和信息学研究所（*Instituto Nacional de Estadística e Informática*）

INGEMMET	秘鲁地质、采矿和冶金研究所（*Instituto Geológico，Minero，y Metalúrgico*）
IPC	国际石油公司
IRAC	土地改革和殖民化研究所（*Instituto de Reforma Agraria y Colonización*）
IRS	加纳国内税收服务局
ISI	进口替代工业化
LAZ	赞比亚法律协会
LEAP	加纳增强生计消除贫困能力项目
MAS	玻利维亚社会主义运动（*Movimiento al Socialismo*）
MC	秘鲁文化部（*Ministerio de Cultura*）
MDF	加纳矿产开发基金
MEF	秘鲁经济和财政部（*Ministerio de Economía y Finanzas*）
MFEZ	赞比亚多设施出口区
MINAM	秘鲁环境部（*Ministerio del Ambiente*）
MINEM	秘鲁能源与矿业部（*Ministerio de Energía y Minas*）
MIR	玻利维亚革命左派运动（*Movimiento de la Izquierda Revolucionaria*）
MMC	秘鲁马尔科纳矿业公司
MMD	赞比亚多党民主运动党
MNR	玻利维亚民族革命运动（*Movimiento Nacionalista Revolucionario*）
MP	议员
NCCM	恩昌加联合铜业公司
NCOM	加纳全国采矿非政府组织联盟
NDC	加纳全国民主大会
NDPC	加纳国家发展规划委员会
NFR	玻利维亚新共和力量（*Nueva Fuerza Republicana*）
NLM	加纳民族解放运动
NPP	加纳新爱国党
NRC	加纳全国赎回委员会
NT	加纳北部领土
OAS	美洲国家组织
OASL	加纳传统领地管理办公室
OECD	经济合作与发展组织
OEFA	秘鲁环境评价与财政化机构（*Organismo de Evaluación y Fiscalización Ambiental，Peru*）
OPEC	石油输出国组织

OVC	孤儿和弱势儿童
PAMA	秘鲁环境调整和管理计划（*Programa de Adecuación y Manejo Ambiental*）
PCP-Shining Path	秘鲁共产党光辉道路（*Partido Comunista del Peru-Sendero Luminoso*）
PEMEX	墨西哥石油公司（*Petróleos Mexicanos*）
PF	赞比亚爱国阵线
PMMC	贵金属销售公司
PMSP	秘鲁声援人民的采矿方案（*Programa Minero de Solidaridad con el Pueblo*）
PNDC	加纳临时国防委员会
PPC	秘鲁基督教人民党（*Partido Popular Cristiano*）
PRMA	加纳石油收入管理法案
PRODUCE	秘鲁生产部（*Ministerio de Producción*）
RCM	罗安联合铜矿公司
RST	美国罗安选矿托拉斯
SADA	加纳萨凡纳加速发展管理局
SAIPAR	南部非洲政策和研究协会
SAP	结构调整方案
SENACE	秘鲁国家可持续投资环境认证服务处（*Servicio Nacional de Certificación Ambiental para las Inversiones Sostenibles*）
SGMC	加纳国家黄金矿业公司
SMC	加纳最高军事委员会
SNMPE	秘鲁全国采矿、石油和能源协会（*Sociedad Nacional de Minería, Petróleo y Energía*）
SPCC	秘鲁南部铜业公司
SUNAT	秘鲁国家税务监督局（*Superintendencia Nacional de Administración Tributaria*）
TIPNIS	玻利维亚伊西沃罗赛特雷土著领土和国家公园（*Territorio Indígena y Parque Nacional Isiboro-Secure*）
UDI	赞比亚单方面独立宣言
UGCC	加纳联合黄金公约党
UNIP	赞比亚联合民族独立党
UNO	秘鲁奥德里斯特民族联盟（*Unión Nacional Odriísta*）
UPND	赞比亚国家发展联合党
UPP	赞比亚联合进步党
USAID	美国国际开发署

VAT	增值税
WB	世界银行
YPFB	玻利维亚国家油田公司（*Yacimientos Petrolíferos Fiscales de Bolivia*）
ZCCM	赞比亚联合铜业公司
ZCCM-IH	赞比亚联合铜业投资公司
ZCTU	赞比亚工会大会
ZIMCO	赞比亚工矿公司

目　录

第一章　资源开采和包容性发展：扩大政治解决方式的基础……1
第一节　绘制概念地形图……2
1.1　“资源诅咒”与采掘业治理政治……2
1.2　作为稳定秩序的政治解决方案……5
1.3　政治解决方案的变化……6
1.4　自然资源治理和政治解决方案……7
1.5　采掘业与包容性发展……10
1.6　总结……11
第二节　研究的关注点和研究方法……11
2.1　我们研究的关注点……11
2.2　我们研究的方法……12
第三节　本书的结构……14
第二章　秘鲁的采矿、政治解决和包容性发展……17
第一节　政治是如何塑造发展的：一个以秘鲁为参考的概念讨论……18
第二节　政治解决与变革的历史……20
2.1　寡头统治与外资支配（1895—1968 年）……20
2.2　中央集权下的经济统制和加速社会变革（1968—1990 年）……23
2.3　新自由主义的两个阶段（1990—2016 年）……25
第三节　随时间变化的矿物开采和治理……27
3.1　外国资本主导时期（1895—1968 年）……27
3.2　民族主义和国家所有权（1968—1990 年）……30
3.3　新自由主义和采矿的两个阶段（1990—2016 年）……32
第四节　21 世纪的政治、采掘治理与发展……40
4.1　国家的软弱与政治的分裂……40
4.2　私人资本的力量……41
4.3　跨国行为体和势力……42
4.4　包容性发展的成果……42
第五节　结论和最后反思……45

第三章　玻利维亚的政治解决、自然资源开采及包容性发展 …… 53
第一节　玻利维亚的资源开采和政治解决：概述 …… 54
第二节　玻利维亚政治解决和不稳定发展的简要分期 …… 57
2.1　精英与采掘主义制度之间的持续性与不稳定性 …… 57
2.2　政治解决的分期：1899—2016 年 …… 58
第三节　矿业与政治：从垄断到合作的漫长历史 …… 61
3.1　从寡头私人矿业到资源民族主义矿业的瓦解 …… 61
3.2　合作主义的出现以及大规模私人采矿的回归 …… 65
3.3　总结 …… 67
第四节　油气、区域主义和经济发展 …… 68
4.1　油气民族主义的兴起和消亡 …… 68
4.2　资源区域主义、社会运动民族主义与天然气治理 …… 70
4.3　总结 …… 73
第五节　结论：长期视角的资源治理、区域和政治解决 …… 74
5.1　历史的延续和地方各级动态 …… 74
5.2　自然资源与政治解决方案的构成 …… 75
5.3　对理论的启示 …… 77
第四章　赞比亚的自然资源开采政治 …… 85
第一节　概念框架 …… 86
第二节　赞比亚的自然资源开采史 …… 87
第三节　赞比亚的政治解决历史 …… 90
3.1　1896—1924 年 …… 91
3.2　1924—1964 年 …… 91
3.3　1964—1973 年 …… 91
3.4　1973—1991 年 …… 92
3.5　1991 年至今 …… 92
3.6　政治解决的共同特征 …… 93
第四节　政治解决、国家与采掘业治理 …… 95
4.1　1924—1964 年 …… 96
4.2　1964—1973 年 …… 96
4.3　1973—1991 年 …… 97
4.4　1991 年至今 …… 100
第五节　结论 …… 106
第五章　加纳矿业的竞争客户主义与政治经济学 …… 111
第一节　加纳的政治解决：周期化 …… 112

1.1 后殖民时期加纳的去殖民化和竞争客户主义的出现（1874—1965 年）…… 112
1.2 脆弱的威权主义，1966—1981 年 …… 115
1.3 临时国防委员会统治下的主要解决方案，1982—1992 年 …… 116
1.4 回归竞争客户主义：1992 年至今 …… 117
第二节 长期的政治解决方案和采矿治理 …… 117
2.1 前殖民时期：主要是对矿物化土地的支配 …… 118
2.2 殖民资本主义和酋长权力的微妙衰落，1874—1956 年 …… 119
2.3 独立后的改革和矿山国有化：1957—1985 年 …… 120
2.4 结构调整与跨国公司的崛起，1986—2008 年 …… 121
2.5 资源民族主义的回归？2009—2016 年 …… 124
第三节 竞争客户主义和采矿行业治理 …… 129
第四节 加纳矿业治理中的中央—地方关系政治 …… 131
4.1 从 19 世纪末到现在的酋长、政治家和土地问题 …… 132
4.2 地方各级政府的收入分配政治 …… 133
第五节 加纳的政治解决和非法采矿 …… 138
5.1 执法腐败 …… 139
5.2 竞争性选举和党派分化 …… 140
第六节 结论 …… 141
第六章 结论：解读自然资源开采的政治学 …… 145
第一节 重新讨论政治解决方案和自然资源治理政治 …… 146
第二节 自然资源开采政治中的跨国因素 …… 147
2.1 殖民主义和后殖民主义 …… 147
2.2 全球商品价格与国内政治和经济动态 …… 147
2.3 国家资本主义与新自由主义 …… 148
2.4 企业战略与新投资者 …… 149
第三节 采掘业治理的物质性、思想与政治 …… 150
3.1 物质性 …… 150
3.2 思想：资源民族主义、国家与技术统治 …… 152
第四节 政治解决、采掘业和包容性发展 …… 153
4.1 竞争客户主义、经济转型和包容发展模式 …… 154
4.2 优势和包容方式 …… 156
4.3 横向和纵向权力关系和零碎的制度改革 …… 157
4.4 个体和小规模采矿作为水平权力的一种约束形式 …… 157
4.5 长时段的警示见解 …… 158

第五节　政治解决的长期自然资源治理视角 …… 159
第六节　最后的话 …… 162
参考文献 …… 165
致谢 …… 199

数表、地图和表格清单

数　　表

数表 2.1　采矿占国内生产总值的份额，秘鲁，1890—2012 年（2007 年百万努埃沃斯索尔，对数）……27
数表 2.2　国内生产总值和采矿国内总产值变化，秘鲁，2001—2015 年……28
数表 2.3　矿物出口值（百万美元）和占出口总额的份额，秘鲁，2001—2015 年……28
数表 2.4　采矿税收收入和份额（百万努埃沃斯索尔），秘鲁，2000—2016 年……29
数表 2.5　采矿权和国家领土份额的演变，秘鲁，1991—2016 年……33
数表 2.6　分配给各区域的转账总额，秘鲁，2006—2015 年（采矿法、特许权使用费和特许权支付，百万新索尔）……38
数表 2.7　按区域的转账总额，秘鲁，2006—2015 年（采矿法、特许权使用费和特许权支付，百万新索尔）……38
数表 2.8　调查专员报告的社会和社会－环境冲突总数，秘鲁，2005—2016 年……40
数表 4.1　国内生产总值年增长率和铜价趋势，赞比亚，1960—2016 年……98
数表 4.2　赞比亚铜矿的私有制模式，20 世纪 20 年代至今……104
数表 5.1　主要矿物生产趋势，1980—2008 年……122
数表 5.2　世界黄金价格（美元/金衡盎司）1968—2016 年。价格基于 99.5%精粉，下午定价，伦敦……125
数表 5.3　对加纳增强生计消除贫困能力项目（LEAP）的预算拨款（百万加纳赛地），2010—2016 年……128
数表 5.4　贫困和不平等趋势，加纳，1991—2013 年……128
数表 5.5　加纳采矿收入分配情况……133
数表 5.6　个体和小规模采矿对黄金总产量的贡献（%），加纳，2005—2014 年……138

地　　图

地图 2.1　能源和矿业部确定的国家矿藏和潜在矿区分布情况，秘鲁，1967 年……31
地图 2.2　不同类型采矿许可证的全国分布情况，秘鲁，2017 年 1 月……35
地图 2.3　环境部确定的存在非法和非正规采矿的地区，秘鲁，2015 年……36
地图 3.1　玻利维亚矿区……55
地图 3.2　玻利维亚油气区……56

地图 4.1 赞比亚采矿省和主要矿山 …… 88
地图 4.2 赞比亚全国采矿许可证的分布情况显示，西北省和铜带省的采矿许可证特别集中，2017 年 …… 106
地图 5.1 加纳采矿许可证的地理分布情况，2014 年 …… 123

表 格

表 3.1 玻利维亚政治解决的分期化，1899—2016 年 …… 61
表 4.1 赞比亚政治解决，1896 年至今 …… 90
表 4.2 赞比亚与采掘业有关的政治解决 …… 95
表 4.3 赞比亚不平等、贫困和采掘业指标 …… 108
表 5.1 加纳国家政治解决方案动态的分期化，从殖民时期至今 …… 113
表 5.2 加纳采矿政治解决方案的分期化 …… 118
表 5.3 黄金生产和政府采矿收入（单位：加纳赛地，2005—2015 年） …… 126
表 5.4 加纳北部较贫穷地区和整个国家的贫穷趋势，2005—2013 年 …… 127

第一章

资源开采和包容性发展：扩大政治解决方式的基础

大规模开采矿物、油气和其他自然资源[1]长期以来一直是国民经济和全球经济的核心。殖民地和后殖民地时期的经济都是如此，在许多国家的经济发展战略中，对这些资源的利用仍然占有重要地位。资源开采的经济意义可以通过石油、天然气和采矿在国内生产总值、出口、外国直接投资和公共预算中所占百分比的数据来量化（莫斯利，2017 年）。相反，采掘业对“发展”和“包容性发展”的贡献就更加不确定，尤其是因为这些术语的定义根据分析人士强调的贫困和收入不平等、环境正义、性别平等或人权和公民权利等目标的程度而不同。甚至那些主张采掘业在经济发展和减贫方面发挥作用的人士也认识到，其结果往往也是不明确的（戴维斯，2009 年）。这些意见促使人们对造成此类失望情形的相关因素进行了大量讨论，就如何改进资源开采对经济社会的发展作出贡献以及如何管理围绕全球采掘经济产生的重大宣传和社会冲突等方面提出了一系列政策建议（罗斯，2015 年）。

关于如何更有效地管理资源开采的许多讨论都强调了制度和治理的重要性（卡尔，1997 年，2007 年；汉弗莱斯等人，2007 年）。有大量采掘活动的经济体，其发展成果往往令人失望，原因是在对采矿和油气的投资增长之前及投资增长期间存在“差质量”或“薄弱”的制度，以及日益增长的采掘经济对制度质量的不利影响（韦伯－法尔，2002 年；鲁滨逊等人，2006 年；汉弗莱斯等人，2007 年；戴维斯，2009 年；罗斯，2015 年）。这种以制度为中心来解释业绩不佳的做法也意味着，许多改革建议都强调需要建立新的、改进的和强化的制度。提议建立的制度种类多种多样，往往取决于评论者最迫切的关心点是什么。这些制度可包括：自由、事先和知情同意（FPIC）的制度和程序；管理资源租金而不扭曲激励措施的主权财富基金；从地方各级政府监督到全球《采掘业透明度倡议》（EITI）的透明度制度；在价值链上和利益相关者之间重新分配利益的税法准则[2]。虽然这些建议各有其逻辑，但需要具备哪些条件才能产生这样的制度变革、如何随着时间的推移维持这些变革并有效地发挥作用，他们则说得比较少。

无疑，任何具体的分析或宣传行动都能实现相关目标，但仍然必须探讨影响自然资源治理的制度出现的条件。关于制度变革的文献表明，政治、思想和官僚因素都可能会起作用（马奥尼和西伦，2010 年）。虽然这方面的许多文献援引了变革的外生驱动因素，但驱动因素也可能是制度及其管辖的地理和社会单位等内生因素（贝宾顿等人，2008 年；马奥尼和西伦，2010 年；奥斯皮纳等人，2015 年；贝德蒙等人，2015 年）。无论驱动因素是否主要是外生的或内生的，历史的初期形式可能会影响这种过程出现的可能性和形式（马奥尼和西伦，2010 年；索普等人，2012 年；贝宾顿，2013 年 b）。

本书综合分析了随着时间变化和在不同地理环境情形下对采掘业治理制度变革的驱动因素进行研究所获得的教训，以及这些治理安排对社会、政治和经济包容性模式的影响。本书特别关注制度变革的政治驱动因素。我们当然不是第一个进入这一领域的人，已经有了不少富有说服力的探讨采掘业治理政治因素的学术文献（例如，卡尔，1997 年；利思，2003 年；勒比隆，2005 年；鲁滨逊等人，2006 年；拉詹，2011 年；米切尔，2012 年；罗斯，2012 年；达金特等人，2017 年）。我们的预期贡献是从这些作者那里汲取见解，并探讨通过一个理论框架来阅读资源开采的政治著作可能会得到什么，这一理论框架产生于政治解决和国家发展轨迹的相关文献（希基，2013 年；希基等人，2015 年）。在本导论的其余部分，我们讨论了如何利用这些文献，介绍了书中涉及的问题，描述了我们研究的方法，并简要介绍了其余章节。

第一节　绘制概念地形图

1.1 “资源诅咒”与采掘业治理政治

用罗斯（2015 年）的话来说，“资源诅咒可以定义为一国自然资源财富对其经济、社会或政治福祉的不利影响”（第 240 页）。自 20 世纪 90 年代初期以来，关于这一“诅咒”的性质和存在的辩论一直是讨论采掘业治理的主导框架。这些辩论围绕着这样一种观点展开：依赖自然资源开采的国家（特别是矿产、石油、天然气和木材），其增长指标与经济更加多样化、并与呈现更多制造业和服务业的国家的增长指标相比，并不见得要好（盖尔布，1988 年；奥蒂，1993 年；萨克斯和沃纳，1995 年）。还有人认为，依赖采掘业的经济体在减贫方面不如多元化经济体有效（罗斯，2001 年 b），“自然资源财富往往对国家治理产生不利影响”（罗斯，2015 年：239）。关于存在“资源诅咒”的说法迅速激起了一些主张相反观念的文献的出现，或至少认为资源依赖与国家经济和社会绩效之间的关系没有明确的模式（戴维斯，1995 年；戴维斯和蒂尔顿，2005 年；国际采矿与金属理事会，2007 年；布鲁恩施韦勒和布尔特，2008 年；戴维斯，2009 年）。在这场辩论中，最关键的是关于统计方法、指标选择、时间范围等方面的争论。讨论表明，界定和衡量“资源依赖”或“制度质量”的恰当指标是多么困难，这就使得就其中一个指标对另一个指标的影响建立因果关系具有挑战性。指标定义和计量方面的类似问题也适用于在讨论资源诅咒时传播的其他术语。

随着辩论的进行，他们不再就油气和矿物对发展“好”还是“坏”发表强有力的声明，转而承认与采掘业财富有关的多样化结果以及解释这种多样性的各种努力（贝宾顿等人，2008 年；索普等人，2012 年；罗斯，2015 年）。最常见的情况是，制度质量被确定为这些多样化结果的主要决定因素，“使制度正确”成为“摆脱资源诅咒”所作努力的中心目标（汉弗莱斯等人，2007年）。作为作者，我们认为采掘业与发展质量之间的关系是不确定的，这种关系在很大程度上与主导制度的性质有关。然而，我们还要指出，依赖资源的发展往往产生了令人失望的结果，并受到一系列病态的困扰，政治力量的平衡对制度的质量产生了重大影响，这些制度又影响自然资源对发展的效果。我们首要关切的是，了解政治、自然资源和制度形式之间的相互作用如何随着时间的推移和国家间的相互作用而发展，以便找出有助于我们将这些关系理论化的共同点。

我们已经找到一些关于资源依赖型发展的政治驱动因素的文献，其中一些发表在“资源诅咒”文献之前，而有些则是作为此文献的一部分出现的。特别重要的是特里·卡尔（1987年；1997年）的早期作品，这些作品用政治经济学的视角来理解石油出口如何影响政治、民主和发展之间的关系。在《富足悖论》一书中，卡尔从她关于委内瑞拉的长期经验性研究以及其他依赖石油和矿产的国家的经验中获得了灵感，超越了“政治重要”的一般说法。相反，她认为，精英们在历史的一个阶段所达成的协议和进行的谈判，包括他们是否对从资源开采中获得的收入作出决定以及如何作出决定等，都深深地影响了此后的发展空间和发展选择。她仔细研究了20世纪下半叶委内瑞拉关于石油开采收入的决定，并论证了这一决定如何影响委内瑞拉在一段时间内建立民主制度的能力。特别是，她还证明了石油的丰富性与存在严重腐败但脆弱的制度之间的“矛盾”关系。这篇著作展示了外部因素和行为体在石油出口国政治中的分量，以及如何从这些资源中赚取丰厚的租金来“操纵”国内协议的制定，通过收买持不同政见者来使他们保持沉默。然而，当这种做法不再起作用时，这些收入往往被用来建立军队，使用武力排斥和镇压反对派。当然，她的分析也表明，随着越来越多的人被排除在最初的交易之外并受到政府对采掘业依赖的负面影响，这种协议的制定会如何瓦解。当结构性的不平等不再被再分配政治所掩盖时，事情就会分崩离析。在许多方面，卡尔的著作不仅是分析性的——而且还是极具预言性的，当然对委内瑞拉来说更是如此。

石油的政治意义也是迈克尔·罗斯（2001年a，2012年）和蒂莫西·米切尔（2012年）贡献的核心。罗斯（2001年a；2012年；2015年）认为，与开采其他矿产资源相比，资源诅咒式的结果与石油依赖有更系统的联系。造成这种情况的原因是多方面的，包括石油价格的波动。然而，罗斯特别强调石油资源是掌握在私人手中，还是掌握在国家手中。他认为，自20世纪70年代国有石油公司成立以来，石油开始对民主的深度和质量产生更系统的负面影响。国家所有权为精英们提供了特权工具，可以将石油政治化——无论是通过将收入用于政治赞助、缔结条约或私人利益，还是通过将石油控制作为谈论帝国依赖和资源主权的隐喻。他认为，在任何一种情况下，发展效果都是不利的。对于米切尔（2012年）来说，其重点大体上取决于碳的控制与民主之间的关系，石油也具有不良的政治影响。这些不良的政治影响源自石油开采和运输的资本强度，这意味着石油倾向于对经济精英和政治精英有利，而不是对有组织的劳动力有利。此外，石油引起了与东道国关系密切的强大的跨国公司的注意，他们共同削弱了他们所寻求的石油矿藏所在国的国家主权和监管制度。石油带来的不良政治后果在迈克尔·沃茨关于尼日尔三角洲的持续工作中也占据突出地位（沃茨，2004 年 a，b；沃茨与卡什，2008 年）。沃茨坚持认为，任何试图理解石油、政治、暴力和发展之间的关系都必须关注“石油如何成为政治行为的成语，因为它已被嵌入到已经存在的力量、身份和权力形式的政治景观中”（沃茨，2004 年 b：76）。他证明，这种政治景观的特点是长期的殖民主义历史、独立后建国、地方权力，以及由地方与本土化形成的身份认同。因此，推动石油治理的这一类政治有着深厚的历史和文化根源。

尽管也认同政治在决定自然资源财富与发展之间关系中的中心地位，鲁滨逊等人（2006 年）追求一条与沃茨完全不同的分析路线，一条专注于政治动机而非历史的分析路线。他们通过正式建模来分析，在模型中，政治领导人以继续掌权为目标来计算如何使用采掘业收入。他们认为，这些计算导致政治当局过度榨取资源，以便为保留权力的战略提供资金。尽管在资源繁荣的背景下过度榨取的动机会减弱，而利用资源购买政治支持的趋势则会增加，导致公共资源在整个经济中分配的效率进一步低下。在任何一种情况下，发展的后果都是不利的，因为财政资源没有投资于那些对经济和社会影响最大的行业。然而，作者认为，这种影响程度有多大，则取决于制度的质量以及它们在多大程度上限制了领导人不合理分配国家收入的倾向。作者的框架当初没有提供衡量这类制度的质量的工具。

有关自然资源开采政治的文献的其他部分探讨了活动团体和社会运动的政治战略（基尔希，2012 年；贝宾顿和伯里，2013 年；李，2015 年），国内冲突的出现（勒比隆，2005 年；科利尔等人，2009 年）和学术参与政治（库曼斯，2011 年）等。然而，卡尔、罗斯、沃茨和鲁滨逊等人所做的先行工作为我们在这项研究中奠定了工作基础。他们的见解清楚地表明，达成政治契约的精英战略深受自然资源收入的影响，随后构成了在政治和政策上的回旋余地。沃茨和卡尔以不同的方式展示了历史是如何的重要，沃茨提请人们注意思想和文化领域在影响围绕资源收入的政治行动方面的重要性。他们中的每一个人——特别是罗斯和鲁滨逊等人——都强调，无论谁拥有资源（国家或私人）都会左右资源开采对政治的影响。就像他们的作品所处的许多更广泛的文献一样，每位作者都表明，制度对采掘业和发展之间的关系很重要。卡尔和沃茨还暗示（尽管语言十分不同），必须用解释政治和自然资源之间更广泛关系的同一概念来解释这种制度的性质。换句话说，我们无法建立一个框架来分析政治、采掘业和发展之间的关系，然后才引入“制度”作为一个独立的中介变量。这些制度本身就是它们所要调解的、必须在历史上加以考虑的同样关系的产物。

在以下各节中，我们通过利用政治解决方面的文献，来制定一个处理这些关系的框架。我们建议，这一框架需要扩展早期关于自然资源治理政治的工作。它将重点放在权力和精英关系上，用这些政治关系来分析制度，并解释从国家精英契约以及地方和跨国行为体的战略中产生的制度和政治变革的推动因素。这样，该框架就与最近的其他工作趋同，这些工作更明确地寻求超越资源诅咒文献中“制度”这个重点，而侧重于形成制度的政治联盟和想法，以及它们如何在实践中发挥作用（例如波蒂特，2009 年；希基和伊扎马，2017 年；莫汉等人，2017 年）。

1.2　作为稳定秩序的政治解决方案

可汗（2010 年）将政治解决定义为“……权力和制度的结合，在经济和政治可行性方面是相互兼容的，也是可持续的”（第 4 页）。这一概念描述了强大行为体之间达成的协议，这些协议促成了一个国家的社会秩序（诺斯等人，2009 年；可汗，2010 年）。从广义上讲，对迪·约翰和普策尔（2009 年）来说，政治解决“指的是社会团体和社会阶层之间权力的平衡或分配，任何国家都是以此为基础的”（第 4 页）。

在这些重叠的提法中，政治解决这一重点引起了人们对经济和政治精英之间谈判管理关系方式的关注。这些谈判产生了经济和政治机会的分配，反映了这些不同精英的谈判能力。精英地位不一定被理解为基于种族、族裔、血缘关系或继承财富的长期历史特权，而是更具体地指拥有资源的少数个人或群体，使他们能够控制国家和社会中资产和权利的总体分配。这些资源可以是经济资源（国家或跨国拥有土地和金融或工业资本）、知识资源（技术官僚、智囊团、主流媒体）或胁迫性资源（军事精英，控制有组织地使用武力）（迪·约翰和普策尔，2009 年：15；希基，2013 年：3，4）。

在维持这些秩序和分配的过程中，作为政治解决当事方的精英——作为“内部”行为体，如果你愿意的话——必须管理与非“内部”行为体的关系——这些行为体通常被称为“被排除在外的派别”。在有些将政治解决分为两部分的语境中，这些派别被称为“横向”排斥的派别和“纵向”排斥的派别。横向被排除在外的派别是那些反对控制国家和社会秩序的精英联盟的人；纵向被排斥的派别是那些支持有控制权的精英的团体，但他们自己并不是决定控制和秩序机制的任何谈判的一方。严格意义上说，这些垂直的“下层”派别并不是“被排除在外”，因为他们感觉到了执政精英的亲和力，但他们绝不是“内部人”。精英们必须管理与这些不同派别的关系，以确保他们不会威胁到和解。这种关系可以通过使用武力或可信的武力威胁、通过制定合法的话语（例如，关于构成合法权力形式和可信的国家发展模式的思想）、或通过竞争客户主义和操纵激励方案（例如通过分配福利、应享权利和补贴）来进行管理。

按照可汗的说法，如何管理这些精英之间以及精英与被排斥派别之间的关系，取决于不同行为体之间对“掌握的权力”的分配程度（即他们对他人行使控制的权力）。政治解决就是将这些不同的权力关系以稳定的形式结合在一起。从这个意义上讲，政治解决的性质（权力平衡及其管理方式）决定了制度和政策的性质。这些制度和政策是将管理分配的做法和规则进行形式化，这些分配导致所有各方（包括在内的和排除在外的）都留在解决方案内，而不是公开与之竞争和试图推翻它。

许多作者已经接受这些思想并将其转化为不同的类型学，这些类型学设法将“政治解决类型”与“政策制度或发展形式类型”关联起来（可汗，2010 年；希基，2013 年；利维和沃尔顿，2013 年；利维，2014 年；布斯，2015 年；利维和凯尔索尔，2016 年）。利维和沃尔顿（2013 年）和利维（2014 年）认为，占主导地位的联盟中的精英如何管理这些关系和处理发展问题，取决于更广泛的政治制度是以领导人和政党之间的竞争为特征，还是以某一领导人或政党的主导地位为特征。政治竞争将引导精英招募客户使其加入联盟，以此作为保住权力的手段（政治解决的一种形式，他们称之为“竞争客户主义”），因此倾向于在选举周期之前以招募客户为导向的较短时间范围运作。这里的客户主义概念并不是传统意义上的“主导和顺从”主顾关系，而是精英阶层在争夺政治权力的过程中，无论是接管权力还是继续掌权，都需要招募和维持支持者。相反，占主导地位的领导人和政党对客户招募的担忧较少，因此根据特定的发展思想或个人利益，将资源用于长期的政治项目，这种解决方式称为“主导领导人/主导政党解决方案”。主导领导人/主导政党解决方案的范围可以从发展型国家的威权现代化项目到个性化的支配形式，无论是否存在腐败和盗窃。领导力的形式可能是独裁的或当选的，但在任何情况下，都是占主导地位的。

1.3 政治解决方案的变化

政治解决框架以不同的方式提供帮助：第一，思考谈判的基本动力；将国家、执政联盟内的行为体和其他行为体之间的关系概念化；以及详细说明规则形式分类的类型学。然而，这些政治解决方式框架在其他方面的力量却不那么强大。也许最重要的是，它们没有明确的理论来解释各类群体为什么和如何产生、衰落，以及变得或多或少的强大。第二，在某些方面与第一点有关的是，这些框架对于时间、权力和解决方案的性质之间的关系没有明确的理论作解释。虽然政治解决框架明确地假定时间并谈论不同的解决方案是在彼此之前或之后，但他们很少谈到这种运动是怎样发生的，更重要的是，很少谈到时间“T”影响时间“T+1”的方式是怎样的。然而，如果人们了解到，记忆会影响行动、形成性话语会被框架化然后被继续传播并影响未来的行动、先前的制度形式会影响到后续制度的性质及其出现，那么这些时间问题就是至关重要的（参见参考文献，沃茨，2004 年 b；霍尔，2010 年；马奥尼和西伦，2010 年）。

政治解决方案的此类变化过程需要进行理论化和实证论证。在政治解决框架的语言中，这种变化主要是由于被排除在外的行为体变得更加强大而产生的，这就需要从理论上说明这种权力是如何形成的。但是，这也可以从改变关于什么是合法和可接受的政治和经济机会分配的思想来解释。随着这些思想的改变，用于维持政治解决方案的公司化、客户主义和（或）镇压等战略在平息动乱和抵抗方面可能变得不那么有效。最后，变化也可能发生，因为精英集团内部的派系开始改变对最适合他们的解决方案的计算，从而开始重新结盟。

能够推动这种变化的各种经验现象也可能大不相同。

变革的一个驱动因素可能是国家或地方各级行为体的出现，这些行为体使挑战占主导地位的解决方案的能力得以稳步发展。这种能力的发展可能有不同的原因：被排除在外的派别控制的收入来源的价值日益增加；这些派别动员广泛的公民基础的能力日益增强；他们使用暴力的倾向发生变化；或者他们有重新组织辩论和挑战历史上合理分配机会和权力的思想的能力。从这个意义上说，冲突可以是国家解决方案的一种变革机制。在拉丁美洲的许多地区，土著运动被认为是新行为体出现的一个明显例子。虽然土著人仍然处于不利地位，但他们在国家辩论和国家解决方案中的存在在过去50年中以国家辩论的方式得以大幅扩大（亚萨尔，2005年；范科特，2007年）。另一个变化的来源可能是跨国行为体的到来或其日益增加的影响力，出于某种原因他们有能力和具备合法性来影响任何一个特定国家的安排。这些跨国行为体可能会推动主导思想的改变，有助于某些行为体增加“掌握的权力”，或提供新的机会和激励，导致形成解决方案的精英各方重新考虑组成联盟。在许多案例中，纽蒙特矿业公司和国际金融公司于20世纪90年代初联合前往秘鲁就是一个很好的例子，因为这增加了国家采矿精英的影响力，提出了秘鲁可以再次成为一个“矿业国家”的想法，并认可了应在秘鲁分配机会以促进采矿投资的想法（布里，2005年）。

1.4 自然资源治理和政治解决方案

政治解决文献的逻辑意味着自然资源（或在我们这里是采掘业）的管理方式应该是政治解决的一个功能。这一采掘业治理办法是重要和有用的，因为它把重点放在制度与发展之间的关系上，同时分散了制度作为因果关系的首要地位，而代之将权力和政治置于所有分析的核心。这一框架表明，如果解决方案中的权力平衡不发生重大变化，那试图寻求部门治理方面的重大变革都不太可能成功。这就意味着，为改革所做努力的一个起点应该是分析现有的解决办法，找出在该解决方案内的回旋余地或“裂缝”（霍洛韦，2010年；博恩施莱格，2017年），并从中找出政治上可行的变化。这将与传统的改革战略非常不同，这些战略通常确定技术上理想的变革，并尝试实施这些变革，但最终与现有权力关系的性质和精英之间的协议相抵触。同样，这将有别于那些传统的反对资源开采的做法，这些做法侧重于直接抵制和宣传，但往往缺乏一种用于在精英之间运作和与其谈判、或以任何可能持续的方式改变政治权力的总体平衡的语言和战略。

对采掘业治理采取政治解决办法也是有益的，因为它提供了一套概念和类型学，使人们能够对围绕各种资源开采形式的各类政治进行比较讨论。政治解决方案主张制度变革对于改善采掘业、环境和发展之间的关系至关重要，并认识到制度变革的驱动力主要是政治因素（卡尔，2007年）是一件事，而将这些政治驱动因素理论化、使它们能够在共同的类型学框架基础上进行系统和比较分析则是另一回事。政治解决方案框架提供了这样一个比较分析框架。重要的是，与将大规模采矿、个体和小规模采矿（ASM）和油气开采作为不同研究对象的大量采掘业研究不同，政治解决方案允许在同一框架内讨论这些不同的领域。它还可以将水电和大型基础设施等辅助领域纳入同样的分析。[3]这是因为主要的组织语言不是与行业相关的语言，而是描述权力、制度和秩序之间关系的语言。

正如政治解决视角有助于分析采掘业治理一样，我们也认为，讨论自然资源开采及其对发展的影响这一问题给政治解决文献带来了新的见解。特别是，对自然资源的关注提出了地点、数量关系和时间等问题，这些问题也有助于解释新的行为体是如何出现并掌握权力的，而其他行为体则逐渐衰落，不再是治理联盟的一部分。我们将在第六章根据四个国家的研究更详细地阐述这些想法。在这里，我们只是简单地概述了为什么对位置/空间、规模和时间/记忆的敏感性的这一弱点（或在许多情况下，完全不存在）是政治解决文献存在的严重局限性。

我们论证这一部分的出发点是“领土化项目”的概念（温赖特和罗伯逊，2003 年；威尔逊，2004 年；汉弗莱斯·贝宾顿和贝宾顿，2010 年）。领土项目是正在努力以符合特定行为体或联盟的政治关切和意识形态关切的方式建设和管理空间。虽然很少有这样的框架，但政治解决本身就是领土项目。如果一个政治解决方案是通过对国家和制度的精英协议来确保社会秩序，那么这个秩序总是指一个特定的地理空间应该如何管理。广义上来说，如果政治解决涉及精英之间的谈判和与被排除在外的派别之间关系的管理，那么作为解决方案基础的领土项目则反映了解决方案各方不同的领土化项目之间的妥协，以及与被排除派别的领土项目的共存（并可能支配）。从这个意义上说，空间的组织是政治解决的结果。但相反的情况也是如此：这些不同的领土项目之间的矛盾和协同作用所设定的条件对解决方案进行了限制。这体现在不同的国家背景下，如何用不同的方法来解决中央集权/分权、单一州/联邦州、单一民族/多元民族和集中控制/领土自治之间的紧张关系。

自然资源的空间性往往是构成行为体及其领土化项目的一个因素。例如，合作采矿者作为政治行为体出现在玻利维亚高地实施自己的领土控制项目，这本身就是国家主导的采矿和现有矿藏的地理分布的结果（因为许多合作联盟是从这些矿山的废墟中产生的）。在赞比亚，矿工组成一个有组织的群体，开始作为矿区铜带省生产同一进程的一部分而出现，然后该群体继续实施以铜带省为中心（更隐性而非显性）的领土项目。与此同时，在加纳，酋长、首领和地方当局继承下来的空间管理结构影响着行为体如何从政治上进行组织以及围绕采矿和石油开发如何提出基于空间和身份的主张。

在每一个例子中，我们都有地方的行为体在执行某种程度上与自然资源地理有关的领土控制项目。此外，在每一种情况下，这些地方的行为体都让人感受到他们在国家政治中的存在，并参与了正在与国家精英就谁应该获得底土资源和（或）采掘业的租金应如何在领土和“中央”之间分享等问题而进行的谈判。这些例子有助于说明这样一种观念，即任何特定的解决方案也是解决中央和地方之间权力和机会分配的办法，这种分配（再加上关于团结和权力下放的自治之相对重要性思想的力量）则是构成政治行为体的一个重要因素。例如，20 世纪 90 年代以来，在秘鲁采矿部门，一些最重要的角色是地方各级政治领导人，他们之所以如此强大，部分原因是底土资源的地理位置、分权的想法以及地方各级政府的结构相互交叉（例如，沃茨，2004 年 b）。这并不意味着这些地方各级领导人的政治和领土项目是同一种类型。例如，在该国北部，一位区域政府的主席（他本人是该地区社会动员的产物）是阻止矿产投资扩大的关键人物。相反，该国南部的另一位区域政府主席发挥了关键作用，为该区域提供了更大的保护和利益，并以此作为调解资源开采冲突的手段，使一个大型铜矿项目得以开发。在这两种情况下，这些领导人之所以变得重要，是因为地方各级行政权力的存在（否则他们不会成为区域主席），也因为他们所阐述的领土项目的政治共鸣，以及这些项目与采矿地理交叉的方式。

这些例子也很重要，因为它们指出，个人和集体行为体通过围绕自然资源开采开展有争议的政治活动而出现在各个地方，然后凭借能够在国家舞台上行使权力而成为“国家”

行为体。这反过来又提醒人们，“国家”精英本质上并不是代表“国家”。这些精英并不是为“国家”而生，也不一定要以国家的主要城市中心为基地。相反，他们被定义为对影响一国大部分或全部领土的决定行使权力的能力。他们之所以成为“国家精英”，是因为他们积累了资源，使他们能够对国家和社会资产和权利的总体分配产生影响。换句话说，所有行为体都是以地区为基础的，但他们对其他地方其他行为体施加影响的能力不同。某些地方更容易产生具有这种国家规划的行为体，而首都确实就是这样一个地方。这两个秘鲁的例子表明，拥有大量矿产资源和可能产生很大租金的领土也容易出现这种行为体。这些行为体所追求的政治项目的类型及其对政治解决的影响，都受到他们出现的地方这些情况和其他性质的影响。

这并不意味着所有能够影响国家政治解决、或迫使自己进入国家政治解决核心的地方行为体都是在自然资源的支持下出现的，但很多人确实都这样做了。从这个意义上讲，自然资源视角特别提请人们注意，在任何政治分析中，了解国家解决方案中各方（或强大的被排除在外的派别）以地方为基础的进程和以资源为基础的进程是非常重要的。跨国行为体也有类似的情况。事实上，正如历史上应理解某些行为体的“国家”性质一样，其他行为体的跨国性质也应理解。也就是说，行为体成为跨国行为体，就像行为体成为国家行为体一样。某些行为体是“跨国行为体”，这反映了这样一个事实，即他们已经获得了可以在其起源地和其主要地点所在的国家边境之外施加影响力的权力。反过来，这种对全球力量的获取是在其最初原生国家的领土内变得强大的先前过程中产生的。在这里，自然资源的地理学再次变得很重要。例如，像淡水河谷、巴西石油或中国铝业等采矿和油气公司在非洲或拉丁美洲就很有影响力，仅仅因为他们以前在其原产国家就是国家的重要公司和政治行为体。纽蒙特公司（位于秘鲁亚纳科查金矿的主要所有者）起源于美国西部的采矿；必和必拓则起源于澳大利亚的布罗肯希尔山；等等。

虽然这些问题并不是自然资源行业独有的问题，但聚焦采掘业确实有助于将地点、领土和标量关系这些主题置于思考以下问题的前沿，即政治解决方案是如何辩驳而又趋稳平衡的，某些精英又是如何成为精英解决方案一方的。聚焦自然资源也为政治解决方案的讨论做出了一个更重要的贡献。围绕采掘业进行政治争论的历史表明，不只是（效率、民族团结、发展等方面的）抽象概念有助于构成解决方案（希基等人，2015 年），记忆也同样有助于构成解决方案。当然，许多东西在国家政治中被记住，但是矿物，以及 20 世纪的石油，常常以特别响亮的方式被记住。并非偶然的是，在爱德华多·加利亚诺的《拉丁美洲开放脉》（加利亚诺，1971 年）一书中，乌戈·查韦斯给巴拉克·奥巴马的这本书记录了几个世纪的开采历史，西班牙在安第斯山脉的采矿具有突出的特点。默纳·圣地亚哥（2006 年）认为，石油是墨西哥人身份的核心，对其国有化的记忆在关于如何管理石油行业的辩论中仍显得十分突出。赞比亚对铜的记忆，以及殖民国家对铜的开采，仍然影响着政治联盟和采矿治理建议。在加纳，酋长和传统当局之间关于矿物租金分配的争论往往以可追溯到前殖民时期的历史记忆为基础。在玻利维亚，白银和黄金既代表了前西班牙的伟大，也表达了殖民和帝国的征服和依赖，而锡则唤起了少数 20 世纪初期家庭的记忆，这些家庭变得异常富裕和强大，而对发展贡献却很少。围绕这些资源的政治永远离不开这些意义。更普遍的是，资源民族主义的思想——这有助于推动国家扩大对采矿和油气的控制——往往充斥着其他国家在过去利用过这个国家资源的记忆。

1.5 采掘业与包容性发展

采掘业在包容性发展方面面临着特殊的挑战，这在很大程度上是因为——个体和小规模开采矿业的情况除外——开采矿物、石油和天然气的活动取决于权利、资源和技术专长的显著不对称。采掘业的资本强度要求精英们能够控制或获取数十亿美元或者至少数亿美元计的投资基金。与投资相关的技术产生的工作岗位的数量越来越少——并显示出在提高职业安全的精神下（通过减少风险区域的工作岗位的数量）更多地使用机器人来运营矿区的趋势。采掘业的环境和社会影响集中在空间，导致这些影响暴露出空间不平等的现象。由采掘业产生的租金可能非常大，但首先由两组行为体控制：公司和政府税务当局。由于这些不同的原因，任何基于资源开采的发展模式都是一种补偿模式（古德纳斯，2012 年；贝宾顿等人，2014 年）。也就是说，这是一种补偿那些固有的原始不平等现象的模式，它以转移的形式使用补偿来抵消这些不平等和不对称现象，并寻求发展。这些转移可以采取企业社会责任项目、公共社会保护方案、损失赔偿、土著和地方发展基金、向受开采影响地区的地方各级政府或酋长的财政转移支付等形式。因此，与资源开采有关的很大一部分包容性发展——如果有的话，是通过补偿来实现的（汉弗莱斯・贝宾顿和贝宾顿，2010 年）。

值得指出的是，“包容性发展”这一概念本身意味着另一个不对称现象：即把其他世界纳入发展所界定的世界。对于大多数从事发展工作的人来说，这将是一个不重要的问题，前提是，农村的穷人们希望更多地融入到一个由增加收入、消费和能获得基本服务所界定的世界，并强化对占主导地位的政治制度的参与。但这不是所有人都能够实现的状态。事实上，一些批评采掘业经济的作者认为，包容性发展的概念是另一种形式的暴力，它拒绝承认——或至少不承认——替代本体论的有效性（布莱泽，2010 年；扬帕拉，2011 年；古德纳斯，2014 年；德拉・卡德纳，2015 年）。这些作者可能争辩，任何包容性发展的概念都应通过诸如“祝你好运（土著语 *buen vierr*）”“很好（土著语 *vierr bien*）”和“美好的生活（土著语 *sumak kawsay*）”等概念加以考虑和取代，这些概念强调与其他人和自然和谐相处的重要性，而不是收入、消费和经济增长的内在愿望。至少在安第斯国家，这类作者会争辩，应将采掘业主义和以其为基础的任何发展视为具有破坏性的殖民主义，因为它需要通过掠夺和世界的消失，才能进入底土（无论这些是山地世界，还是森林世界：德拉・卡德纳，2015 年；德斯科拉，1996 年）。在这些读物中，强化的包容性发展不是目标，而是寻找不同世界之间的共同存在模式，这些世界既相互连接但同时又有分歧（德拉・卡德纳，2015 年）。

但这不是我们在这里采取的办法。这并不是因为我们必然拒绝这些作者的论点。相反，这是一个一致性的问题：政治解决方案的语言本质上是一种现代主义者的语言，因此，只有在现代主义者承诺的基础上，我们才能坚持包容性发展的概念。在我们寻求评估政治解决方案与采掘业治理互动的方式以及这种互动在多大程度上能够促进或减少包容性发展时，我们侧重于包容性发展的过程指标。也就是说，我们的主要做法不是通过增加收入和消费或增加获得服务的机会等证据（尽管我们包括其中一些数据）来衡量采掘业对包容性的影响。相反，我们通过采掘业在多大程度上影响了政治参与机会、被用于增加社会支出预算、导致地方各级主管部门的预算增加、创造了扩大优质就业的新劳动力市场和提高了穷人权利的地位等方式，对包容性发展进行了评估。因此，为了保持对制度的重视，我们的重点是采掘业在多大程度上加强或削弱了促进社会、经济和政治包容性发展的制度。在这个意义上，我们从所谓的“批判性现代主义者”的观点来看待包容性发展，即重视解放、进步和权利的观念，同时也允许对这种愿望应该采取的形式进行普遍的重新解释（比如皮特和沃茨，1996 年；皮特和哈特威克，2015 年）。

1.6 总结

总之，贯穿我们论点的基本概念框架是从政治解决理论以及早先关于采掘业政治的著作中得出的核心观点，即：契约、谈判和精英的重要性；精英、被排斥的横向派别和较低层次的垂直派别之间关系的重要性；制度形式和绩效的政治驱动因素；政治解决方案的稳定和不稳定的根源。此外，我们还强调：跨时间关系的重要性；与自然资源相关的政治和文化观念的重要性；跨国、国家和地方各级行为体、特别是那些生活在自然资源迅速增值地区的行为体的相互影响；以及推动强大行为体出现和衰落的因素。特别是，我们将这种兴起和衰落的大部分原因与国家和地方矿物和油气的政治经济与跨国行为体（因素）相互作用的方式联系起来。新的行为体的兴起和衰落是经济结构变化的一部分（参见博瓦，2008 年），它们本身往往又与外部市场联系在一起。此外，行为体之所以能够出现，是因为他们与跨国思想和活动家进行了交流，使这些地方和国家行为体获得了新的资源和合法性，其方式往往与自然资源联系在一起。

这里所追求的框架还表明了使自然资源成为政治解决思想中心的价值。这是因为在许多国家存在这样的现象：获得和控制资源和资源租金是精英们谈判的核心；对资源的跨国估价有助于使政治行为体产生并消亡；归属于自然资源的经济和文化价值观成为国家和国家建设的关键要素。

第二节 研究的关注点和研究方法

2.1 我们研究的关注点

总体而言，我们的意图是采用一种政治解决方案，这一方案既抓住了有关自然资源治理的政治和制度方面现有文献的关键见解，又是建立在这些文献基础上的。我们同时提出一个更明确的类型学和分析框架，以帮助把建立权力和政治作为中心重点，而不是把制度作为中心重点。同时，本书试图从几个方面深化政治解决框架。

第一，正如刚才提到的那样，我们认为，当前的任务不应仅仅是运用政治解决视角来理解自然资源，而且还应探讨这些自然资源本身的性质如何影响其治理方式以及如何影响围绕和推动这种治理的各种政治形式。从这个意义上说，我们将自然资源的视角与政治解决的角度相提并论，并从矿产和油气资源的重要性这一假设出发（巴克与布里奇，2006年；贝宾顿，2013年b）。这种物质性是很重要的，因为矿床的质量影响到资源商品化和盈利的潜力，而且这些资源有特定的地理分布。这些分布与其他地理和历史因素（人口、领土主张、流域、土地利用、城乡和中心—周边关系等）相互作用，并以影响围绕资源开采和政治行为体出现的激励、思想和利益的方式进行。

第二，本书对理解政治解决的规模和空间给予了明确的关注。虽然我们毫不怀疑，支配政治解决分析的各种国家一级的关系确实是理解这些解决方案的性质以及它们与自然资源相互作用的方式的关键，但是我们认为，政治解决方案需要被理解为从地方到跨国的一个规模化进程的产物。我们也认为，自然资源的物质性和政治经济学使地方行为体和跨国行为体都成为构成政治解决方案特别有力的参与者。

第三，本书恢复了历史和历史敏感性在资源治理的政治方法中的重要性。大多数关于政治解决的著作，特别是也涉及包容性和发展政策和（或）问题的著作，往往集中在最近的时期[4]。这在某种程度上与政治解决思想所依据的一些形成性文本形成了鲜明对比，后者涉及较长历史时期的进程（诺斯等人，2009年；可汗，2010年；阿塞莫格鲁和鲁滨逊，2012年），[5]卡尔关于比较石油国家和政权更迭的著作也是如此（1997年）。处理历史问题的理由不仅是要“更充分地说明”各种进程，而且要表明这一历史在理解当代安排和政策选择方面是如何重要的。一项较长期的历史分析有助于更充分地理解：资源治理安排改变或不改变的条件；当代精英和被排斥派别的性质和起源；他们掌握权力的相对弹性；以及历史是如何被铭记的（贝宾顿，2013年b）。

2.2 我们研究的方法

在建立一种方法论来解决这些研究问题方面有两个出发点。首先，人们深信拉丁美洲和非洲的经验对彼此有很大的贡献，而且两大洲的比较工作既宝贵又有效。我们的团队成员在跨区域比较方面具有富有成效的经验。当在政治、经济和后殖民背景上明显存在巨大差异的情况下还出现相似性时，这就意味着对讨论的现象存在某些根本性的问题。当存在差异时，对分析人员的挑战是用系统的比较来梳理政治经济学与被研究问题之间的因果关系，以及为什么这些关系在不同的空间中有不同的结果。鉴于《有效国家和包容性发展倡议》（ESID）（本书是该倡议的一部分）是由英国国际发展部资助的，因此，该项目主要倾向于将重点放在非洲和亚洲国家。然而，我们认为，拉丁美洲在自然资源治理方面悠久的和陷入困境的历史使其成为当前研究话题的一个重要案例。此外，我们还认为，拉丁美洲与非洲之间的比较分析对这两个区域以及更广泛的自然资源治理和政治解决方案都有关键的见解。我们开始了这个致力于提升跨区域学习价值的项目，结果使我们进一步相信这一信念的有效性。

第二个出发点是以国家为分析单位。正如我们上面 2.1 节讨论的那样，这个项目的动机是超越政治解决研究的民族主义方法论，并认识到其他政治行动和谈判规模的因果重要性。然而，如果我们要挑战民族主义方法论，就必须在国家层面的重点范围内探讨其他规模的重要性。此外，尽管我们对政治解决与资源开采治理之间的关系采取了多规模办法，但我们仍相信国家规模的重要性。因此，国家层面的分析显然是企业分析的适当切入点。

那我们面临的挑战则是如何确定有比较意义的国家。这使我们把重点放在玻利维亚、加纳、秘鲁和赞比亚。之所以选择这四个国家，是因为它们在政治和自然资源方面有某些总体上的相似之处，同时也表现出具体的差异，可以进行两两比较。这四个国家都是中低收入国家，尽管它们的相对地位随着时间的推移发生了变化。这四个国家没有一个经历过极端程度的专制统治，这种专制统治的特点是可持续地进行盗贼式的自然资源开采[6]。它们都有很长的硬岩开采历史，其中三个国家有近期的油气开采历史（赞比亚例外）。在每一种情况下，这些历史既有殖民历史，也有后殖民历史，这意味着这些经济体长期以来在很大程度上依赖初级商品的开采，尽管各国之间的依赖程度各不相同，而且随着时间的推移也不同。此外，每个国家都经历了随着时间的变化采掘业治理模式所发生的变化，这使得分析这些转变的程度可以用全球趋势和思想、国际商品价格或国家和地方政治关系来解释。同样，这四个国家中的每一个国家都经历了类似的国家政治变化，包括单个领导人、机构或政党占主导地位的时期，以及其他以更多的精英之间和民主竞争为特征的时期。这使我们得以研究这些政治变化对采掘业治理的影响，并比较主导政党/领导人政权的情况下和精英之间相互竞争的政权情况下的不同采掘业治理形式。

在设计我们对这些国别进行研究的方法时，我们对历史在政治解决中的重要性的信念也对我们如何确定主要分析单位产生了影响。我们选择了所谓的“长时段”关注，因此决定对玻利维亚、加纳、秘鲁和赞比亚的每一个国家，将从 19 世纪末或 20 世纪初开始我们的分析。[7] 虽然我们的时间范围不像法国年鉴学派——“长时段”这一术语的起源地——经常采用得那样广泛，但我们的动机是同样的信念，即许多思想、结构和关系的变化非常缓慢，如果要了解四个有着数百年采矿历史但发展成果令人失望的国家中采掘业的治理情况，就必须抓住这些缓慢的历史。对变化缓慢的这种关切在我们看来也与政治解决的概念是一致的。事实上，正如将在后面各个章节中明确得那样，我们最终确定了这些政治解决的一些元素，这些元素已经被证明对长期的变化具有很高的抵抗力。

那么，在这个意义上，我们的分析单位就是一个世纪左右的国家历史。为了分析这个时间框架下的政治解决方案和采掘业之间的关系，并保持国别分析具有比较性，我们的办法结合了以下要素。第一，文献综述是构建政治解决历史叙事模式的关键。从这个意义上讲，我们有关国家层面的研究是基于四个国家中每一个国家的社会、政治和经济历史的其他研究文献。第二，我们对关键信息提供者进行了几轮采访。这些信息提供者是我们正在研究的政治和采掘业治理之间关系的参与者和观察者的组合。被采访者从前部长和当选官员到社会运动领袖和矿工不等。[8]在每个国家，我们还利用了最近在我们参与其他研究的资源开采地点进行的实地研究。第三，在每个国家举办了专题讨论会，参加者包括研究人员、民间组织成员、采矿公司代表和从事采掘业治理工作的公共部门行为体。[9]这些专题讨论会对完善我们的解释和论点十分重要。我们还提出了研究报告，以供在会议和研讨会上提出反馈意见。第四，国别分析的草稿已广泛分发给专家们[10]进行批判性的评论，这些评论帮助我们完善了我们的论点并处理我们可能错过或误解的关键主题。第五，在研究过程中，我们五个人分布在三大洲。为保持研究的可比性、并允许每个人都投入到每个国家的分析中，我们需要进行流畅的沟通。在项目的不同阶段，我们收集了国别研究的专题讨论会版本，并试图综合出新的研究结果。我们五个人一起举办了两次专题讨论会，我们还分组举办了另外三次专题讨论会。在最后一章，我们将回顾这些方法论的选择，并思考它们对本书作为一个整体的一些启示。

第三节　本书的结构

除上述介绍之外，我们这本书的核心是由四个章节组成的，每个章节都以我们研究的四个国家之一为基础。这些章节都是基本类似的，尽管并不完全相同。它们首先追溯了从19 世纪后期到 21 世纪第二个十年的国家政治解决的历史。然后，它们将这些政治解决与采矿——以及玻利维亚案例中的采矿和天然气——在大约125年的时间内如何得到治理和控制的不断变化方式联系起来。它们追踪这些自然资源治理形式与政治解决和政治冲突的性质之间的关系。这几章还将自然资源治理的变化与社会经济和政治包容的政策和模式的变化联系起来。虽然历史在每一章中都很重要，但大部分分析集中在 1990 年以来的时期。

有一次，我们辩论了这本书是否围绕政治解决、资源开采和包容之间的关系中的关键要素而不是国别分析来编排会变得更好，因为我们可以收集到所有四个国家的证据并依次探讨这些要素。然而，我们最终得出的结论是，国家层面的动态以及国家历史和记忆的影响对于理解政治和资源开采之间的关系至关重要。我们数据的专题组织将取代国家和历史在我们正在探索的关系中的中心地位。然而，选择聚焦于一个国家，就会有一些相当长的章节：从某种意义上说，每一章都是一本迷你专著。此外，虽然每个国家章节都涉及政治解决文献，并且我们在研究过程中一直在相互交流，但我们选择将每一篇都写成一篇相对独立的文章，因为我们认识到一些读者只会分析研究他们最感兴趣的国家。因此，每个国家的章节都简短地以论述政治解决框架开篇，最后从具体国家经验的角度得出关于该框架的结论。

这种以国家为基础的扩展方法的风险在于，读者可能会沉浸在国家细节中，但失去了玻利维亚、加纳、秘鲁和赞比亚之间的共识和差异感。因此，我们的最后一章提供了这四篇国家论文的比较和综合阅读，并将这种比较与我们的概念框架和指导性的研究关注点联系起来。在那一章里，我们阐述了我们认为以采掘业和自然资源治理为重点，围绕空间、规模、时间和记忆等问题对政治解决理论作出具体的概念性贡献的方式。

附注

1. 其他一些资源也被开采，如海鸟粪，海鸟粪的开采是19世纪秘鲁经济的核心（例如索普等人，2012年）。

2. 关于此类提议的几个例子，请参阅自然资源治理研究所、乐施会、国际采矿和金属理事会或世界银行等组织的网站和政策文件。

3. 水力发电投资往往与大规模采矿（作为矿区和加工区的一种能源）密切相关，而水路、铁路和电力传输等基础设施则与能源供应和商品运输联系在一起。参与这些不同行业投资的国家和跨国精英也经常相互关联。

4. 例如，参见有效国家和包容性发展研究联合会的工作报告清单，在这里：http://www.effective-state.org/publications/. 这些报告几乎完全集中在过去二三十年的时间里。

5. 虽然诺斯等人、阿塞莫格鲁和鲁滨逊没有直接运用政治解决的概念，但他们的工作与政治解决思想是非常一致的。

6. 当然，也有一些特别邪恶的统治时期，例如秘鲁的藤森政府和玻利维亚的巴泽尔和加西亚－梅萨政府。尽管如此，这些似乎仍然与长期和持续的大宗商品资助的中央集权并实行压制的力量机制大不相同，这些机制是许多依赖矿业和油气的经济体和社会的特征。

7. 确切的时期因每个国家政治解决方案的分期不同而异。

8. 由于本研究分析的一些国家受访者面临的潜在风险，以及整本书的统一性，我们决定仅提及信息提供者的职称和/或隶属关系，引用访谈中的信息。唯一例外的是能够见到的公职人员。

9. 在这些不同类型的受邀者中，更多的研究人员和民间社会行为者倾向于接受邀请。尽管如此，政府和私营部门的代表也出席了会议，有一次，在秘鲁的研讨会之后，一位公司代表要求召开后续会议，并多给了我们几个小时的时间和意见。

10. 见“前言和致谢”。

第二章

秘鲁的采矿、政治解决和包容性发展

当我们审视秘鲁的历史时，最后想到的才是一个稳定的秩序或政治解决。“钟摆”“迷宫”和“万花筒”是学者们用来描述秘鲁动荡的政治和社会动态的术语。[1]自1821年脱离西班牙独立以来，秘鲁已有12部宪法和100多个政府，而其经济体系涵盖了从极端自由主义到中央集权再回归到以前的各个领域。殖民时代遗留下来的暴力、种族主义和腐败，再加上不稳定的初级产品出口带动的发展，财富高度集中，国内市场狭窄，造成了秘鲁经济不平等现象和社会排斥的模式，这也反映在政治领域中。直到1980年秘鲁才实行普选的民主，自2001年以来，历届民选政府才成立。

这些负面结果与秘鲁历史上对自然资源出口——尤其是大规模采矿——的依赖之间的关系，一直是人们大量争论的话题。多年来，学者们倾向于将秘鲁的不稳定发展归咎于这种依赖的危险以及经常与之相关的外部经济冲击（索普和伯特伦，2013年）。最近，一些分析人士将注意力转移到了国家薄弱的制度上，以及在这些制度后面缺乏有效的、基础广泛的政治协议（桑伯恩，1991年；莫罗和桑伯恩，2007年）。从历史上看，秘鲁精英一直不愿与更广泛的人口阶层建立稳定的联盟，无法或不愿建立能够管理国家领土、缓冲外部冲击、规范自然资源开采以及投资于提供公共产品的制度（施米特，2004年；帕雷德斯，2013年）。

然而，在这段历史中，存在着冲突和重新结盟的时期，新的领导人或联盟推动国家及其与自然资源开采和治理的关系发生了重大变化。1968年和1992年的情况也是如此，当时独裁统治者在危机中出现，以集中力量与关键行为体建立联盟，并改变目前的经济模式和制度及其与主要出口部门的关系。2001年以来的部分情况也是如此，因为在恢复民主的同时，还根据全球趋势，对秘鲁丰富的矿产资源进行了新形式的政治权力下放和治理创新。与此同时，这一时期还体现了前十年自由经济改革的连续性（桑伯恩，2008年；穆尼奥斯，2010年）。

当我们在第一章所述的比较框架内审查这一案例时，我们提出以下问题：

- 什么时候出现了政治调整和“解决”时期，在相互竞争的社会团体或阶级之间保持相对稳定的权力平衡，如国家的制度和政策所反映的那样？
- 这种政治解决如何影响秘鲁自然资源的治理和开发——更具体地说，是其矿物——反过来，这又如何塑造了未来政治解决的前景？
- 随着时间的推移，主导地位的精英、矿产开采和国家之间的关系如何影响包容性发展模式？

本章第一节至第五节讨论了这些问题。在第一节中，我们讨论了最近关于政治解决、制度和包容性发展的文献与秘鲁案例的相关性，以及关于政治契约、政权过渡和所谓“资源诅咒”的长期工作。我们还定义了本章其余部分使用的关键概念。在第二节中，我们从这些概念的角度分析了秘鲁的历史，并讨论了上面的第一个问题，确定了政治解决和变革的几个主要时期。第三节讨论了我们的第二个问题，该节审查了采矿及其主要治理形式的演变，主要侧重用于出口的大规模采矿，但也提到了个体和小规模采矿（ASM）业务的存在。第四节讨论了政治解决和采矿治理之间的相互作用，指出了在这种情况下出现的交叉因素，并审查了这些互动对当代秘鲁包容性发展的结果。本章最后总结了我们对这些问题的回答以及对本案例的最后思考。

在处理这些问题时，本章采用了历史和跨国的视角。我们强调，占主导地位的精英和主流意识形态的遗产对政府的性质影响很大，但同时也指出了转变政治联盟和相关机构以改变这种遗产和实行制度变革的机会时刻。在这段历史的大部分时间里，矿业部门一直由外国公司主导。因此，我们的研究不仅指出了跨国行为体、特别是跨国公司和银行的力量，而且也指出了其他国家以及最近的跨国社会运动的力量。

本章是在分析第一手资料和第二手资料的基础上进行的。鉴于研究的历史范围，我们借鉴了 19 世纪末和 20 世纪秘鲁政治和治理方面的大量历史文献，并分析了有关采矿治理和政策问题广泛发表的资料。最近，我们还利用了许多政府机构和私营工业协会提供的数据，[2] 以及主要的印刷媒体和专门的经济和采矿出版物。与专家和政策制定者进行一系列密集、半结构化的访谈，对于理解近期发生的事件也至关重要。

第一节　政治是如何塑造发展的：一个以秘鲁为参考的概念讨论

“包容性发展”是一个宽泛的术语，但一般指的是在特定社会中不同群体之间公平分配社会和物质利益。正如希基所说，“这些利益不仅包括物质和经济利益，而且包括增加福利和提高能力，以及增强社会和政治权力”（2013 年：3）。这从“发展”这一概念主要为经济定义转向包括实现公平和公民权利的定义，并从专门关注贫困转向实现更广泛的社会正义目标的定义。

在秘鲁这样的国家，包容性发展是什么样子？显然，它涉及持续的经济增长，伴随着国家对私人财富征税和有效使用公共收入的能力。它还涉及经济多样化，以减少对少数初级出口部门的依赖，减少贫穷和不平等，扩大大多数人口获得基本服务的机会，并扩大劳工权利和社会保障。在政治上，这意味着保障所有公民的人权和公民权利，加强民主制度，扩大各级政府的参与。此外，像在秘鲁这样一个土著人口众多的国家，要使发展具有包容性，发展应是多文化的，包括给予集体土地和其他资源的权利，并尊重族裔和文化差异[3]。在一个生态系统多样化但脆弱的国家，还应合理利用自然资源，对采掘业进行有效监管，并采取措施为子孙后代保护环境。

如何取得这些成果？推动本研究的框架建议跟踪实现和维持国家能力和精英对发展承诺的条件，同时考虑精英内部关系、联盟和契约、发展意识形态、民众动员和跨国行为体的作用等多个变量（见第一章；贝宾顿，2013 年 a；希基，2013 年）。这就需要从根本上了解影响建立可能促进包容性发展的制度的政治动态。此外，它不仅涉及精英之间的横向协商和谈判，而且涉及精英与其追随者之间的纵向关系（劳斯，2012 年：9）。

就本章而言，当我们提到“精英”时，我们指的是拥有资源的少数个人或群体，这些资源使他们能够对国家行使控制权，并更广泛地影响政治解决方案的建立以及相应的社会资产和权利的分配。这类资源往往是经济资源（在本国或跨国拥有的土地和金融或工业资本），但也可能是智力资源（技术官僚、智囊团、主流媒体）或胁迫性资源（对军事精英而言，控制有组织地使用武力）（迪·约翰和普泽尔，2009 年：15；希基，2013 年：3、4）。这些精英和他们的权力来源随着时间的推移而变化。在本书的框架内，重要的是确定某些行为体从主导联盟以外积累足够权力的时期，以促使其崩溃或迫使其过渡，并分析这在多大程度上导致产生影响包容性发展的新协议和新政策。

特里·卡尔（1997 年，1986 年）和迈克尔·罗斯（1999 年）等作者的早期著作提醒我们，在高度依赖自然资源开采的国家，在审视政治演变和包容性发展前景时，必须考虑到这一活动本身的作用（贝宾顿，2013 年 a）。然而，虽然采掘可能以各种方式扭曲政治精英和经济精英的动机，但也是通过政治才能将这种活动产生的收入用于取得更理想的结果。如何做到这一点？最近一些“制度主义者”文献认为，如果像秘鲁这样的国家没有尽早创造包容性的政治和有效的国家，那么要避免不稳定和不公平的发展成果可能是极其困难的（斯莱特和索弗，2010 年；阿塞莫格鲁和鲁滨逊，2012 年）。然而，关于巩固民主的研究和辩论（施米特和卡尔，1991 年；施米特，1992 年；蒙克和斯奈德，2007 年），以及贝宾顿（2013 年 a）和奥里韦拉（2013 年）等作者的研究和辩论——他们专门研究采矿国家——认为，一个国家也可以在某些条件下在后期建立此类制度。

这项工作表明，至少有两条改变权力平衡的路径：（1）社会动员，这可以推动当权者进行积极的制度创新，或者可以改变权力的平衡（蒂莉，1978 年；马奥尼和西伦，2010 年；贝宾顿，2013 年 a）；或（2）与各类跨国行为体和“认知社区”相联系，后者传递制度改革的新思想和激励（哈斯，1992 年；贝宾顿等人，2008 年；奥里韦拉，2013 年）。这些路径可能是相关的，但重要的是要对它们进行分析性分类。就跨国行为体而言，一些跨国行为体可能对国家精英施加更大的强制力，甚至以破坏现存政治解决的方式进行推动。其他行为体通过同伴网络和自愿参与形式开展工作，还有一些人通过向当地基层活动分子提供信息并增强他们的权能来开展工作。在社会动员方面，与 20 世纪 90 年代相比，2000 年以来秘鲁的社会动员有所扩大，跨国活动家和捐助者支持了一些环境和社会政策改革。然而，这种支持无助于克服秘鲁许多社会运动和抗议从根本上支离破碎和地方化的性质，以及无法形成一个能够显著改变该国当前发展路径的运动或联盟（雷米，2005 年；潘菲基，2011 年）。

当我们在本章中提到“政治解决方案”时，我们想到的是帕克斯和科尔（2010 年：

viii）所称的“强大行为体之间的滚动协议”，通常指的是非正式的权力契约，而不是正式和公开的协议。这种协议不能保障稳定的社会秩序，但确实有助于解决或减少高层次的政治冲突和暴力，并实现最低限度的政治稳定和经济绩效（同上；可汗，2010 年；另有劳斯，2012 年；舒曼和卢西，2015 年）。然而，由于它们涉及管理精英利益与社会更广泛的各种利益和需求之间不稳定的关系，因此还存在持续的冲突、谈判和妥协进程，而执政联盟试图塑造和控制这些进程（帕克斯和科尔，2010 年：5）。政治解决方案仍然有效，因为它是“由各种制度的可行组合和社会中有组织的强大群体之间的权力分配所支撑的”（可汗，2010 年：20）。

在这一框架内，本章的论点可归纳如下。在秘鲁案例中，我们认为有三大时期是“政治解决的”时期，即有相对稳定的制度安排，这些安排对于制定经济政策模式和在关键行为体之间分配权力至关重要——这被界定为“个人或团体参与冲突和生存的能力”（可汗，2010 年：6）。这些时期包括一个很长的寡头统治时期（1895—1968 年），第二个时期我们称之为中央集权主义时期（1968—1990 年），新自由主义时期始于 20 世纪 90 年代初。每一个时期都反映在国家建设和经济模式的特定类型以及采矿和相关采掘业的治理上。然而，面对全球市场力量，在新的意识形态趋势的压力和被排斥行为体的动员下，每个解决方案都失去了力量，最终发生了根本性的改变。

跨国行为体在整个历史中都具有影响力，但正如我们将看到的那样，他们的作用也随着时间的推移而发生变化。他们限制了解决方案各方在国家机构内所能做的事情，而且在某些时候还帮助破坏了解决方案。包括市长和其他社区领袖在内的地方和地区行为体，在确定的三个解决方案中没有成为执政联盟的一部分，也没有发挥边际作用。他们没有与国家政治精英结成稳定的联盟，也没有遇到对他们希望推出的项目的抵制，也没有抵制他们为修改首都利马的投资重点所作的努力。这些地方精英的力量在于他们的抗议能力，而不是他们影响国家优先次序的能力。这种情况因竞争政治的分裂性质而加剧，这意味着地方领导人几乎没有政党表达声音的渠道，从而允许在利马的技术官僚在该州运作，以确定制度安排。

第二节　政治解决与变革的历史

如上文所述，我们确定了三个“政治解决方案”——可以理解为影响制度再确立的相互竞争的社会群体之间相对均势所界定的时期，包括那些与采矿治理有关的群体：寡头主义、中央集权主义和新自由主义解决方案。在每一种情况下，重新结盟最终都是由于社会冲突和动员、政治精英组成的变化或两者兼而有之形成的。我们将依次讨论每一项解决方案。

2.1　寡头统治与外资支配（1895—1968 年）

自 1821 年脱离西班牙独立以来，秘鲁的特点是中央政府薄弱，控制其国家领土和维持经济发展的能力有限。独立的早期几年表现为巨大的不稳定特征，强大的领导人（*caudillos*，元首）及其相关的“客户群体”之间存在分歧，并担心土著人民会对他们的土著土地被剥夺、被迫劳动和沉重的税收负担作出反抗（帕雷德斯，2013 年）。此外，新的政治当局往往愿意将经济权力让给外国利益集团，包括英国商业机构、债券持有人和外国承包商，这些外国承包商以海鸟粪的形式争夺有利可图的硝酸盐矿藏，或在秘鲁沿海岛屿上积累海鸟的粪便，这些东西被广泛用作肥料（斯莱特和索弗，2010 年；亨特，2011 年；帕雷德斯，2013 年；索普和伯特伦，2013 年）。

由于缺乏统一的国家和强大的执政联盟，秘鲁在太平洋战争（1879—1883 年）输给邻近的智利，失去了主要的南部领土（富含这些硝酸盐）。正是从这场战争之后的危机中苏醒，秘鲁第一次获得了稳定秩序的表象：“贵族共和国”（1895—1919 年）。这一时期的特点是一个主导的寡头政治，具有自由的经济取向和选举产生的文职政府，尽管存在高度限制的投票权和人格主义的精英政党。在这一时期，我们看到出口的扩大和多样化，包括石油、铜和银，有大量外国投资者，特别是那些来自英国、德国和美国的投资者。

1919 年，贵族共和国让位给了进行长期威权统治的总统阿古斯特托·勒圭亚（1919—1930 年），他做了许多重要的努力来加强国家官僚机构，包括建立中央银行和农业信贷银行，以及主要在海岸建设大型灌溉和交通基础设施。在 1920 年的宪法中，勒圭亚还对土著社区给予法律承认，并建立了一个中央政府土著事务机构（*the Dirección de Asuntos Indigenas*）。然而，以土地为基础的寡头政治保留了对国家的巨大控制权，并继续控制着大片国家领土。因此，尽管有亲土著的言论，该届政府还是通过了一些法律，强迫数千名土著男子从事公路建设中的强制无偿劳动，而高原地区大地主的半封建工作条件依然存在[4]。

这一政权还加速了秘鲁对外国资本的开放和控制。勒圭亚亏欠美国银行巨额债务，以支付他的公共工程费用，并聘请美国顾问在战略领域工作，同时允许普遍的腐败现象持续存在。秘鲁公司的英国业主被授予铁路永久控制权。然而，1929 年的大萧条对经济产生了重大影响。工人和新兴城市中产阶级受到生活成本上升和基本商品短缺的最大打击，导致劳工抗议活动增加。1930 年，勒圭亚在指挥官路易斯·桑切斯·塞罗领导的军事联盟的要求下被迫辞职，后者随后以微弱优势赢得 1931 年总统选举，因为遭到了主要反对党美洲人民革命联盟（APRA）的挑战。

因此，秘鲁作为一个独立国家的头 100 年，它的经济主要是以自由为导向，从太平洋战争中恢复过来后，则主要是以各种初级商品出口为导向。国家权力在很大程度上掌握在沿海寡头的手中，通过与高地土地所有者（或 *gamonales*，加莫纳莱斯，“地方领主”）的普遍共识得到其支持，并充当外国资本的中间人（布尔加和弗洛雷斯·加林多，1979 年；克拉伦，2004 年）。大量人口继续被排除在充分的公民权利和出口繁荣的利益之外，包括土著人民和不断扩大的城市工人阶级。

由于城市的扩张，从 20 世纪 30 年代开始，秘鲁出现了现代工会和两个基本上秘密运作的群众性政党：美洲人民革命联盟和社会主义党。20 世纪 30 年代后，随着美国在拉美的政治和经济实力大幅扩张，双方都对美国帝国主义和在秘鲁主要作为飞地运作的外国公司的存在提出了批评。然而，美洲人民革命联盟最终将在冷战背景下与经济精英阶层和美国利益集团结盟，而社会主义党将在其创始人何塞·卡洛斯·马里塔吉去世后成为亲苏联的共产党。

在经济萧条时期，国际环境对在秘鲁进行的大规模外国投资不利。外部需求的收缩使各国政府在扩大中产阶级和内部市场以及扩大保健和教育等公共服务的背景下，为民族工业提供了更大的动力（孔特雷拉斯和奎托，2009 年；索普和伯特伦，2013 年）。在这一时期，拥有国家资金的中小型矿业公司开始发展更多的项目。然而，经济多样化的进展是有限的，外国资本家仍然控制着大规模的矿业经营。群众性政治也在很大程度上受到压制或控制，除了短暂的“民主之春”（1945—1948 年）外，一位文职总统是在与美洲人民革命联盟结盟的情况下当选的，但很快就被军事政变和曼努埃尔·奥德里亚将军领导的新联盟赶下台，该联盟非常重视外国投资，特别是在矿业领域（波托卡雷罗，1983 年）。

然而，到了 20 世纪 50 年代末，由外国支配出口部门为主导的经济自由主义的精英共识开始面临更大的挑战。美洲人民革命联盟和上述共产党将由其他民族主义和改革导向的政党以及更激进的左翼团体和游击队运动加入，这些运动是被越来越多的农民对土地改革的要求以及古巴革命和其他第三世界经验所激发的。1963 年，秘鲁民众行动党（AP）的费尔南多·贝朗德·特里当选，这似乎标志着新的政治调整，以支持在资本主义经济范围内进行民主改革和经济现代化。然而，由于在奥德里斯特民族联盟（UNO）[5]中的右翼亲寡头势力和在国会的美洲人民革命联盟党（APRA）领导层之间务实联盟的强烈反对，这一承诺失败了。通过对公共开支行使否决权，APRA—UNO 联盟束缚了行政人员的手脚。与此同时，农民组织对土地改革进展缓慢感到不耐烦，在左翼游击队的支持下，开始强行占领安第斯高地的土地，军队被派去残酷镇压他们（克莱恩，2004 年）。

在能源需求不断增加、石油输出国组织（OPEC）建立的全球背景下，秘鲁的石油储备仍在美国企业手中，成了相当受欢迎的国家控制需求的对象。贝朗德的现代化项目包括从美国拥有的国际石油公司（IPC）手中收回对该国北部油田控制权的历史性协议，这被称为“塔拉法案”，该法案于 1968 年签署。然而，谈判中由于缺乏透明度成为本届政府的突破口。1968 年，由胡安·维拉斯科·阿尔瓦拉多将军率领的军队中的一个团体远离了寡头的利益，并将权力夺取到了自己的手中，成立了秘鲁军队革命政府（GRFA）（斯特潘，1978 年；科利尔，1979 年）。

虽然这一章节涵盖了很长一段时期，从 1895 年到 1968 年，但是我们选择把它看作是一种全面的政治解决方案——从土地寡头持久的经济权力特别是政治权力、土地寡头对关键制度的控制，以及它阻碍社会和政治改革能力的角度来看。在这一时期，掌权的精英们关于发展的主流思想基本上是优先考虑包括矿物在内的初级产品的出口，且这些矿物主要掌握在跨国公司手中。然而，我们也确实指出了这一时期的变化，即国家机器的增长和争夺权力的新政治和社会行为体的出现，特别是在 20 世纪 60 年代，后者的想法侧重于加强国内市场和强化国家对主要出口部门的控制。这类行为体在 1968 年以后占据主导地位。

2.2 中央集权下的经济统制和加速社会变革（1968—1990 年）

秘鲁军队革命政府（GRFA）启动了一个非常独特的政治解决方案。它不同于秘鲁以前的军事政权，因为它的领导人享有高度自治权，不受寡头利益的影响，拥护发展主义议程，并希望大幅度减少秘鲁对外国和资本的依赖（克利夫斯和斯卡拉，1980 年）。大多数争论不休的政治精英被赶下台，政权的重大改革是由军事领导人和一个新的相关技术官僚团队自上而下实施的（麦克林托克和洛温塔尔，1983 年：246—248；达金特，2015 年）。

他们排除了选举和政党，取而代之地提出了一种社团主义的政治包容模式，有组织地按照阶级参与，涉及农民社区、工会、进步天主教徒以及被排除在国家政治之外的前秘鲁美洲人民革命联盟（APRA）和马克思主义左翼的成员。正如其他不同的作者所指出的那样，秘鲁军队革命政府（GRFA）排除了作为政治力量的土地寡头，减轻了外国资本在政治和经济上的影响力，并为加强国家机器及其在经济中的作用做出了巨大努力（麦克林托克和洛温塔尔，1983 年；桑伯恩，1991 年；科特勒，1995 年）。采矿、油气和其他生产部门被国有化；实行进口替代工业化（ISI）政策，鼓励国内银行和工业集团扩大其在经济中的存在，同时限制外国拥有；秘鲁寻求在分散的第三世界和不结盟运动中发挥领导作用。

这一“秘鲁试验”的全球背景最初是有利的，因为该区域出现了其他进步和激进的政权，并出现了许多南南合作努力，以增强发展中国家初级商品出口国的能力。秘鲁在 20 世纪 60 年代积极参与欧佩克的活动，并与赞比亚、扎伊尔和智利共同创立了铜出口国政府间理事会（CIPEC）（见本书第四章第 5.2 节）。冷战和“石油美元”的全球流动给了秘鲁相对于国际金融机构（IFI）的议价能力，尽管该政权具有独裁性质，银行还是根据预计的石油收入提供了大量贷款（瓜斯蒂，1985 年；斯托林斯，1992 年）。

然而，军政府通过专制政权追求社会包容性发展，最终未能实现自己的目标。它没有消除贫穷或社会不平等，它不但没有消除社会冲突，反而助长了新的、更有动员力量的反对派别。此外，同加纳、赞比亚和玻利维亚（见本书第三、四和五章）一样，20 世纪 70 年代的全球经济危机给秘鲁造成了巨大的压力，因为该国面临采矿和油气部门收入迅速下降和外债不断增加的问题。由于各个部门管理不善和腐败丛生，这种情况更加恶化，人们对该政权开始实行的紧缩措施非常失望。

1975 年，一场内部政变取代了维拉斯科，取而代之的是更为保守的弗朗西斯科·莫拉莱斯 – 贝门德斯将军，随之而来的是对劳工和民众抗议的更严厉地镇压。被认为是维拉斯科政治解决方案一部分的重要社会行为体最终被新执政军政府的将军们排除在外（苏蒙特，1980 年）。反对军政府的罢工和抗议活动在 1977 年 7 月的全国大罢工和军方退出政权的决定中达到高潮（桑伯恩，1991 年）。这次退出是由将军们、秘鲁美洲人民革命联盟（APRA）的领导人和温和的右翼政党之间自上而下谈判达成的。虽然秘鲁这个国家在这一时期的范围更广，对美国和其他外国势力的依赖也更少，但它也深受债务困扰，因此，国际货币基金组织（IMF）和秘鲁的许多债权人在整个20世纪70年代和20世纪80年代继续在该国行使权力（斯托林斯，1992年）。

军事政权的政治遗产是在政治范围内朝着左派的转变，把秘鲁美洲人民革命联盟（APRA）改造成中间派力量，并出现了一批新的马克思主义政党。然而，由于没有建立稳定形式的威权统治，军方选择了发起向民主过渡的进程。这一进程包括当选的制宪议会，在该议会中，左翼政党占据了将近三分之一的席位，1979年又制定了新的宪法。该宪法反映了军事和文职精英之间很大程度上达成一致的协议，即支持建立比20世纪60年代更强大的国家和行政部门，而且还包括比军事需要更广泛的权利和自由。

1980年，前总统费尔南多·贝拉伦德和他的秘鲁民众行动党（AP）再次当选掌权，与更加保守的基督教人民党（PPC）建立了联盟，在国会中占有多数席位并共同担任内阁职位。然而，随着经济陷入日益恶化的危机，这一中心偏右联盟的受欢迎程度却十分短暂。继续努力实施由国际货币基金组织（IMF）设计并由一群自由派技术官僚操盘的紧缩措施，引起了广泛的抗议（达金特，2015年：91）。尽管他们有国际关系，这些技术官僚（绰号为“发电机组”）仍面临着与总统贝隆德和他的政党中更民粹主义派别谈判的持续挑战。因此，直到20世纪80年代，国民经济基本上仍然是国家性质的（同上）。

为什么1980年以后向民主的过渡没有产生一个新的、稳定的政治解决办法？部分答案可归因于外部经济制约因素，以及新自由主义者和民粹主义者之间的内部压力造成的政策不一致（达金特，2015年）。然而，这一解释也存在于军方退出政府时进行的政治谈判过程中。新的民主制度一方面受到军事领导人的挑战，他们保留了很大程度的权力和有罪不罚现象；另一方面，新的左翼政党继续谴责“资产阶级民主”——其中一些政党做出了进行武装斗争的选择，直到这个十年结束。新政权从一开始就受到了毛派分裂集团秘鲁共产党（PCP）的挑战——秘鲁共产党也被称为光辉道路（*Sendero Luminoso*）——他们通过武力和恐怖活动，在中央政府长期忽视人口的地区和空间（如大学和公立学校）建立权力（真相与和解委员会，2003年）。

1985年，这个国家选出了一位年轻的改革派总统，来自秘鲁美洲人民革命联盟（APRA）的艾伦·加西亚·佩雷斯，他提议带领人们走出危机，恢复和平，并在欧洲社会主义者和其他盟友的支持下建立一种“更多社会形式的民主”（桑伯恩，1991年）。那时，马克思主义团结左翼统一战线是全国第二大政治力量，双方领导人对各种政策目标持类似的看法。加西亚的最初战略是挑战国际银行，暂停偿还债务，同时与少数顶级企业领导人就经济复苏计划进行谈判，该计划涉及他们对秘鲁进行新投资的承诺。当这些企业领导人没有做出预期的回应时，加西亚开始攻击他们，试图将私有银行国有化，这在他的党内引起了分裂，并引发了新自由主义抗议运动——自由运动（*Movimiento Libertad*），由作家马里奥·瓦尔加斯·洛萨领导，一些商界领袖和年轻的城市专业人士也加入了这场运动。在此期间，外国投资降至最低水平，该国进入了政治暴力和高通胀的双重螺旋，秘鲁在很大程度上脱离了全球金融体系。

2.3 新自由主义的两个阶段（1990—2016 年）

2.3.1 第一阶段：新自由主义与竞争威权主义

1990 年，政治局外人藤森当选为秘鲁总统。与瓦尔加斯·洛萨强烈的新自由主义纲领背道而驰，藤森最初表现出的不同之处是，承诺不将国有企业私有化或采取其他市场自由化措施，而且他的第一届内阁包括来自中左翼的知名人物。然而，在执政的六个月内，他就抛弃了他的左翼盟友，组建了一支新自由主义顾问团队，他们由世界银行和其他国际金融机构以及秘鲁企业界的部门和自由运动组织的各阶层人士组成（怀斯，2003 年）。由于与总统关系密切，这些“技术官僚”逐渐从国会和竞争性的政治体系中获得了很大的自主权，并专注于建立一个更强大的经济和财政部以及其他市场友好型机构（奥里韦拉，2013 年；达金特，2015 年）。

在整个 20 世纪 80 年代，光辉道路在秘鲁安第斯和亚马逊河的偏远地区获得了存在，这些地方贫困现象普遍，很少有公共服务和基础设施，也很少有国家的存在或权威。在政治动员、胁迫和恐怖相结合的情况下，光辉道路获得了秘鲁大部分地区的控制权。到 1990 年，秘鲁大部分地区都处于紧急状态下，公民自由受到限制，各地共享政治—军事突击队。

为了进行结构性调整和更积极地打击光辉道路，在没有任何明显反对的情况下，藤森选择与军官和私人商业的主要领导人一起建立了一个独裁联盟，在 1992 年举行了一次“自我政变”，其中包括暂时关闭国会、干预司法机构和审查主要媒体。在政治暴力和极端经济不稳定的背景下，大多数秘鲁人接受了这些措施。然而，美洲国家组织（OAS）和国际人权组织的压力导致藤森保留了政治竞争的空间，这包括一个在 1993 年制定的明显更自由的宪法的制宪大会，在该宪法中，政府仅限于在经济中发挥辅助作用。[6]

藤森策动的戏剧性调整促使产生了我们所认为的秘鲁新的政治解决方案，在这个解决方案中，强大的精英们都高度赞成亲市场经济和重新开放经济以适应国际竞争。25 年后，仍然很少有政治竞争者质疑将最具生产力的经济部门交还给私人部门的这一决定，而且几乎没有人拥有真正的权力，来提议在矿业或其他关键出口部门重建国有企业。

20 世纪 90 年代出现的解决方案的另一个重要特点是技术官僚的中心地位和政治权力，他们在起草和执行公共政策时充当理论家和议程制定者。虽然军政府和以前的文职政府都雇用了技术顾问，但他们往往有不同的党派忠诚，最终仍然是将军或政治家站在决策的前列。然而，20 世纪 90 年代稳定局势的成功使没有强大党派联系的技术官僚得以扩大其在内阁职位上的影响力（阿布萨达等人，2000 年；怀斯，2003 年）和“[启动] 改变了经济状态和结构的更加雄心勃勃的市场改革”（达金特，2015 年：98）。他们集中在总统府部及经济及财政部，往往来自一小部分私立大学，并得到了一个新的智囊团和咨询公司网络的支持（怀斯，2003 年：238—239），这个网络是由私人商业利益集团在世界银行和美国国际开发署（USAID）的资助下创建的（达金特，2015 年：139）。

新自由主义改革者认为，放松对劳动力市场的管制将通过降低雇用和解雇工人成本的方式，来鼓励雇主加入或留在正规部门（崇、加尔多和萨韦德拉，2007 年：11—12）。然而，在此期间，非正规部门劳动力的比例实际上有所增加，而工会则遭到破坏或劝阻。私有化和放松管制也在公共交通、基础教育和高等教育等重要部门造成了持续的质量和安全问题，对扩大大多数秘鲁人获得社会保障的机会几乎没有起到什么作用（比利希，2009 年：29；帕斯科－富恩特与托莱罗，2001 年）。

2.3.2 第二阶段：新自由主义、民主和权力下放

2000 年，在独立媒体曝光他的政府和军方出现重大腐败事件后，总统藤森逃离秘鲁到日本并从日本辞职。然而，藤森治内所倡导的技术官僚治理模式幸免于他的垮台并回归到一个更加民主的政权，这要归功于一个严重薄弱和支离破碎的政党制度，衰弱的工会和民众组织，以及强有力意识形态领导的缺乏。这种权力真空进一步增强了新的技术官僚阶层的权力，具有讽刺意味的是，他们在行政知识上与国家有着共同的敌意（贝尔加拉和恩西纳斯，2016 年）。因此，我们认为，恢复民主并不代表一种全新的政治解决办法。

后藤森时期的特点是经济持续增长，部分原因是矿产价格和产量都很强劲。然而，它的特点还包括剧烈的社会冲突和所谓的“政治阶级”和民主制度的有限合法性（克拉布特里，2011 年；潘菲基，2011 年）。秘鲁自 2001 年以来的当选总统——中间派亚历杭德罗·托莱多·曼里克（2001—2006 年）、中右派艾伦·加西亚（2006—2011 年）和中左翼奥兰塔·乌马拉·塔索（2011—2016 年）——都没有真正依靠的社会支持基础，尽管预算和社会方案不断扩大，但无法从上层建立这些基础。这反映在民意调查中，也反映在他们的政党无法竞选出可信的接班人或保留重要的国会基础（达金特和穆尼奥斯，2012 年）。

在这一期间，私营公司——尤其是与采掘业、电信业和银行业有关的公司——的力量不仅在国家政策层面而且在全社会都得到了体现。在 21 世纪头十年，商业领袖协会和游说团体继续直言不讳地向政府提出要求，并在很大程度上支持继续奉行经济自由化的政策方向，优先重视初级商品出口。各届秘鲁政府都强烈鼓励企业社会责任运动（CSR），并激励私营公司在其运营领域提供必要的公共产品和服务（桑伯恩，2008 年）。批评人士对这一问题提出了质疑，他们指出，让私人行为体对公共职能承担更大的责任，存在有可能损害政府能力而非加强政府能力的风险（阿雷拉诺－扬瓜斯，2011 年；珀拉，2012 年）。

这种描述表明，长期集中于初级商品出口以推动经济增长和为国家创造租金的历史具有连续性。这就造成了权力的不对称，是有利于世界上最强大的公司及其在秘鲁的国家伙伴的。但从另一个角度看，后 2000 年时期代表了秘鲁政治的一个新阶段，这是迄今为止民主政府持续时间最长的时期。在这一背景下，越来越多的国内和国际行为体都在争取地方参与和竞争的权力和新的渠道，将新的要求列入政治议程，包括环境管制和尊重土著权利。这是不可否认的，即使官方的说法和政策并不一致。这一时期变化的程度和连续性从矿产开采和治理作用的角度在第四节作了进一步讨论，从国家和政治动力学的角度在第五节作了进一步讨论。

第三节 随时间变化的矿物开采和治理

正如我们所看到的那样，秘鲁的经济从根本上依赖于初级商品的出口，因为这是国家收入的来源，矿产在这一段历史的大部分时间里一直是主导部门。如数表 2.1 所示，在本章所述期间，采矿对经济的重要性有所增加。数表 2.2 还显示，秘鲁的总体国内总产值往往与采矿国内生产总值密切相关。秘鲁是世界领先的矿产生产国之一，拥有铜、金、银、锌、铅以及其他资源的主要矿藏。自 1960 年以来，矿业产品占出口总额的一半以上，占税收总额的四分之一。数表 2.3 和数表 2.4 显示了始于 21 世纪的矿产出口和采矿税收的数据。在这段历史的大部分时间里，大型采矿业务一直是私人企业所有、并由外国资本主导；只有 20 世纪 70 年代和 80 年代这 20 年除外，这段时间由国有企业所有。

在本节中，我们从对秘鲁政治解决和变化的总体历史的分析，转向对每一个时期采矿治理和开采性质变化的讨论。目的是讨论政治解决如何或在多大程度上影响采矿的治理，这反过来又如何影响未来政治解决的前景。

数表 2.1　采矿占国内生产总值的份额，秘鲁，1890—2012 年
（2007 年百万努埃沃斯契底，对数）

资料来源：塞米纳里奥（2015 年），第 937 页。

3.1 外国资本主导时期（1895—1968 年）

19 世纪末，秘鲁中部和北部高地的银矿开采主要掌握在国家所有者手中，这一活动帮助秘鲁从太平洋战争的影响中恢复过来。然而，国际价格的波动和货币格局从白银向黄金的转变，消除了国家白银生产商的主要国内市场（索普和伯特伦，2013 年）。此后，开始了一个非国有化进程，同时出现了铜作为一种国际需求的矿物，其生产需要注入大量资本和技术，而当地企业家和国家都无法提供这些资金和技术（德乌斯图亚，1995 年；波托卡雷罗，2013 年）。

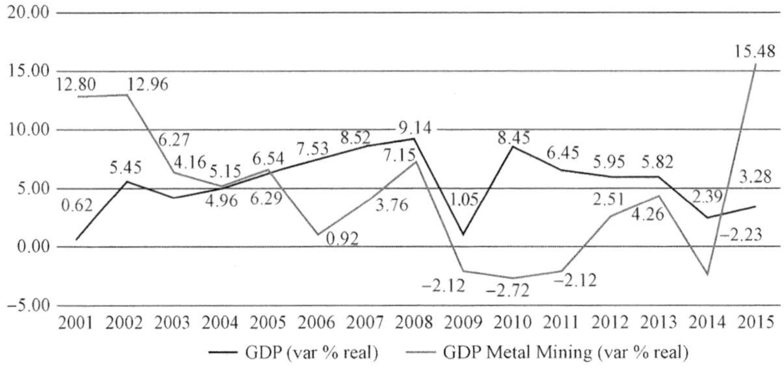

数表 2.2　国内生产总值和采矿国内总产值变化，秘鲁，2001—2015 年

资料来源：作者根据 BCRP（2017 年）的数据所作的阐述。

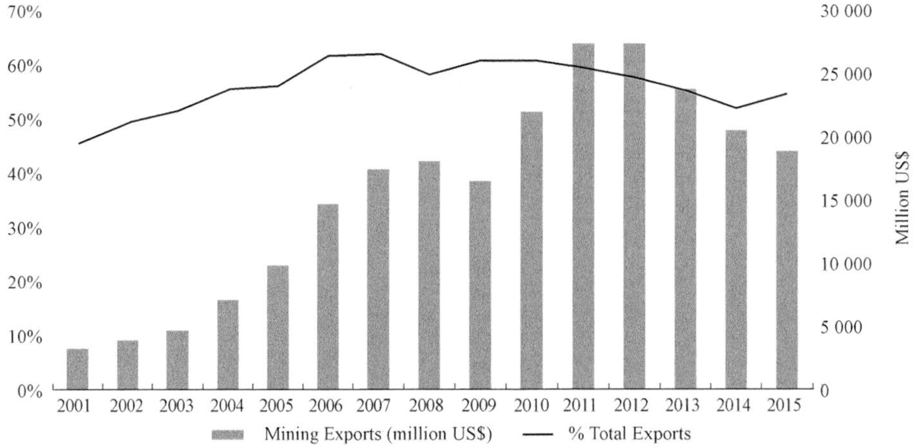

数表 2.3　矿物出口值（百万美元）和占出口总额的份额，秘鲁，2001—2015 年

资料来源：作者根据 BCRP（2017 年）的数据所作的阐述。

政府直接政策和以自由主义为导向的国家精英也鼓励了非国有化，洲际海运的创新和向中部高地最重要的采矿中心修建铁路的举措更是促进了非国有化（米勒，2011 年）。1901 年，一项新的自由采矿法为外国投资者和国内投资者规定了平等的条件，赋予了投资者对土地和底土资源的财产权（废除了 350 年前西班牙对底土的国家所有权的殖民传统），并批准冻结了所有以出口为导向的活动的税收（贝克尔，1983 年）。

据一位为本章接受采访的秘鲁历史学家称，这是为了向私人投资者提供安全保障，因为在此之前的几年里，交战的军事独裁者们利用国家权力通过征用来获得资源（另见孔特雷拉斯和奎托，2009 年：208）。

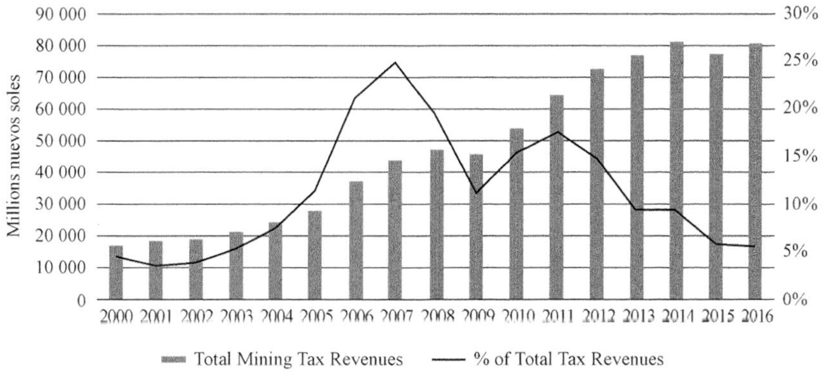

数表 2.4　采矿税收收入和份额（百万努埃沃斯契底），秘鲁，2000—2016 年

资料来源：作者根据 SUNAT（2017 年）的数据所作的阐述。

通过这些措施，美国拥有的秘鲁塞罗德帕斯科矿业公司（CPMC）通过向当地投资者购买现有的中小型矿山以及从秘鲁业主那里购买大量土地，以及购买其他采矿公司和冶炼厂的股份，并参与 1904 年从矿山修建一条铁路线等手段，积累了巨大的经济和政治权力。这种塞罗德帕斯科矿业公司（CPMC）积累的权利和资本使得各届政府难以规范该公司的活动（克莱恩，2004 年；索普和伯特伦，2013 年）。

经过1895年至1929年间的矿业生产的快速增长之后，这种繁荣随着大萧条而停止（塞米纳里奥，2014 年）。然而，外国矿业公司的产量对该国仍然很重要，从 1929 年占矿物出口总额的 97% 到 1939 年的 79%（索普和伯特伦，2013 年）。在此期间，国内资本家开始开采其他比铜更重要的矿物：首先是黄金，然后是铅和锌。与商业捕鱼和棉花生产一起，这一主要为中等规模的采矿业帮助促进了经济的复苏。国家通过一系列措施支持国内矿业的复苏，包括让秘鲁人优先获得非特许权金矿（直到 1936 年），1941 年成立国家矿业银行，向秘鲁矿商提供信贷，以及引入价格和进口管制（多尔，1986 年；奥尔雷戈，2012 年）。在此期间，秘鲁还出现了沿库斯科、普诺和马德雷迪奥斯河岸进行手工开采金矿的初期阶段（帕卡斯，2012 年）。

在短暂的民主开放（1945—1948 年）时期，政府还引入了一个新的劳工权利框架，包括承认工会和更多有利于工人的解雇和退休程序，这有助于加强矿工联合会和其他劳工团体（克鲁伊特和维林加，1983 年：72—75）。然而，到了 20 世纪 50 年代，由于美国大公司倾向于积累和保留最大的矿藏和广阔的土地，国内矿业的扩张受到了限制。虽然秘鲁公司的财务状况在 20 世纪 40 年代开始再次改善，但铅和锌——秘鲁投资者开采最多的矿物不利价格条件也会阻碍国家工业的发展。

20 世纪 50 年代是秘鲁大型外资矿业占据主导地位的又一个里程碑，这与全球采矿业的技术进步以及更有利的政府政策（如降低税率）有关。曼努埃尔·奥德里亚将军（General Manuel Odría）领导的军政府在商界的压力下，为了投资当时主导国际铜业的大型露天采矿来取代地下矿山，废除了 20 世纪三四十年代引入的保护主义措施。如果没有这项技术，秘鲁的铜生产竞争力就会降低（多尔，1986 年）。

根据1950年新的“采矿法规”，与美国拥有所有权的公司签订了两项主要的露天采矿项目合同。第一个项目是与马尔科纳矿业公司（MMC）于1952年签署的，目的是在南部沿海启动一座铁矿的开发。第二个项目是与秘鲁南部铜业公司（SPCC）于1954年签署的，目的是在塔克帕纳再往南开采一个铜矿。这两项交易都带来了新的采矿业热潮，增加了出口，给外国资本带来了重大利益。到1960年，三家最大的美国公司占了矿产总产量的73%（索普和伯特伦，2013年）。然而，在这一时期，秘鲁也出现了一些中型矿业公司，尤其是阿里亚斯–巴伦斯公司，贝纳维德斯集团和毕加索公司（贝克尔，1983年）。

正如第三节所述，20世纪50年代后期，围绕土地改革和国家对自然资源主权的要求，社会动员变得越来越强烈。中部高地采矿公司拥有的土地是抗议的主要焦点。曼努埃尔·普拉多的文官政府与当时被取缔的秘鲁美洲人民革命联盟党（即所谓的“Convivencia”）结成了一个广受批评的联盟，该政府对此反应谨慎，创建了一个土地改革和殖民研究所（IRAC），该研究所专注于旨在为未来改革奠定基础的研究。政府还在北部沿海的钦博特港建立了一家钢铁厂，主张生产工业化，并在同一地区启动了商业鱼粉工业的开端。然而，利润最丰厚的采矿项目仍掌握在外国手中，采矿税率仍在20%左右，民族主义势力认为这一税率太低（孔特雷拉斯和奎托，2009年）。

在费尔南多·贝朗德更具改革派政府的领导下，采矿税率提高到了48%，这引起了有影响力的矿业利益集团的反对，声称现行采矿法保障了他们的税收稳定（亨特，2011年）。与此同时，议会设立了官方委员会，调查马尔科纳矿业公司（MMC）和秘鲁南部铜业公司（SPCC）涉嫌的超额利润汇回的问题。这些措施反映了政府为加强对外国资本控制所做的努力。

在此期间，矿业生产又有了一次大幅度的扩大，主要是秘鲁南部铜业公司（占矿物总产量的40%）和马尔科纳矿业公司（占22%）的大规模经营以及秘鲁塞罗德帕斯科矿业公司（占27%）业务的扩大（索普和伯特伦，2013年）。然而，尽管世界铜价在20世纪60年代上涨，但在该行业没有进一步的重大投资，这显然是因为持有储备存款的公司过于谨慎，希望国内政治状况会有所改善。图2.1显示了能源和矿业部在1967年认为是潜在矿区的所有矿藏的位置，其中绝大多数矿藏当时尚未开发。与此同时，亚马逊的小规模黄金开采在此期间继续增长，自1950年以来，在特许经营权和获得矿业银行融资方面得到了更多的国家支持（帕查斯，2012年；托里斯，2013年）。

3.2 民族主义和国家所有权（1968—1990年）

虽然秘鲁军队革命政府（GRFA）也认为采矿对增长很重要，是雄心勃勃的工业化计划的资金来源，但将军们最初希望私人投资者能够继续参与采矿（巴兰坦，1976年；桑切斯，1981年）。然而，在大多数情况下，混合投资计划并未激发私营部门的热情（科纳汉和马洛伊，1994年）。

1969年，军政府与秘鲁南部铜业公司就一个重大的新铜项目卡琼尼（Cuajone）进行了谈判，获得了比以前国家更有利的税收、贸易和外汇安排。该公司还归还了库拉约内和

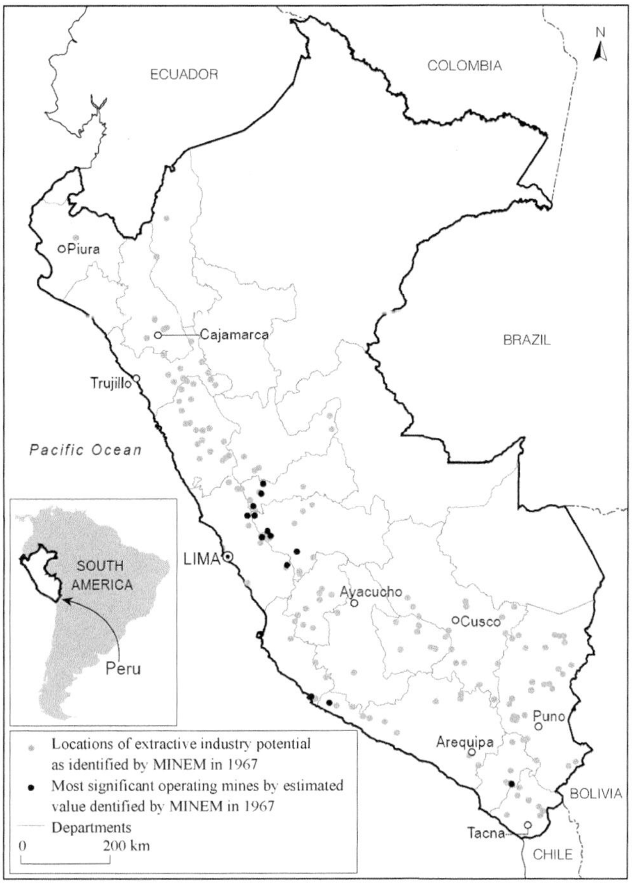

地图 2.1　能源和矿业部确定的国家矿藏和潜在矿区分布情况，秘鲁，1967 年

资料来源：根据能源和矿业部、地质和采矿研究所档案中确定的原始地图所作的阐述（1967 年）。

托克帕拉之间的一处矿藏奎拉维柯的开采权，政府希望利用该矿藏扩大国内生产。[7] 然而，与其他两家美国矿业公司的谈判失败了，最终导致了庞大的秘鲁塞罗德帕斯科矿业公司（1974 年）和马尔科纳矿业公司（1975 年）的国有化。[8] 在 20 世纪 70 年代，一些国家投资者对采矿部门的参与确实有所增加，因为外国人为了避免被征用而将股份转让给秘鲁人（托里斯，2013 年），但这主要是在中小型采矿业务中，而国家仍然是主要的大型经营者（贝克尔，1983 年；格莱夫和库拉莫托，2007 年）。

军事政权还带来了采矿治理方面的重大变革，包括 1969 年设立了第一个能源和矿业部（MINEM），1970 年制定了新的《采矿法》，重新确立了国家在生产中的主导作用（贝克尔，1983 年；瓜斯蒂，1985 年）。两家大型国有企业，秘鲁矿业总公司（CENTROMIN）和 HIERRO 秘鲁公司，分别是通过对塞罗德帕斯科矿业公司和马尔科纳矿业公司进行国有化而创建的。秘鲁矿业总公司将拥有和经营属于塞罗德帕斯科矿业公司的 7 座矿山，以及位于拉奥罗亚的浓缩厂、铸造厂和炼油厂。这两家公司后来都参与了第三个项目，廷塔亚矿业协会。[9] MINERO 秘鲁公司也是为了经营一家锌精炼厂、塞罗贝尔德铜矿以及奎拉维柯和安塔米纳仍有待开发的矿山而建立的，而 MINPECO 公司则是作为国有矿产贸易商而创建的。

在与赞比亚（见本书第四章）相似的形势下，1973 年之后的全球经济衰退导致矿业生产大幅度放缓，而国家拨款使私营部门非常不愿进行新的投资。这导致产量的年均增长率从 20 世纪 60 年代的 9.4%下降到 1970 至 1979 年间的仅 3.5%(麦克林托克和洛温塔尔，1983 年；阿斯特，1986 年）。1976 年以后悬而未决的债务危机和连续的维稳方案进一步限制了国家在这一部门投资的能力。在此期间，国家通过国家矿业银行积极推动小规模金矿开采，无论是在亚马逊河流域，还是在靠近玻利维亚边界的普诺地区都是如此。在这些区域，努力根除个体和小规模开采矿业（ASM）是在几十年后进行的（托里斯，2013 年；卡诺，2015 年 a)。1978 年任期将近结束时，秘鲁军政府颁布了一项新的促进秘鲁亚马逊地区金矿开采的法律，并向因外国投资者离开或被认为无利可图的征用而失业的个体和小规模开采矿业（ASM）组织提供了特许权。

虽然 1980 年带来了政治政权的更迭，但在随后的十年中，采矿部门的治理并没有发生重大变化。1981 年通过了一项新的一般采矿法，目的是促进私营公司获得更多利益，并消除政府对金属贸易的垄断。然而，这还不足以重振私人投资，主要业务仍在很大程度上由国有企业控制。在意识形态上，贝朗德总统和他的财政部长曼努埃尔·乌洛亚赞成这一部门的私有化，但他们的政党追随者不一定同意这一议程。具有公共和私人经验[10]的受访者指出，公共雇员工会和矿工工会以及马克思主义左翼政党的强烈抵制，也使得试图采取这种行动在政治上有很大风险，并且仅仅在几年之内，政府就陷入危机，取而代之的是不愿私有化的领导人。

20 世纪 80 年代，由于世界商品价格低迷和现行经济政策的反出口偏见，矿业生产和出口减少。采矿投资也受到 20 世纪 80 年代光辉道路引发的国内武装冲突的直接影响，破坏和停工造成数以百万美元计的损失，在某些情况下导致采矿营地和作业全面军事化（真相与和解委员会，2003 年）。这个十年结束时，整个国家陷入了经济和政治灾难，外债不断增加，通货膨胀空前，公共财政几乎破产。在采矿部门，大规模矿床的新勘探几乎停止，国有企业在 20 世纪 80 年代继续占矿业总产量的 60%，在为其他公共开支承担外汇的负担下运作，而且还出现了严重的内部腐败（菲茨杰拉德，1979 年；格莱夫和库拉莫托，2007 年）。

3.3 新自由主义和采矿的两个阶段（1990—2016 年）

1990 年以后，内部和外部压力都使以国家为中心的发展战略的政治解决方案难以为继。随之而来的是由中央政府技术官僚迅速而彻底实施的新自由主义改革时期，经济中最具生产力的经济部门都回到了私人手中，并向全球竞争开放。以外国公司为主的大规模采矿重新回到了显赫的地位。随着 2000 年后恢复民主，这一新自由主义解决方案的主要方面仍然存在，而新的社会需求和行为体由于部分政治权力下放的进程而迅速出现。在进入新世纪之后，围绕采矿活动进行的激烈的政治竞争和加剧的冲突已十分明显。因此，我们认为后藤森时期是重新调整和修改矿业治理制度的时期，但尚未构成一个独特的新的解决方案。

3.3.1 第一阶段：20 世纪 90 年代的私有化和扩展

根据对 20 世纪 90 年代最直接的说法，促进采矿部门发展最初并不是藤森及其顾问的优先选项。然而，由于国际环境，加上秘鲁矿藏的质量及其新的政策环境，导致这一部门占在这一时期因私有化而获得的投资总额的 64%，但这些私有化交易中只有 13%与采矿有关（帕斯科－富恩特和萨韦德拉，2001 年）。

采矿部门的改革吸引了国有采矿企业内有丰富经验的专业人员以及一些承担公共职能的私营部门矿工的合作[11]。一开始，政府官员也致力于解决私营公司与国家之间悬而未决的冲突[12]。政府还采取了措施，以保证税收和汇率的稳定，并提供有吸引力的税收优惠（穆尼奥斯和维加，2000 年）。矿产商业化也放宽了限制，特许权制度也得到了简化[13]。这些措施得到了世界银行顾问和国内专家的鼓励，被认为对吸引新的投资者到一个仍然是高风险的国家是必要的。

这一时期的政策制定者减少了与投资者围绕购买价格进行谈判的空间，考虑到涉及的风险和一些存量资产的不良形态，这需要大量新的投资才能实现现代化。从 1991 年到 2000 年，采矿业务的私有化为国家创造了 12 亿美元的直接收入（鲁伊斯·卡洛，2002 年：28；伯里，2011 年）。虽然全世界的矿物勘探活动在 20 世纪 90 年代翻了一番，但在这一时期秘鲁的矿产堪探活动却翻了 20 倍（波维达，2007 年）。这不仅涉及现有采矿业务地区、包括中部和南部高地的勘探活动的扩大，而且勘探活动还扩展到该国人民不习惯大规模采矿的部分地区，包括生态系统脆弱或农业利益蓬勃发展的地区。根据地质、采矿和冶金研究所（INGEMMET，一家政府机构）的资料，如数表 2.5 所示，授予特许权的土地总面积从 1991 年占全国领土的 7.8%增长到 1999 年的 12%。跨国资本还在 20 世纪 90 年代在矿业部门重新发挥主导优势，不论是单独或通过与国家公司建立伙伴关系来发挥这种优势（阿斯特，1986 年；贝宾顿和伊诺霍萨，2011 年）。到 2000 年，世界上 20 家大型跨国矿业公司中有 11 家在秘鲁经营（伯里，2011 年）。

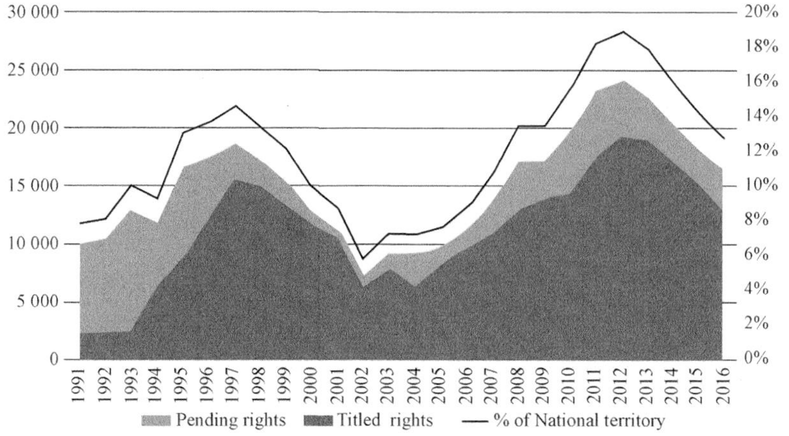

数表 2.5 采矿权和国家领土份额的演变，秘鲁，1991—2016 年

资料来源：作者根据 INGEMMET（2017 年）、格莱夫和库拉莫托（2007 年）的数据所作的阐述。

在新自由主义下，工会和专业协会的政治和经济权力明显减弱，而商业和商业利益协会——像私营商业机构全国联合会（CONFIEP），国家采矿、石油和能源学会（SNMPE），以及较小范围的国家出口商协会（ADEX）——在声望和获得权力方面都得到了提高。在采矿部门，跨国公司拥有大多数新的大型采矿项目，例如安塔米纳（世界十大铜矿之一），而一些国家行业领袖也拥有相当大的政治权力。

在这一期间，世界银行和货币基金组织的工作人员还鼓励秘鲁的决策者制定新的环境和社会立法，以便更有效地防止或减少以往采掘活动遗留下来的负面影响（绍布洛夫斯基，2002 年；阿雷拉诺－扬瓜斯，2011 年）。然而，决策者们选择将环境规范的执行纳入每个部委，而不是在这一行业和其他行业建立一个独立的监督环境标准的权力机构。例如，1992 年在秘鲁能源与矿业部（MINEM）内首次设立了一个环境办公室：采矿环境事务总协调（总干事阿桑托斯·米内罗斯，DGAAM）。这在采矿方面产生了明显的利益冲突，因为秘鲁能源与矿业部既负责促进新的投资，又负责执行监管标准，常常遭到投资公司的抵制（夏彭蒂埃和伊达尔戈，1999 年；世界银行，2005 年）。

在此期间，秘鲁还要求投资者提交一份新项目的环境影响评估（EIA），以及一项环境调整和管理计划（PAMA），以管理以往运营的遗留问题。然而，这一时期的证据表明，在实践中，20 世纪 90 年代确立的环境规范是由国际压力驱动的，但与其他这类政策创新（包括 1989 年《国际劳工组织土著和部落人民公约》——国际劳工组织第 169 号；见第四节－C－2－c）一样，这些都不是秘鲁现有政治解决方案中精英阶层的优先事项，也没有得到必要的制度和政治支持来执行。此外，在 20 世纪 90 年代，随着更多的采矿投资进入运营阶段，围绕采矿的环境冲突不像此后十年那样突出。

在个体和小规模开采矿业方面，藤森政府在 20 世纪 90 年代前半期没有通过任何新的立法或政策举措。但是，从 1995 年到 2000 年，政府采取了有限的举措来正式确定和规范亚马逊地区的个体和小规模开采矿业扩展，包括第一次手工采矿者登记。然而，在国际黄金价格有利的情况下，矿物贸易的全面自由化和国有矿业银行的清算，不仅促成了这一部门迄今为止的最大规模扩张，而且还促成了非正规生产者的扩散和与国家平行运作的黄金交易商的分散化（卡诺，2015 年 a）。

3.3.2　第二阶段：21 世纪采矿治理的连续性和变化

2001 年恢复民主之后，全球矿物价格进入了一个新的繁荣时期，几个新的大型采矿业务进入生产阶段（格莱夫和库拉莫托，2007 年；波托卡雷罗等人，2007 年）。2002 年至 2012 年，矿产出口总额从 32 亿美元增至 274 亿美元，占秘鲁出口总额的一半以上。2000 年以后，采矿特许权在全国范围内继续扩大。到 2015 年，约有 14.2%的国土被授予采矿权或正被授予采矿权，尽管只有非常小的份额——只有 1.22%——的国土被批准从事采矿活动（秘鲁能源与矿业部，2016 年；地图 2.2 显示了 2017 年初这些不同类型采矿权的国家地理情况）。[14] 从 2005 年起，采掘活动的繁荣开始为投资者带来可观的净利润，因此产生了巨大的税收收入。在 2007 年的高峰时期，采矿业占全国所有利润的三分之一，直接税的四分之一，该国缴纳所得税的一半（齐加拉，2014 年）。

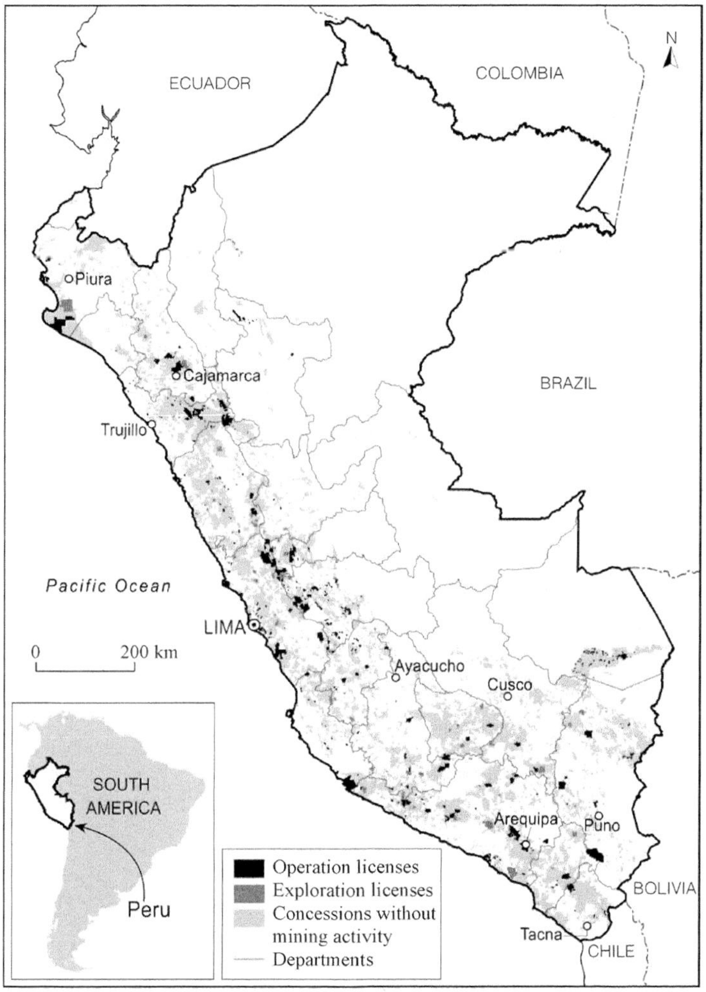

地图 2.2　不同类型采矿许可证的全国分布情况，秘鲁，2017 年 1 月

资料来源：根据 INGEMMET（2017 年）绘制的地图所作的阐述。

在这一时期，个体和小规模开采矿业的矿工人数和政治影响力也有所增加，成为地方各级选举的资助者、权力经纪人、甚至候选人，但与第三章讨论的玻利维亚案例不同，他们没有与国家一级和政党签订相对稳定的协议。他们还向承诺维护其利益的国家级政客和政党提供资金。最初，该部门还与包括世界银行在内的国际援助组织结盟，将这一活动的正规化视为实现包容发展的途径（世界银行，2005 年；莫斯奎拉，2006 年）。在地区和地方政治家的支持下，2002 年颁布了第一个将小型矿商正规化的法律框架。然而，2005 年之后，由于价格上涨导致的“黄金热”愈演愈烈，破坏了国家建立秩序和鼓励更可持续做法的努力。随着政治权力下放，个体和小规模开采矿业的授权和监管被移交给地方政府，其中一些政府由著名的中小型矿商管理，但他们缺乏执行较高环境和社会标准的技术能力或政治动机（卡诺，2015 年 a）。

2006 年后，围绕个体和小规模开采矿业的中央政府政策急剧转向强调要争夺和压制这一部门（梅迪纳，2014 年；巴伦西亚，2014 年）。这一变化恰逢秘鲁与美国就自由贸易协定（FTA）进行谈判，根据该协定，秘鲁承诺成立一个新的环境部（MINAM），这得到了美国、德国、日本和其他国际捐助方的大力支持。与此同时，来自国际和当地保护人士的强力压力要求他们对手工采矿者造成的“生态灾难”采取一些行动，特别是在亚马逊的部分地区。个体和小规模开采矿业采用的采掘方法在规模上的扩大和强化，以及该部门与洗钱和其他非法活动的联系，无疑促成了上述反应（卡诺，2015 年 a）。事实上，在一些地图中，政府将个体和小规模开采矿业与非法性和非正规性联系在一起（地图 2.3）。就其本身而言，秘鲁能源与矿业部被来自环保非政府组织和运动的专业人士“殖民”，这些专业人士构成了全球网络的一部分，在这些网络中，根除这种不受管制的小规模矿业活动是一个高度优先事项。因此，他们赋予了这项任务新的重要性，但侧重于压制而不是正规化（同上）。

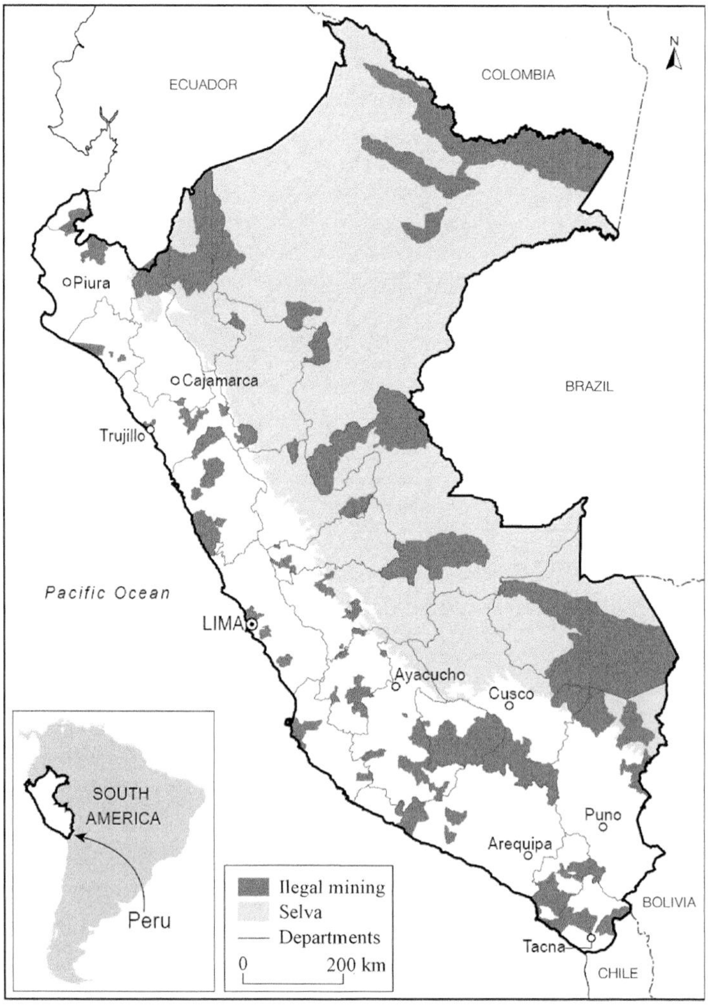

地图 2.3　环境部确定的存在非法和非正规采矿的地区，秘鲁，2015 年

资料来源：根据环境部（2015 年）绘制的地图所作的阐述。

个体和小规模开采矿业还在一些地区与规模较大的正规采矿公司制造了紧张关系。在一些地区，较大的采矿公司和个体采矿者之间对土地和矿物的要求是重叠的，而个体采矿者往往也是社区领袖和社区管理当局。因此，强调对个体和小规模开采矿业进行限制被认为是有利于大公司的主张。虽然奥兰塔·乌马拉的民族主义政党获得了个体和小规模开采矿业者的政治支持和据称的竞选捐款，但在该政府领导下，这项努力的军事化和加紧的阻截行动有所增加，而正规化的努力基本上被放弃（卡诺，2015 年 a）。

这一时期的另一个关键主题是，在恢复民主的同时，与采矿活动有关的社会冲突的显著增加。这涉及各种要求，包括尊重土著权利、与环境和社会影响有关的索赔、关于土地和水资源的争端以及更多地分配税收和其他经济利益的要求。这些冲突导致秘鲁政府实行旨在缓解紧张局势或应对与采矿扩张有关的潜在需求的改革（贝宾顿，2012 年）。虽然对这些政策变化和改革的详细分析超出了本章的范围，但以下是对主要改革的总结。[15]

3.3.2.1 税收和收入的再分配和透明度

在过去的十五年中，秘鲁采矿运营的平均所得税税率一直在 30%左右，与南美其他主要矿产出口国家相比，这是平均水平（安永会计师事务所，2014 年）。然而，到 2006 年，越来越多的公众舆论批评称，由于价格上涨和藤森政府谈判达成的稳定税收协议，大公司获得了暴利。这首先导致了由艾伦·加西亚总统设立的“声援人民的采矿方案”（PMSP），该方案要求 40 家公司在其经营地区实施直接社会投资，征收相当于 2%的暴利利润税（秘鲁能源与矿业部，2011 年）。五年后，在新一轮的冲突和公众对该行业的要求中，乌马拉政府停止了“声援人民的采矿方案”（PMSP），并实施了矿业公司的强制性贡献[16]方案。作为一名前军官，乌马拉曾作为民族主义者和对维拉斯科将军的强烈崇拜者参选，他的竞选对手是藤森总统的女儿惠子。据接受本章采访的一位前总理透露，业界领袖们由于担心乌马拉会对私人财产采取更激烈的行动，在经过一系列谈判后，他们接受了这一改变。尽管这些担心将被证明是没有根据的，而且乌马拉的政府对采矿业采取了更有利的立场，但在此期间，政府和商界领导人之间的不信任仍然存在。

与此同时，从托莱多行政当局（2001—2006 年）开始，政治和财政权力的下放的压力越来越大。由于地方政府当局和一些行业领袖的游说，国会扩大了矿业税收的总额，并将其转移到地方各级政府的金库。就加纳而言，其中 10%[17]的采矿税收入转移到地方一级的当局（见本书第五章第四节－B），秘鲁于 2001 年设立了《采矿法》，以将中央政府所征收全部所得税收入的 50%分配给地方各级政府，用于在采矿运营所在地区和社区的公共投资[18]。这意味着大量资金流向了一些地区和市政府，这些政府往往没有准备好有效和透明地管理这些资金，而其他贫穷程度和基本需求都很高的政府则很少得到这些资金。大多数分析人士认为，事实上，这一税收分配方案造成的紧张局势比它解决的问题要严重（阿雷拉诺－扬瓜斯，2011 年；庞塞和麦克林托克，2014 年）[19]，它试图建立一个更公平的公式以将收入分配给非产区的做法也没有成功（阿雷拉诺－扬瓜斯，2016 年）。数表 2.6 显示了 2006—2015 年分配给各区域的转账总额，数表 2.7 按区域分列了同期的转账总额。

然而，在拉丁美洲，秘鲁在采掘业采用收入透明度措施方面一直处于领先地位。政府网站上有大量关于特许权、合同和环境影响评估的信息，各种监督机构的非政府组织都把重点放在大型采矿公司上，试图弥合沟通上的鸿沟。秘鲁也从托莱多政府开始，签署成为《采掘业透明度倡议》（EITI）的成员，并于 2011 年成为美洲第一个被认为符合这一自愿报告方案标准的国家。在本项研究的四个国家中，秘鲁是第三个加入《采掘业透明度倡议》的国家（继赞比亚和加纳之后）；玻利维亚尚未加入（贝宾顿等人，2017 年）。根据《采掘业透明度倡议》的规定，秘鲁大多数大型矿业和石油公司都同意公开透明的账簿进行独立评估，并公布他们向国家缴纳的税额。

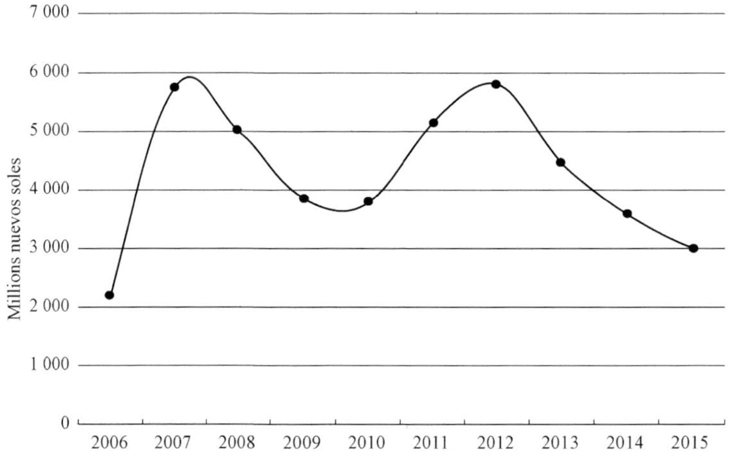

数表 2.6　分配给各区域的转账总额，秘鲁，2006—2015 年（采矿法、特许权使用费和特许权支付，百万新索尔）

资料来源：秘鲁能源与矿业部（2016 年）。

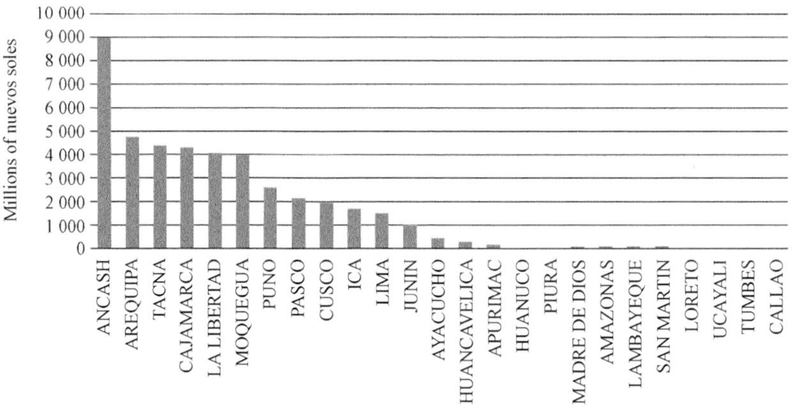

数表 2.7　按区域的转账总额，秘鲁，2006—2015 年（采矿法、特许权使用费和特许权支付，百万新索尔）

资料来源：秘鲁能源与矿业部（2016 年）。

3.3.2.2　环境调控

虽然秘鲁在 20 世纪 90 年代为采矿部门通过了现代环境立法，但基层社区组织者和主流国际行为体的压力促使政府在 21 世纪更充分地优先处理这些问题。2008 年成立秘鲁环境部（MINAM）的背景是，国际金融机构增加了作为批准能源项目的条件的需求，以及秘鲁和美国之间进行了自由贸易协定的谈判（巴兰达理 • 戈麦斯，2008 年）。

在秘鲁环境部（MINAM）范围内，为该行业所做的一个重要变化是建立了对所有部门拥有权威的监管机构，如负责监测可持续投资环境绩效的环境评价和财务化机构（OEFA），以及负责审查和批准《环境影响评估》的国家可持续投资环境认证服务中心（SENACE）。后者是在针对该国北部卡哈马卡的康茄矿业项目发生暴力抗议之后设立的，在抗议活动中，公民动员了国内和国际非政府组织，甚至其他公共官员，他们质疑为实施该项目而执行批准的环境影响评估的合法性（兰格拉，2015 年）。这导致了 2015 年相关部委将其所有环境职能向新机构移交的提议，与 20 世纪 90 年代建立的行业环境主管部门模式相比，这是一个显著的变化。

整体来说，这些独立的环境管制机构的运作受到经济和财政部（MEF）以及业界的抵制。他们主要关切的是，环境监管将在经济低迷时期进一步减缓投资，并将造成更多的官僚负担。事实上，在任期接近尾声时，乌马拉政府通过了一系列法令，限制了环境主管部门制裁违法行为的能力，同时一些矿业公司则诉诸法庭，拒绝向该机构支付强制性的企业缴款[20]。因此，关于大规模采矿和油气作业对环境影响规则的执行，仍然是公共当局面临的一项挑战（普加尔 • 维达尔，2008 年；德埃查斯和迪埃兹，2013 年）。

3.3.2.3 执行国际劳工组织第 169 号公约和事先协商的权利

秘鲁于 1994 年在藤森政府领导下签署了国际劳工组织第 169 号公约，并签署了许多其他国际准则，这些准则被认为是秘鲁重返国际社会的重要准则。然而，经过 15 年多的时间，特别是亚马逊土著人民及其支持者的暴力抗议行动，国会才批准了旨在落实这项权利的立法。2011 年，乌马拉总统签署了这项法律。[21]文化部及其负责文化间事务的副部长被赋予监督和指导这一框架下磋商的任务（桑伯恩，乌尔塔多和拉米雷斯，2017 年）。第一次协商进程始于 2013 年，到 2016 年年底，已经启动了 33 个进程，其中 13 个进程涉及亚马逊地区的油气特许权、10 个进程涉及采矿勘探或开采活动的许可。迄今为止，已有 30 多个进程在国家和土著人民之间达成了某种程度的协议（文化部，2018 年 a）。正如我们在其他地方所写的那样，这是秘鲁在土著权利方面向前迈出的重要一步，这是历史上第一次要求国家确认其土著人民是谁，并要求用透明和文化上适当的方式与土著人民沟通和协商。与此同时，中央政府和私人投资者抵制将《事先协商法》应用于与采矿活动有关的决策，导致在安第斯高地——大多数凯丘亚人和艾马拉人居住的地方——推迟落实这项权利，直至 2015 年底才落实（桑伯恩等人，2016 年）。在第一批有关采矿的协商案件开始时，能源和矿业部的工作人员缺乏以适当方式开展这些进程的跨文化能力，而负责跨文化事务的副部长则没有权力来保证遵守协商过程中达成的许多协议（同上）。

总之，当我们比较 20 世纪 90 年代和 2000 年以后的矿业治理时，我们看到了促进私人投资、权力和行政机构决策权的集中以及技术官僚与全球关系的影响等方面的连续性（阿雷拉诺 – 扬瓜斯，2016 年：180）。然而，当出现更多对政策辩论有影响的行为体、促进与权力下放、收入透明度和再分配、环境监督以及土著和农村社区权利有关的规范和制度，这种连续性就已经发生了变化。在某些情况下，这些变化是社会动员和暴力抗议的结果，而在另一些情况下，这些变化来自与国际机构的约定，这些机构的议程把对增长、私人投资和社会政治包容的承诺结合在一起，其中包括美国政府（就自由贸易协定进行谈判）以及世界银行/国际金融公司（IFC）。然而，无论是来自外部还是内部的压力，都没有造成发展范式的重大转变，即生产仍然更加多样化，机会继续扩大到更多的公民，并对环境可持续性作出更有效的承诺。

第四节　21 世纪的政治、采掘治理与发展

数表 2.8 跟踪了 2005—2016 年秘鲁监察员报告的社会和社会－环境冲突情况。我们如何解释这样一个事实：国内压力和国际影响力都不足以大幅度减少这种冲突，并就 21 世纪采矿在发展中的作用达成更广泛的社会共识，或维持更重大的采矿治理改革？在这一节中，我们通过强调三个交叉因素来解决这个问题：国家的软弱和政治的分裂，私人资本的力量，以及跨国势力。然后，我们将研究这些动态对秘鲁包容性发展的影响。

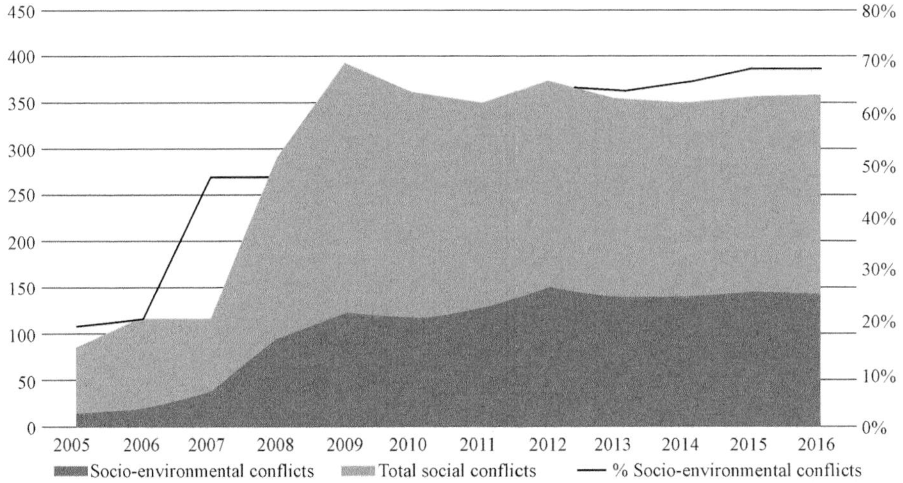

数表 2.8　调查专员报告的社会和社会－环境冲突总数，秘鲁，2005—2016 年

注意：这些数字显示了截至 12 月登记的冲突总数。

资料来源：人民倡导者组织（2017 年）。

4.1　国家的软弱与政治的分裂

有三个变量证明了秘鲁政府的弱点：其有限的领土范围、非国家行为体的自主权，以及提供基本公共物品和服务以及保护基本权利的能力（曼恩，2006 年；索弗，2012 年）。我们对秘鲁历史的回顾强调了这些弱点的长期连续存在，因为以前的解决方案以及外部制约因素影响了精英们的优先事项和更广泛包容的能力。

1968—1980 年的军事政权试图通过从寡头地主和外国利益集团（包括美国公司）那

里获得自主权，从根本上改变国家的能力。然而，军政府未能实现其既定的发展目标，包括建立一个更具活力的国家采矿部门并将获得的租金用于工业化方案。

整个20世纪80年代出现的多重危机，为90年代在武装部队保守部门和私营企业的支持下进行的威权结构改革创造了政治和意识形态空间。这一时期的自由改革减轻了债务负担，提高了国家在促进私人投资和市场主导的增长等基础领域的能力，而不用回到对任何一个特定国家或一些有限组合的公司的依赖。然而，它们并没有促进国家对私人资本本身的自主权。虽然它们为那些参与宏观经济稳定的机构的制度现代化奠定了基础，但在提高国家长期规划和人民发展能力方面却没有这样做。

自2001年以来，尽管采矿在每项选举进程中都具有突出的政治地位，但没有一个政党就这一部门在更广泛的经济和社会中的作用上建立和维持明确的立场。也没有任何具有重大权力的国家政党来维护土著人民的权利，就其领土内的发展政策和计划征求土著人民的意见，尽管大多数采矿和油气投资分别集中在安第斯山脉和亚马逊地区，而这些正是土著社区集中的地区。虽然一些政治候选人一直在玩弄将小型矿商正规化和纳入国家发展议程的事项，但截至2016年，这还没有成为执政联盟或占主导地位的政党的重大关切。

4.2 私人资本的力量

如上所述，在秘鲁独立后的大部分历史中，私人资本尤其是外国投资者的政治影响力在政府决策中具有重要意义。20世纪90年代的改革削弱了20世纪70年代和80年代出现的某些私人利益集团的影响力，尤其是习惯于寻租、无法承受国际竞争的实业家的影响力。然而，这些改革在思想上和经济上都赋予了整个私人企业权力，尤其是重新优先考虑大规模的矿业利益。他们还赋予技术官僚权力，使他们轻松地在公共和私营部门之间流动，并继续支持采矿作为增长的推动力。

然而，在21世纪的秘鲁，必须避免将“采矿部门”视为单一行为体。该行业的大多数主要跨国公司都在秘鲁运营，包括参加国际采矿与金属理事会（ICMM）的23家公司中的至少16家，国际采矿与金属理事会是一个旨在提高该行业标准和促进可持续发展的行业协会。[22] 国际采矿与金属理事会所属公司的大多数国内办公室都已宣布支持透明度和协商措施。然而，其他长期在秘鲁经营的外国和国内矿业公司却强烈抵制关键改革，他们的声音往往在主要行业协会秘鲁全国采矿、石油和能源协会（SNMPE）中占据主导地位。

尽管秘鲁全国采矿、石油和能源协会（SNMPE）在与即将上任的政府进行谈判时可能是一股力量，但近年来，该协会的权力和效力受到了更加大型的国际成员的质疑，他们批评当地领导人过于保守、精英主义和排外，比如，在促进矿业本身的合法性和公众的支持方面，已经在很大程度上证明是无效的。[23,24] 虽然行会领导人在追求某些政策目标时可能为了成员企业的集体利益而采取行动，例如在与每一个新的政治管理当局进行初步谈判时，但最大公司的高层管理人员往往更注重他们自身的具体利益，与决策者和地方当局建立直接联系，而不是为整个行业协会投入时间和精力。[25]

4.3 跨国行为体和势力

如上所述，秘鲁在其内部事务中历来受到外部行为体的高度影响。虽然强大的美国公司及其政治盟友的影响力在20世纪70年代有所下降，但他们的影响力被国际货币基金组织（IMF）和其他债权人所取代。在20世纪90年代，世界银行在传播促进贸易自由化、全面减少政府的作用、促进大规模采矿以及使采掘业治理与更广泛的世界银行和经济合作与发展组织（OECD）承诺保持一致等政策思想和框架方面发挥了重要作用。

到了21世纪，随着债务负担大幅减轻，以及中国和其他非西方国家的公司进入该地区，外部行为体的权重发生了变化。大规模采矿仍在很大程度上掌握在跨国公司手中，并取决于国际需求。然而，在过去二十年中，跨国社会运动和非政府组织也发挥了作用，他们与当地行为体合作，促进制度变革，挑战公司和政府的权力。

正如我们所看到的，自21世纪初以来，与采矿有关的动员和冲突越来越有影响力。宣布一个新的采矿项目或者建设一个矿区，都可以为地方和区域政治行为体创造动机，以争夺地方各级政府的职位，而一旦拥有职位，他们的升迁可能与公共物品和服务的交付以及矿业税收的分配有关。与此同时，对环境问题和人权的地方抗议往往与活动分子的跨国网络和国家政治辩论挂钩，导致内阁部长们辞职和各届政府不稳定。然而，鉴于政治制度的弱点，他们没有拥有必要的权力，以显著提高国家实施这些改革的能力，也改变不了大规模采矿作为增长引擎这一总体重点，并且对个体和小规模采矿者的地位也缺乏定义。

4.4 包容性发展的成果

在这一时期的大部分时间里，支持出口拉动增长的企业和政府间非正式联盟一直保持稳定，特别是在2000年以来国民经济稳步增长、2005年至2013年每年增长达到6%左右的情况下。事实上，秘鲁的国内生产总值增长率仍然是该区域最高的国家之一，而公共债务和通货膨胀则保持较低的水平（世界银行，2016年b）。作为21世纪头十年经济增长最快的部门之一，大规模采矿一直是这个故事的重要组成部分，贡献了大约四分之一的外国直接投资（FDI），占国内生产总值（GDP）的11%到17%（世界银行，2016b；安永，2017年）。但这并不是全部，因为秘鲁的非传统出口额在2002年至2014年间增长了五倍，主要是商业化农业的扩张带动的。然而，传统矿产品仍占出口总额的60%左右（秘鲁中央银行，2016年；安永，2017年）。

虽然出口对秘鲁的小规模开放经济至关重要，但它对不可再生自然资源出口的持续依赖使其很容易受到国际价格变化的影响，这些变化进而影响到整体经济。这一点在2013年之后变得更加明显，当时出口收入下降导致矿业税收转移减少，2014年总体增长放缓至2.4%。虽然矿产产量和出口量的增加有助于推动秘鲁的增长率在2015年恢复到3.3%，在2016年恢复到近4%，但该国经济对外部商品价格波动仍然高度敏感（秘鲁中央银行，2016年；世界银行，2017年a）。[26]

除了对全球矿物需求的依赖不断增加这一风险外，批评秘鲁经济中矿业比重的分析人士往往倾向于强调矿业与其他行业增长的薄弱联系，以及由此产生的低水平直接就业（舒尔特，2013 年；塞米纳里奥，2014 年；盖齐，2015 年）。政府技术官僚和私营部门领导人对这一观点提出了质疑，他们认为，采矿带来了更强的连锁反应，并且创造了比批评者所承认的更多的间接就业岗位（秘鲁全国采矿、石油和能源协会，2012 年；IPE，2013 年）。

在税收方面，从 2001 年到 2015 年，秘鲁税收总额翻了两番，主要原因是出口带动的增长。然而，政策制定者没有什么能力或动力来扩大该国的总体税基，而是依靠数量相对较少的大公司产生的收入，矿业贡献高达 25%，以及一般消费税（IGV），后者约占 26%（秘鲁国家税务监督局，2017 年）。自 2006 年以来，税收占国内生产总值的比例一直保持在 16%左右，低于整个拉丁美洲 21%的平均比率（世界银行，2016 年 b）。[27]

至于在使用这些收入方面，公共投资占国内生产总值的百分比从 2002 年的 2.8%上升到 2015 年的 5.8%（秘鲁经济和财政部，2016 年 b），历届民选政府都在扩大获得教育和保健、电力、自来水和污水处理等方面进行了投入[28]。特别是针对穷人的社会方案，包括收入转移，也得到了扩大。在提高这些服务的质量和公平分配方面却进展缓慢，而与类似经济体相比，社会支出在秘鲁占国内生产总值的比例仍然较低（世界银行，2016 年 a）。[29]科学和技术支出水平对经济多样化至关重要，秘鲁在这方面也是该区域最低的，这就强化了初级部门发展的优先地位（秘鲁生产部，2014 年；秘鲁科技创新委员会，2017 年）。

2000 年后将重点放在增长上取得的最重要的成功之一是大幅减少了贫困。根据收入衡量标准，2005 年，55.6%的人口是真正贫困，但到 2015 年，这一比例下降到 21.8%，而同期极端贫困人口比例从 15.8%下降到 4.1%（秘鲁国家统计和信息学研究所，2016 年；世界银行，2016 年 b）。此外，在过去十年中，秘鲁总收入不平等略有下降，基尼系数从 2004 年的 0.49 降至 2014 年的 0.44（卡斯特罗等人，2016 年；世界银行，2016 年 b）。

在很大程度上，贫穷和不平等现象的这些大幅减少可归因于总经济增长的“上升趋势”，这与扩大劳动力市场和从无薪家庭工人转变为有薪就业有关（尹乔斯特等人，2012 年；科德等人，2015 年；卡斯特罗等人，2016 年）。然而，一些证据表明，自 2011 年以来，政府的社会政策可能对减少不平等做出了更大的贡献（卡斯特罗等人，2016 年）——但这些政策也严重依赖于仍然狭窄的税基。然而，应当强调的是，秘鲁仍然是一个非常不平等的社会，基尼系数是较发达国家的两倍，高于经合组织中最不平等的国家智利。这不仅体现在收入水平上，而且还体现在城市和农村地区之间以及不同地区之间持续存在的差距，以及数百万已进入中产阶级的秘鲁人的脆弱性，但这是危险的。世界银行的数据显示，尽管到 2012 年，每三个秘鲁人中就有一个人进入了中产阶级行列，但据估计，随着整体增长水平下降，估计有 40%的秘鲁人很容易重新陷入贫困——略高于整个地区 37.8%的平均水平（科德等人，2015 年）。

迄今为止，增长带来的好处也没有克服该国长期存在的地域差异。2015 年，45%的农村居民仍然贫困，近 14%的农村居民仍然生活在极端贫困中，而城市地区的这一比例分别为 14.5%和仅 1%（秘鲁国家统计和信息学研究所，2016 年）。此外，如果我们使用涉及教育、卫生、住房和获得重要社会服务等各种指标的多维度贫穷衡量标准，2014

年安第斯高地约60%的农村人口仍然贫穷（瓦斯克斯，2016年）。这包括密集的、大规模采矿活动的地区。[30]

很难评估采矿业税收收入在产区和区域巨额流动的实际效果。在产区进行的几项研究认为，这对地方福利的积极影响有限，特别是在农村社区（例如，见阿雷拉诺–扬瓜斯，2011年；帕雷德斯等人，2013年）。其他研究则强调，矿业资源增加了公共投资的相对重要性，但研究也指出了各区域之间的发展差距（福特和帕雷德斯，2015年）。

根据官方政府数据（秘鲁国家统计和信息学研究所，2016年），秘鲁仍然是发展中国家非正规经济活动最多的国家之一，占总劳动力的70.9%，占非农业劳动力的61%。这在一定程度上是由于主要是初级经济、国家薄弱和缺乏精英对人力资本投资的承诺，从而导致教育成就低，进而导致劳动生产率低下（洛艾萨，2007年）。

如第三节所述，由于20世纪90年代劳工权利的回收和放松管制，这种非正规经济活动得到了加剧（崇等人，2007年）。虽然自21世纪初以来，非正规经济活动似乎下降了约5%，尤其自2005年以来，但它对现在作为中等收入的国家来说仍然是很高的。秘鲁国家统计和信息学研究所得出的结论是，非正规部门吸纳了就业总量的61%，但在2015年仅占国内生产总值的19%（秘鲁国家统计和信息学研究所，2016年）。这种情况使得该国税收基础更加相对狭窄，并暴露了其有组织的劳工运动的弱点。虽然高达40%的经济活跃人口在20世纪80年代属于工会，但在90年代末下降到2%，自2012年以来则保持在4%至6%（维亚维森西奥，2015年：344；国际劳工组织，2017年）。

在21世纪，这种情况的持续发展也反映了中央政府技术官僚中新自由主义思想的连续性，以及他们与私营部门精英的强烈认同。虽然候选人可能会在选举期间迎合工人，承诺增加法定最低工资或提高公共部门薪酬，自2001年以来，没有一届政府在上台后重视劳工权利。历届经济和金融部长则更同情雇主协会的要求，这些协会经常要求进一步取消劳工权利和工资准则，声称正规化的成本太高，特别是对于小型企业而言。[31]劳动部仍然是现代化程度最低的公共机构之一，当局在监督秘鲁多样化的劳动力市场和执行账簿规则方面的能力或动力非常有限。此外，在国会中的任何政党都没有明确的工人阶级身份或议程。

自2001年以来，秘鲁民主整体上的利益代表能力非常薄弱。一方面，积极的是，民选政府自2001年开始一直存在，军队基本上不参与政治，占主导地位的精英协议必须至少部分通过民主进程才能合法化。此外，选民的基础非常广泛——总人口的近70%都处于投票年龄——而且在政治和财政权力下放方面也取得了进展，特别是在托莱多政府的执政期间。另一方面，20世纪90年代的规则改变和“反对党派”的言论导致了一个软弱、支离破碎和动荡的政党体系。少于5%的秘鲁人属于任何一个政党，而短期的选举“运动”倾向于赢得地方选举。当选为秘鲁小国会的议员大多数人是新手，并且不会再次当选连任。一些分析人士认为，政党和传统利益组织的衰落是一种全球现象，但另一些人则声称，在秘鲁的情况下，经济的非正规性也助长了政治的非正规性（卡梅隆，1997年）。以群众为基础的代表机构是有弱点的，它使选民难以在选举之后追究政治人物的责任，也促进了富有和强大精英阶层的持续影响力和高度的政治腐败。

此外，在21世纪的秘鲁，土著人民和组织参与民主进程的程度仍然很低。尽管目前法律规定土著候选人在土著选民高比例的区域和市政政党名单上有一定配额，但迄今为止，土著人在民选职位上的存在仍然有限，土著人的声音很少出现在不适用配额的国家政治舞台上。[32]一些国家层面的土著组织领导人指控说，事实上，很少有政党包含拥有决策权的土著成员，他们几乎没有动机来招募和培训土著成员（奥纳米阿普，2014年；桑伯恩，2016年）。一些土著公司想组织自己的政党和现场候选人的努力也未能获得选民的大量支持。取而代之的是，抗议活动往往仍然是国家舆论和占主导地位的精英听取土著人要求并对其产生影响的主要机制。

近年来的一项重大进展是制定了国家《事先协商法》，尽管该法律在执行过程中遇到了问题，但它迫使国家开展了前所未有的努力，以确定其土著公民的身份并与他们进行沟通。今天，采矿投资者还需要获得土著和农民社区对其土地上的采矿活动的明确许可，而如果要使用或出售其土地，则必须获得合格多数社区议会成员的明确许可（第26505号法律公告）。这些政策体现了包容性发展的语言和实践，这在秘鲁是相对新鲜的（德埃查斯和迪埃兹，2013年）。然而，他们并没有改变自20世纪90年代以来管理采矿活动的主要法律和财产制度。关于给予特许权的决定仍然是一个以利马为基础的中央政府属性，保护农民社区土地的法律框架常常受到鼓励更多投资的努力的威胁。

关于环境方面的问题，如上所述，在过去五年中，在促进环境管理方面取得了若干进展。其中包括建立旨在评价投资者提出的环境影响评估的机构，监测遵守现行规范的情况，制裁违规者，并简化行政监督。然而，维护环境监管机构的权威和自主权是一个持续的政治斗争，这需要其他内阁成员、媒体和民间社会组织的支持，因为面临着更有权力的行政机构——与私人利益结盟——要求减少对投资者承担社会和环境保护责任的压力。

总之，秘鲁在21世纪的包容性发展的这些不同维度，应结合过去政治解决方案的重要性以及最近新自由主义解决方案的潜在调整或修改来理解。在全球价格不断上涨的背景下，后藤森时代的政策制定者没有动力明显改变初级产品出口导向型经济，促进更大程度的多样化，改革劳动力市场，或改善扭曲劳动力市场的根本社会条件。虽然对穷人社会方案的投资数额很大，但不足以弥补更多的结构性挑战，因此，很大一部分秘鲁人口仍然容易受到外部冲击的影响，并有重新陷入贫困的危险。

第五节 结论和最后反思

本章从关于秘鲁案例的三个一般性问题开始。如国家的制度和政策所反映的那样，什么时候有政治重新调整和解决的时期？这些解决方案如何影响了秘鲁矿产资源的治理和开采？占主导地位的精英、矿产开采和政府之间的关系如何随着时间的推移而影响包容性发展模式？

第一个问题主要在第二节进行了讨论，我们确定了三个广泛的时期，这些时期具有相对稳定的制度安排，这些安排对于经济模式的发展和关键行为体之间的权力分配至关重要。三个时期分别是非常长的寡头统治时期（1895—1968 年），以及我们称之为国家集权主义的第二个时期（1968—1990 年），以及从 20 世纪 90 年代初开始至今的新自由主义时期。尽管社会和经济压力各不相同，但我们认为，每个时期都反映在特定的国家建设模式和主导经济模式中。然而，面对全球市场力量以及新意识形态趋势和被排除行为体动员的压力，本章讨论了每个政治解决方案是如何失去力量并最终发生根本改变的，以及哪些群体是在这个过程中受益、哪些群体是出局的。

这些安排是如何形成秘鲁矿产资源治理和开发模式的？正如第三节所讨论的那样，寡头统治时期是与用于农业的土地开发和劳动力关系最为密切的时期，而秘鲁精英将矿产资源的控制权让给了拥有必要资本的外国（主要是美国）公司，以开发大型矿藏，并最终建设和管理大型露天矿业务。几十年来，大地产，或大农场，与矿业飞地并存，国家从税收中受益，而劳工权利则是逐渐引入的。然而，随着时间的推移，来自城市和农村工人、农民社区和新兴中产阶级的需求，已经增长到足以挑战这一占主导地位的模式了。

如果不研究这一先例，就无法理解第二个政治解决时期（1968—1990 年）的矿业治理。武装部队革命政府的主要特点之一是，它明确承诺减少对外国资本的依赖，增强民族资产阶级的能力，扩大国内市场，这是当时秘鲁广大民众阶层所共有的目标，当时在拉丁美洲的大部分国家也是如此。这意味着从根本上改变矿业部门的所有权和管理，以及广泛的土地和劳工改革。然而，秘鲁军方和私人投资者结成联盟的目标并没有实现，相反，大多数大型采矿业务都集中在国有企业。这从根本上改变了该部门 20 年来的所有权构成，但由于 20 世纪 80 年代深刻的经济和政治危机，这证明是不可持续的。从 20 世纪 90 年代初开始，这种所有权模式在同样激进的新自由主义转变中被废除。

在第三个阶段（1990 年至今），大规模采矿转移到私人、主要是跨国公司的手中，成为经济增长的主要驱动力。新的军事和文职精英联盟将秘鲁的国家改革设立为一个彻底自由化的格局，并在恢复民主（2000 年）之后保持了自由技术专家治国的赋权。然而，由于围绕扩大采矿运营的冲突不断加剧，而且由于实行了一些改革来制止这种冲突，例如采矿税法，权力的平衡仍然较不稳定。近年来，国家进行了与环境管制和承认土著权利的政治有关的制度创新，这在不显著改变采矿所有权和治理模式的情况下引入了制衡机制。

第四节讨论了我们的第三个问题，即占主导地位的精英、采矿和包容性发展之间的关系。在此，我们认为，三个跨领域的因素——国家软弱和政治支离破碎、私人资本的权力和跨国公司的力量——帮助解决了克服围绕采矿在发展中的作用而引起的社会冲突以及维持更多采矿治理改革等方面的困难。本节最后讨论了这些动态如何最终制约当代秘鲁包容性发展的前景。

最后的反思

虽然秘鲁等依赖采矿的国家的命运往往被认为主要取决于国际市场和资本流动，但本书侧重于政治关系以及国内和跨国行为体之间的互动问题。这些互动的结果对采掘业的治理以及国家实现更具包容性和可持续发展的能力产生了重要影响。

在秘鲁的例子中，我们看到，在国家的领导下，既有优先考虑初级出口的经济自由化联盟，也有更多试图（但未能）促进更大工业化的中央集权主义联盟。这些不同的联盟大大改变了作为更广泛议程一部分的矿业生产和管理模式。我们还看到，私人行为体抵制国家的政治指令、停止投资、或在政策对他们不利时等待政治潮流的改变。秘鲁围绕采矿治理的权力平衡是不对称的，也是不稳定的。

在整个 20 世纪，矿业治理中最根本的变革是在威权统治下进行的，其中占主导地位的精英们几乎没有动力或承诺与社会中的其他群体进行谈判，特别是在这些群体很软弱和分散的情况下。2001 年的民主开放似乎是改变这种模式和改变采矿本身管理方式的有利情况。正如我们所看到的那样，秘鲁本世纪在克服其历史上的“资源诅咒”方面在不同层面取得了进展，它利用了全球对矿物和其他商品的需求不断增加的机会，实现了近 20 年的经济持续增长，并对所产生的收入实行了前所未有的权力下放。

然而，正如我们还讨论过的那样，实施采掘治理改革在很大程度上是为了应对冲突，在实践中难以维持。其中一些改革产生或增强了地方利益，容易滋生腐败或独裁行为，有些则产生了新的冲突。例如，采矿税收不仅成为地方政府的收入来源，而且被地方和区域行为体视为一项既得权利。然而，地方各级政府和地方政治组织的弱点限制了他们有效投资这些资源、建立联盟和作为中央行政权力制衡力量的能力。这也反映在对大中型采矿的决策集中在中央政府，而移交给地方各级政府的唯一矿业治理职能是管理个体采矿。近年来，权力下放还与旨在缩小秘鲁基础设施差距的各种公私伙伴关系计划并存，但也有人批评称，权力下放可能会破坏加强地方各级政府机构、遏制腐败和强化公民审议公共开支的尝试等方面所作的努力。

在“分裂的政治”的背景下（克拉布特里，2011 年），技术官僚仍然是秘鲁中央政府运作的根本，这有助于实现比以往时代更加稳定和更有责任感的宏观经济决策（达金特，2015 年）。然而，这些技术官僚没有像智利和其他地方的同行那样建立党派关系和掌控权。此外，在全国范围内，技术官僚的权力并不一致，他们缺乏政治经验和技能，这使得他们无法预防或管理社会冲突，尤其是采矿方面的社会冲突。然而，往往是那些住在利马以外、感到被排除在这些年“秘鲁奇迹”之外的人的挫折感助长了这种冲突，而且这种冲突往往是通过更暴力的手段进行的，同时也会遭遇来自国家更大规模的反暴力。

秘鲁缺乏更强大和更具代表性的政党和民间社会组织，20 世纪 80 年代的政治暴力和 20 世纪 90 年代对代议制的攻击加剧了这种情况，这些都限制了民主的质量，也限制了精英们商定长期包容性发展模式的能力。经济仍然无法创造更有效的反周期政策，促进更大的生产多样性，并创造更多体面的就业机会。结果，它仍然极易受到外部市场的影响，新崛起的、在很大程度上非正规的中产阶级仍然容易再次陷入贫穷。那种促进新的矿业生产以维持这些收入的需求——这些收入能够抵消世界价格下跌的影响——也导致了决策者们在环境和社会保障方面倒退，并抵制落实新的权利，特别是土著人民的权利。

20 世纪 90 年代的自由经济的总体方向一直延续到本世纪，但这并不意味着人们对此有广泛的社会共识，也不意味着统治精英有在全国范围内扩大采掘活动的动力。经济的持续增长和有针对性的社会政策结合在一起，在一定程度上促进了贫穷水平的大幅度降低。然而，这并不能有效地在各类联盟、协定或同盟里“容纳”更多的公民，以克服该国历史上的政治不稳定和分裂。在阶级、种族和区域方面，秘鲁占主导地位的政治解决方案的主要政党变化有限。

在目前的秘鲁学术界和决策界，人们日益认识到仅以宏观经济增长为中心的发展是有局限的，并认识到有必要更加注重制度的发展和质量（盖齐和加拉多，2013 年）。然而，人们对制度背后的权力动态或建立政治联盟和同盟以改变它们的挑战的认识较少。与许多其他矿产出口国一样，秘鲁面临的挑战包括经济多样化和减少非正规经济活动，以及更公平地分配公共投资和服务。这不仅需要技术官僚的政策决定，而且需要更广泛的国家改革，这些改革可以由政治和经济精英推动和维持。在本章中，我们确定了阿雷拉诺－扬瓜斯（2008 年）所说的秘鲁国内“双重官僚制度”的起源，在这种情况下，某些与市场开放和宏观经济稳定有关的部门和机构受益于旨在实现专业化和现代化的改革，而其他长期存在的社会部委（劳动、卫生、教育）以及因国际压力或社会冲突而产生的新部门，如环境部和文化部，仍然缺乏能力来捍卫不受初级出口利益群体欢迎的各项政策。

在这个意义上，我们发现，即使在经历了近 20 年不间断的民主制度之后，高度的政治不稳定和分裂也阻碍了秘鲁有效制度和长期政策的发展。到目前为止，在国家内部仍然很少有权力能够对行政机构、特别是促进矿业主导的增长的部委进行抑制和制衡。由于没有代表地方范围以外利益的相关组织，为改善矿物治理、管理环境影响和保护人权而设立的机构的效力和合法性受到了限制。相反，最近各届政府对围绕采矿增加的社会冲突所作的反应，其特点是短期措施和武断地使用武力。

20 世纪 70 年代的军事政权和 20 世纪 90 年代的新自由主义改革遗留下来的顽固遗产，也使秘鲁精英阶层对国家长期规划的任何认真努力都产生了不利影响。这种意识形态的继承，再加上政治的不稳定，也有助于解释精英阶层为什么会缺乏承诺，因为他们促进专业行政事务或者执行更雄心勃勃的战略以促进经济多样化的能力都非常有限。要制定更广泛的国家现代化和更多地为包容性发展服务的措施，需要政治家和技术官僚们长期致力于实现这一目标，并且能够抵制那些从现有模式中受益的人的短期利益。

致谢

塔尼亚 • 拉米雷斯和维罗妮卡 • 乌尔塔多对秘鲁案例研究的发展作出了相当重要的贡献。本章主要以早先出版的一份更广泛的文件为基础，该文件名为《秘鲁的采矿、政治解决和包容性发展》，桑伯恩等人（2017 年），ESID 第 79 号工作文件。

附注

1. 例如，见冈萨雷斯 • 奥拉特和萨马梅（1991 年）、图埃斯塔（1996 年）、卡梅隆（1997

年）、塔那卡（1998 年）、帕罗迪（2002 年）和施米特（2008 年）。引自“莫伦和桑伯恩”（2007 年）。

2. 这包括了由国家统计和信息研究所（INEI），中央储备银行，地质、采矿和冶金研究所（INGEMMET），能源和矿产部（MINEM），生产部（PRODUCE），文化部（MC）和全国采矿、石油和能源协会（SNMPE）产生的专业调查数据。

3. 秘鲁是南美洲土著人口最多的国家之一，但他们的总人数难以衡量。截至 2016 年，全国人口普查数据不包括种族或族裔认同问题，只有户主的母语。根据这一指标，2007 年最近一次人口普查估计土著人口总数为 400 万，约占总人口的 15.7%（INEI，2007 年。替代措施的范围从仅使用自我认同指标时低到 5%，一直到考虑祖先、传统和习俗等指标时高达 75%（苏蒙特，2012 年）。文化部确定了 55 个主要土著民族，其中最大的是凯丘亚族和艾马拉族，以及 51 个较小的亚马逊民族群体（INEI，2007 年；文化部，2007 年 b）。

4. 1920 年的《公路征兵法》规定，所有年龄在 18 岁至 60 岁之间的男子每年都要无偿从事一定时间的公路工作。只有少数几个人能够通过购买来摆脱这一义务的途径（孔特雷拉斯和奎托，2009 年）。

5. 秘鲁奥德里斯特民族联盟（UNO）是前独裁者曼努埃尔·奥德里亚（1948—1956 年总统）创建的政党，与糖业和棉花大亨有密切联系。它与秘鲁美洲人民革命联盟（APRA）组成的同盟被允许作为多数反对派在 1963 至 1968 年期间反对贝朗德（曼里克，2009 年）。

6. 1992 年以后的藤森政权被称为“竞争性威权主义”，因为选举是在没有重大舞弊的情况下举行的，在新一届国会、地方政府和媒体部门都有政治反对派的空间（莱维茨基与韦，2010 年）。民主选举产生的政府在 2000 年后仍然实行 1993 年宪法。

7. 根据对秘鲁一家领先的外国矿业公司前高管的采访。另见贝克（1983 年）。

8. 显然，军方领导人最初希望与秘鲁塞罗德帕斯科矿业公司（CPMC）建立一家合资企业，以及拥有该公司在秘鲁南部铜业公司（SPCC）持有的部分股份，但遭到拒绝。随后，在豪尔赫·费尔南德斯·马尔多纳多将军的一次著名讲话中，将国有化描述为政治胜利（桑切斯·阿尔巴韦拉，1981 年；贝克，1983 年）。

9. 据对能源和矿业部前矿业总监、首钢 Hierro 秘鲁公司和秘鲁矿业总公司董事会成员的采访。另见帕斯科－福特（2000 年）。

10. 前能源和矿业部部长；前交通和通讯部部长，能源和矿产部部长，以及总统府部长；秘鲁一家领先的外国矿业公司的前行政主管。

11. 根据与能源和矿业部一名前矿业总监、首钢 Hierro 秘鲁公司和秘鲁矿业总公司董事会成员以及一名前能源和矿业部部长的访谈。

12. 根据与一名前交通和通讯部部长、能源和矿产部部长和总统府部长及秘鲁一家领先的外国采矿公司的前行政主管的访谈。

13. 根据与能源和矿产部一名前矿业总监、首钢 Hierro 秘鲁公司和秘鲁矿业总公司董事会成员、一个国际非政府组织区域协调员以及一名前交通和通讯部部长、能源和矿业部部长以及总统府部长的访谈。

14. 2015 年，由于各种因素，包括建立国家公园和自然保护区以及城市分区在内的国家领土中，禁止进行矿业活动的比例估计为 65%。仅仅授予采矿权并不授权矿权持有者能够从事积极的矿物勘探、矿山建设或开采活动，所有这些都需要经过许多步骤，包括从购买或租赁地表土地的谈判到获得环境影响评估的批准 – 这些程序可能需要数年才能完成（秘鲁能源与矿业部，2016 年）。

15. 关于这些措施的更多细节，见“桑伯恩和查恩”（2015 年）；“桑伯恩和帕雷德斯”（2015 年）。

16. 据一位前首相的采访。另见 EY（2014 年）。

17. 请注意，监督这一分配的传统领地管理办公室（OASL）被允许自负成本保留 10% 的土地，因此 9%实际上移交给了地方各级主管部门。

18. 自 2003 年以来，矿业税收分配公式为业务所在地区的政府提供了 25%的收入，向省级市政当局和相关市区提供了 25%，向生产者区域提供了 20%，向该地区所有其他市政当局提供了 40%（桑伯恩和达默特，2013 年）。

19. 依赖采矿的主要地区是莫克瓜（占区域国内生产总值的 40%）、塔克纳（34%）、帕斯科（27%）、安卡什（26%）和阿雷基帕（24%）（麦肯锡，2013 年）。

20. 例如，见：“要求宪法法院对法律提起诉讼 30230”（2015 年 7 月 22 日）。塞尔文迪。http://www.servindi.org/actualidad/135812；“管理费：OEFA 赢得了新的采矿过程”（2015 年 7 月 21 日）。拉普布利察。http:/larepublica.pe/Impresa/Economia/16893-aporte-por-Regulacion-OEFA-Gana-Nuevo-Proceso-Minera；和“司法措施不允许 OEFA 对矿石进行 56 次环境罚款”（2015 年 7 月 10 日）。SPDA 环境状况。http://www.actualidadambiental.pe/?p=31113

21. 2009 年，由于没有就有关林业和采掘投资的新立法征求意见，亚马逊原住民进行了数月的罢工和抗议，随后亚马逊地区的巴瓜市爆发了一场冲突，当时警方试图强行驱散一个长达 59 天的路障。在所谓的“巴瓜索”中，23 名警察和 10 名平民被打死，数百人受伤（巴雷拉 – 赫尔南德斯，2009 年；大赦国际，2014 年）。这一暴力事件促使乌马拉批准执行劳工组织第 169 号，这是他上任后的第一批行动之一。

22. 见：http://www.icmm.com/en-gb/members/member-companies

23. 根据与能源和矿产部一名前矿业总监、首钢 Hierro 秘鲁公司和秘鲁矿业总公司的一名董事会成员、一名前能源和矿业部部长以及一家在秘鲁的领先的外国采矿公司的前高级行政主管的访谈。

24. “国家矿业协会（National Mining Society）是西半球最无效、最低效、最不平等的混乱组织之一。”一位驻秘鲁的外国矿业高管表示，“如果一家矿业公司真的想做点什么，他们会直接和相应的主管机构坐下来谈一谈。如果它是一家投资额超过 10 亿美元的公司，他们可以直接和部长对话。”此外，“他们的行动没有明确的战略，他们曾经为该部门推动的研究已经落伍了。”

25. 根据与能源和矿产部一名前矿业总监、首钢 Hierro 秘鲁公司和秘鲁矿业总公司的一名董事会成员、一名前能源和矿业部部长以及一家在秘鲁的领先的外国采矿公司的前高级行政主管的访谈。

26. 特别是铜产量从 2015 年的 160 万吨跃升至 2016 年的 230 万吨，这主要是因为两个大型项目即将投产，分别是阿雷基帕的塞罗·维德矿和阿普利马克的拉斯邦巴斯矿（EY 2017 年：37）。

27. 另见："拉丁美洲和加勒比：税收保持稳定"。（2015 年 3 月 10 日）。美洲开发银行。检索自 http://www.iadb.org/en/news/news-releases/2015-03-10/revenue-statistics-in-latin-america-and-the-caribbean，11082.html

28. 要回顾这些服务领域公共支出的历史演变，请见：经济和财政部（MEF，2016 年 a）。

29. 例如，2012 年教育投资占国内生产总值的 2.9%，远远低于依赖自然资源出口的邻国的水平，如智利（占国内生产总值的 4.6%）、阿根廷（5.1%）和玻利维亚（6.4%）（世界银行，2016 年 a）。

30. 根据瓦斯克斯（2016）的数据，2014 年秘鲁的五个最贫穷地区是：万卡韦利卡（52.63%）、卡哈马卡（49.89%）、亚马逊（46.79%）、普诺（45.27%）和胡诺考（43.99%）。这些区域包括了采矿活动密集的地区。

31. 请见：过度管制和高税（2014 年 10 月 19 日）《管理》http://gestion.pe/economia/excesiva-regulacion-y-altos-impuestos-gravan-ingreso-al-sector-formal-peru-2111487

32. 秘鲁的各种选举法促进历史上被排斥的土著人民以及妇女和青年的参与。例如，第 26859 号法律规定，所有政党议会名单上，至少有 30%的候选人必须是妇女，而 2002 年通过的第 27734 号法律规定，至少 15%的地区和市政参事候选人应是土著人或土著出身，这些地区和省份是当局确定的土著居民比例较高的地区和省份。正如一开始提到的那样，虽然全国人口普查没有衡量族裔或种族身份，但约 15.6%的人声称自己是土著母语，估计 40%的人口声称来自安第斯或亚马逊土著民族（苏蒙特，2012 年）。

第三章

玻利维亚的政治解决、自然资源开采及包容性发展

“政治解决”的概念使人们注意到有必要把制度安排理解为精英之间谈判的产物（迪·约翰和普策尔，2009 年）。也就是说，精英间权力的关系与斗争形成的制度倾向于根据权力的不同去分配利益（可汗，2010 年；参见阿塞莫格鲁和鲁滨逊，2012 年）。国家的性质反映这种权力的分配和博弈，以及从历史权力分配继承下来的制度。

如第一章所述，可汗（2010 年）认为，国家权力行使的总体模式取决于他所提及的“横向”和“纵向”的权力分配。纵向分配是指权力在执政精英联盟中的分布（这一方称为“谈判各方”），横向分配是指执政联盟与所谓的“被排除派别”之间的权力关系。“被排除派别”是指没有谈判能力的一方，因此也不直接参与规则的制定和利益的夺取。这两种权力的分配使人们注意到在政治解决中始终存在不稳定的可能性。“被排除派别”以及执政联盟中势力较弱（“较低级别”）团体的相对权力越大，不稳定的可能性就越大。决定相对不稳定的另一个因素是，执政联盟提供的发展形式在多大程度上为“被排除派别”及执政联盟的潜在成员带来好处。根据可汗的理论，这种发展的性质取决于统治阶层的利益与经济增长的契合程度。布思（2015 年）补充说，这种发展的质量还将取决于参与谈判的精英政党围绕共同的社会和经济愿景采取集体行动的能力。从某种意义上说，这里的问题是，达成的协议是基于共同的变革愿景，还是简单地瓜分政府的战利品。[1]

这些不同的论述是很重要的。因为尽管“解决”一词意味着某种均衡，但是达成“解决”的基础协定可能是不稳定的，甚至是非常短暂的。这已经成为玻利维亚的常态。因此，了解这种不稳定的根源以及让“解决”变得更稳定的条件，对于了解如何管理发展进程是非常重要的。对于在以政治和发展长期不稳定为显著特征的玻利维亚，仅在 2005 年后才进入一段比较稳定的时期，特别重要的是要找到一个框架，其概念既有助于解释不稳定的驱动因素，也有助于解释现在利于促进稳定的条件。

玻利维亚的案例也表明了将自然资源作为政治解决思想核心是有价值的。原因如下：获取和控制资源以及资源租金是精英们谈判的核心；资源的跨国定价导致政治行为体的产生与消亡；分配到自然资源的经济、文化价值是政权及国家建设的关键要素（贝宾顿，2013 年 b）。本书中使用的政治解决的“长期”观点揭示了玻利维亚“未解决的紧张局势”（克拉布特里和怀特黑德，2008 年）：在玻利维亚，谁应当控制自然资源，由谁使用自然资源，怎样使用自然资源，如何在社会上和空间上分配利益，为自然资源管理的特殊模式应当建

立哪种国家形态（政府主导 VS 市场主导，集中式 VS 分权式，土著治理 VS 韦伯式的国家形式等等）。

在这一背景下，本章主要考虑以下几个方面：

● 玻利维亚以前的政治解决和联盟在多大程度上构成了日益扩大的采掘类经济所采取的形式？这些解决后来又在多大程度上受到这种扩大的影响？

● 冲突、联盟变化和学习过程在多大程度上推动了玻利维亚采掘业治理方面的制度创新？

● 在不同规模矿场经营的行为体之间的互动是如何影响玻利维亚的制度改革进程以及采矿业和油气的总体治理？

为解决上述问题，我们首先对玻利维亚的矿产资源及油气做一个简单的介绍，然后对玻利维亚从 1899 年到现在的政治动态及政治解决做一个简短的分期介绍。这有助于更详细地讨论矿业、油气以及政治解决之间的相互作用——这是第三节（矿业）和第四节（油气）的讨论主题。本文最后一节以讨论资源开采与政治解决的长期关系作为总结，强调了地方政治和资源民族主义思想在这些解决中的重要性。

来自第二资料来源的历史分析，线人访谈。这一论点借鉴了二手资料的历史分析，辅之以一系列关键的人物访谈。具体来讲，在玻利维亚主要的天然气生产中心塔里哈和自前西班牙时代以来一直是硬岩石采矿经济历史中心的波托西两省进行了实地调查和访问。在波托西、塔里哈和首都拉巴斯，对代表企业、民间组织、民选代表和地方当局的一系列人员进行了有组织和非正式的采访。从玻利维亚研究中心和非政府组织的报纸文章、政府出版物和简报以及已发表和未发表的报告中提取的文件分析进一步提供了资料和补充。

第一节　玻利维亚的资源开采和政治解决：概述

玻利维亚矿业和油气的简要地理情况

早在玻利维亚成为现代国家之前，甚至在成为西班牙安第斯山脉中部殖民地之前，矿业就已经是玻利维亚特征和经济的一部分。直到现在，矿业开采一直集中在玻利维亚的西部高地。这个地区是高原（*altiplano*）、山峰和山谷地貌，历史上是先进的前印加时代的政府和统治形式的家园。这些高地仍然居住着土著艾马拉人和凯丘亚人。在整个矿业行业的历史上，采矿劳工几乎都是土著居民（纳什，1993 年；波尔图，2012 年）。

这些集中在高地的矿业很大程度上是地质作用的结果，安第斯山脉的矿化沉积产生了银、锡、锌、镍、金、铜和钨等矿藏（见地图 3.1）。这些资源传统上是通过地下作业开采的，但在 20 世纪 90 年代开始由跨国公司主导进行露天开采。就规模而言，玻利维亚的采矿长期以来一直是大规模作业和小规模作业的混合。然而，从 1985 年结构调整开始，中小型生产出现了大幅度增长，这是以合作采矿为特点的，即通过等级结构的控制网络和非正规劳工所组织的矿工团体优先进入玻利维亚国营的矿业公司，即玻利维亚矿业公司

（COMIBOL）。自 2000 年以来，这些网络开始主导采矿业，是重要的政治行为体。

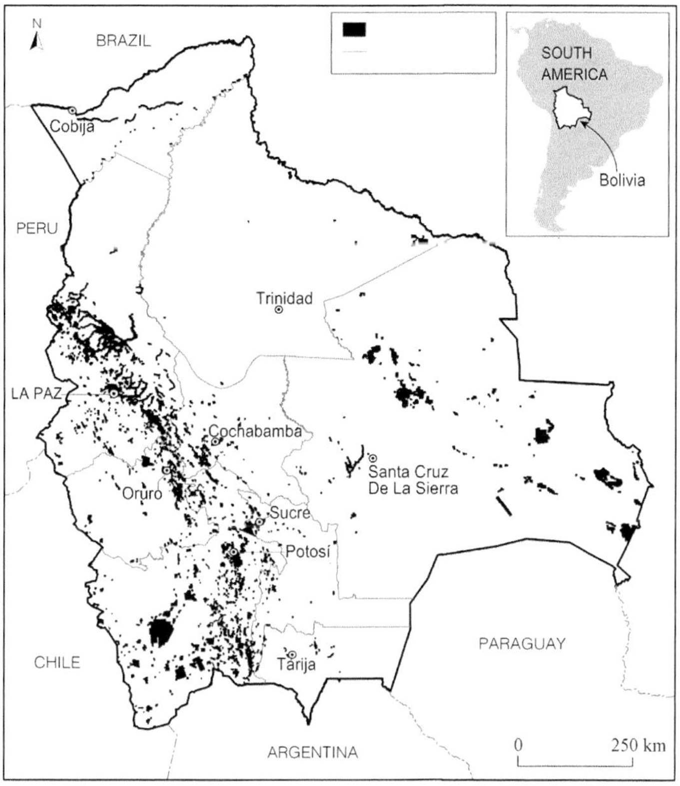

地图 3.1 玻利维亚矿区

资料来源：钱德拉·贾亚苏里亚根据玻利维亚文献信息中心（CEDIB）提供的地图编制，科恰班巴，玻利维亚，2017 年。

在玻利维亚北部和东部潮湿的热带低地的矿物开采是最近才出现的现象，分为两种形式（见地图 3.1）。在北部，非正规的金矿开采在冲积区变得越来越重要。在冲积区，黄金随地质时间的推移从安第斯山脉顺流而下，沉积在现在的秘鲁和巴西边界地区。这种冲积金矿的开采应该被看作是更大综合现象的一部分，其中在秘鲁马德雷德迪奥斯具有重大社会政治和经济意义的冲积采矿是一个突出的表现（见卡诺，2015 年 b 和第 2 章）。像在秘鲁一样，在玻利维亚，这种冲积金矿开采出现了谋杀的暴力行为，但尚未像在秘鲁低地或玻利维亚高地那样产生强大的社会政治行为体。低地采矿所采取的第二种形式包括圣克鲁斯省东部地区现存和有计划的大规模作业。其中最重要的是马里奥金矿（亨德里，2013 年，2013 年 b）以及 2012 年印度金达尔公司退出后目前由玻利维亚政府拥有的穆托恩超大型铁矿床。[2]

油气的地理位置与矿产的地理位置相反，主要储量集中在查科地域，圣克鲁斯省、塔里哈省和丘基萨卡省东部/东南部狭长地带的低地（见地图 3.2）。这些矿床是沿着安第斯山脉东侧延伸至阿根廷的一个更大油气和天然气带的一部分。在玻利维亚，这些地区在历史上也集中在土著生活的领土上，主要是瓜拉尼人。然而，与采矿业不同的是，这些人口在油气经济中几乎没有扮演任何劳动力的角色，而且（直到最近几年）更典型的情况是，他们已经被运营公司取代和忽视。

玻利维亚的第一次油气开采是在20世纪20年代沿着塔里哈查科区域的阿瓜拉古山脉进行的。到20世纪40年代，行动扩展到圣克鲁斯的查科和丘基萨卡，以及圣克鲁斯较为潮湿的地区。圣克鲁斯在成为玻利维亚整体经济中心的同时，也逐渐成为玻利维亚油气行业的业务中心。它也成为保守派政党和运动的一个重要中心，这些政党和运动具有强烈的区域特征，或多或少公开表达种族主义，其核心是把自己同高地土著人区分开来（佩罗，2013年）。在过去的20年里，在塔里哈的查科地区发现了大型天然气田，并投入生产，使塔里哈成为迄今为止该国最大的油气生产省份和最大的油气营收省份（汉弗莱斯·贝宾顿，2010 年）。然而，圣克鲁斯市仍然是油气经济的管理中心，各公司的主要办公地点仍在那里。

油气资源（在本章4.2节讨论）的收入分布的地理位置意味着这三个地区从天然气和石油开采中获得了巨大的收益。这引发了与其他地区及中央政府的紧张冲突，其中一个结果是玻利维亚社会主义运动（MAS）中央政府鼓励非传统油气地区的勘探，比如亚马逊低地的拉巴斯省。[3]虽然那里有明显的储藏迹象，但进行运营的成本很高，政府致力于钻井开采方面的努力落后于传统的产油区（帕吉娜·赛特，2016年）。

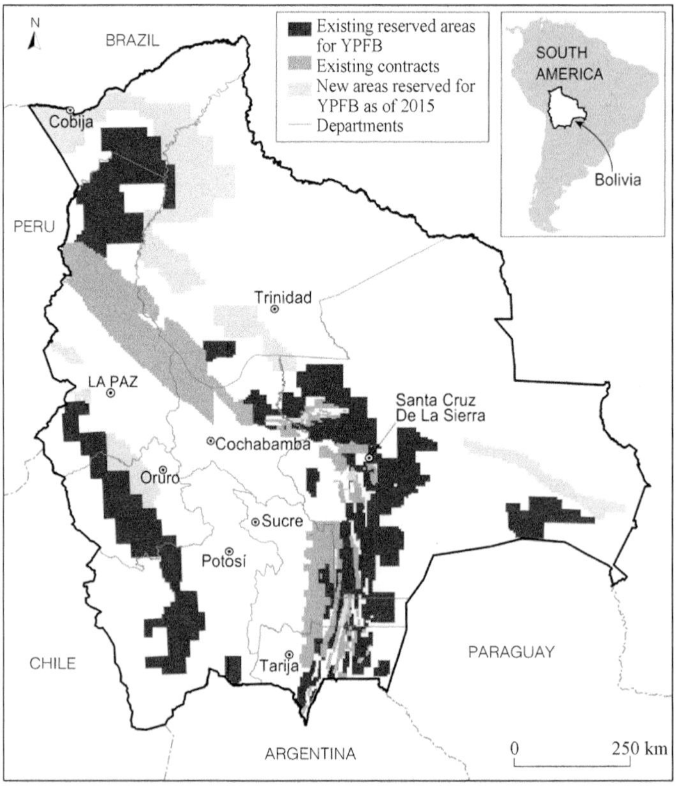

地图 3.2 玻利维亚油气区

资料来源：钱德拉·贾亚苏里亚根据玻利维亚文献信息中心（CEDIB）提供的地图编制，科恰班巴，玻利维亚，2017 年。

矿产和油气的地理位置一直是彼此相互的镜像，但随着时间的推移，它们都延伸到了对方的主要"领地"。这些地理位置很重要，因为它们通过与种族和民族地理位置的相互作用，帮助产生了重要的政治行为体，也产生了这些行为体关于自然资源争论中所涉及的一些关于公平、主权和自治的话语权。

矿业和油气不仅在政治上是突出的，而且在整个历史上，甚至在本章研究的起点1899年以来，它们一直主宰着玻利维亚的经济。矿业生产在早期占主导地位，在20世纪50年代达到顶峰，原因是始于20世纪30年代矿石品位的下降。相比之下，1953年石油占GDP的比例不到1%（克莱恩和佩雷斯－卡贾斯，2014年）。然而，到1972年，天然气市场的开放导致该行业迅速超过了石油出口。随着国际锡市场的崩溃，天然气成为玻利维亚最重要的商品。事实上，在20世纪80年代，来自油气行业的税收占国民收入近50%。

综合矿产、采矿和油气现在对GDP的可比贡献是：油气占6.6%，采矿占6.8%。每个行业对总出口的贡献也类似：油气占42.3%，采矿业占34.3%。然而，在税收方面存在显著差异，油气占政府收入的29.2%，而矿业仅占1.9%（阿雷拉诺－扬瓜斯，2014年）。相反，采矿业继续为许多玻利维亚家庭提供就业机会，而油气部门则不然。

第二节 玻利维亚政治解决和不稳定发展的简要分期

2.1 精英与采掘主义制度之间的持续性与不稳定性

从政治解决的角度来解释玻利维亚的历史和当代事件是一个不小的挑战，因为国家政治的本质往往是难以驾驭和容易破裂的（邓克利，2007年）。主要的困难在于如何平衡对细节的关注和梳理出更大模式的必要性之间的关系，而细节可以揭示出导致新解决方案形成的力量。我们认为，始于19世纪末并一直延续到21世纪的政治解决的特点是竞争、不稳定、权力联盟的转移以及根深蒂固的客户主义。

在形成这一解释时，我们借鉴了玻利维亚制度经济学家和历史学家的工作。在他们关于经济发展的殖民起源的著作中，阿塞莫格鲁等人（2001年）探索了一类在16世纪首次被欧洲列强殖民、曾经富裕但现在贫穷的国家"从富裕到贫穷"的轨迹——玻利维亚就属于这一类。为了解释这种"命运的反转"，作者转而分析了欧洲殖民列强在这些背景下引入的各种制度。他们假设，不同的经济轨迹可以通过更仔细地观察殖民时期的社会组织来解释。更具体地说，在那些拥有巨额财富的地区，欧洲人引进了"采掘主义制度"[4]，这种制度倾向于由少数精英控制资源财富；相反，在资源财富不那么明显的比较边缘的环境中，倾向于确保向更广泛的社会阶层提供产权（"产权制度"）（阿塞莫格鲁等人，2002年：1235；阿塞莫格鲁和鲁滨逊，2012年）。采掘主义制度被视为投资和经济长期发展的阻碍，因为这种制度允许掌权集团攫取租金并维持权力；而产权制度被视为有利于资本主义发展投资所需的条件。[5]

阿塞莫格鲁等人强调制度的"粘性"和历史的长期进程，这一点是很重要的。但是在他们的论述中，不只是一个路径依赖的建议，因为“采掘主义制度”仍牢牢掌握在少数但有凝聚力的精英手中，这些精英通过长期控制租金，保持着自己的权力和特权。然而，在玻利维亚例子中，最近的史学研究表明，精英凝聚力和权力的本质更加微妙、复杂，而且可能是脆弱的（巴拉甘，2008 年）。经济历史学家何塞·佩雷斯–卡贾斯（2011）认为，“寡头政治”假说没有证据支持。寡头政治假说认为，1880 年至 1930 年间，有一个连贯而强大的精英阶层对国家领土行使霸权。他认为，从谈判和妥协的角度分析权力关系比从统治的角度分析权力关系更有用。从这个角度来说，佩雷斯–卡贾斯详细描述了长期的弱者斗争（*lucha de débiles*），他们的相对实力和能力对政治的影响是不均匀的，通常不足以巩固一个能够维持一段时间的真正国家级霸权（2011 年：99）。他指出，“国家精英”和地方精英在铁路建设问题上的紧张关系，导致了明显的赢家和输家（罗德里格斯，1994 年，引自于佩雷斯–卡贾斯，2011 年：111）。重要的是，这种长期斗争的结果之一是产生了长期的不确定性，而这种不确定性反过来又抑制了经济行为体的预期，阻碍了投资，并对经济增长产生负面影响。

把这些观点综合起来，我们认为，玻利维亚的政治解决和构成采掘主义经济基础联盟的根源可以追溯到西班牙殖民者首先提出的、后来在共和时期（1825—1880 年）[6]修改的历史制度安排。这些早期制度专注于开采白银，出口到欧洲，结果抑制了与开采无关的其他经济活动。这有助于使与控制自然资源有关的少数精英能够主导国家政治的安排得以延续，即使他们不是从这些制度安排中获得利益的唯一群体。[7] 20 世纪下半叶在东部低地出现的石油和天然气生产产生了新的精英阶层，以及一套新的制度安排，这一变化反映了在财政资源的收取、重新分配和使用方面与采矿业实践之间的显著差异。

2.2 政治解决的分期：1899—2016 年

考虑到这些情况，我们建议对玻利维亚在 1899 年到 2016 年间政治解决的广泛动态分为五个时期进行讨论。这些时期是由政权更迭、危机和革命以及剧烈的经济变化所区分的（见表 3.1）。

2.2.1 1899—1935 年

第一个时期始于联邦战争（1898—1899 年），结束于查科战争（1932—1935 年）。前者是由锡矿精英支持的自由派人士（主要分布在拉巴斯地区）与保守派人士（更多的与白银利益相关）和苏克雷及周边地区的大地主之间的较量。苏克雷和拉巴斯之间的紧张局势反映了这一时期的情况。这是一个区域寡头政治集团相互竞争以及他们与国家精英阶层竞争的时期。

经济危机和战争导致了所谓的锡业大亨统治政治解决时期的结束。1929 年大萧条（the Great Depression）的开始以及随之而来的出口市场的崩溃，揭示了玻利维亚对波动的大宗商品市场的长期依赖，也标志着锡业大亨末日的开始。随后，在 1932 年至 1935 年的查科战争中，玻利维亚和巴拉圭因东部低地领土发生了争端。该低地虽不适宜居住但却是众所周知的石油储藏地。查科战争成为玻利维亚的一场灾难，同时也标志着旧政治秩序的瓦解，并为现代政党的出现、具有更先进思想的年轻军官的升迁以及新形式的大众政治意识奠定了基础。[8]

2.2.2 1936—1952 年

查科战争深刻地改变了玻利维亚和玻利维亚人民。所有玻利维亚男性都被征召参加战斗：矿工与学生、城市工人、来自高地“自由”社区的农民和在半封建土地上劳作的农民一起并肩作战。冲突之后，政治体系崩溃，随之而来的是一段时间的社会抗议和混乱。1936年，两位战争英雄大卫·托罗和格曼·布什发动政变，任命托罗为总统。很快托罗宣布推行“军事社会主义”计划。政治生活经常受国际潮流的影响向多方向扩展，因为学生和知识分子通过创建新的政党来探索激进政治。

与此同时，全球锡经济持续停滞，标志着传统政党（自由派、保守派、共和党）的瓦解，矿业和土地精英的权力也开始瓦解。这一时期的特征还包括“工业中劳动力和资本之间日益分化”（孔特雷拉斯，1993 年：20），以及由新精英组成的联盟取代解体的旧精英。这反映在一系列导致自由军事统治和改革的政权更迭和政变中。自由主义思想的军队与日益组织化和激进的劳工相结合，也使民族主义思想和关于自然资源的话语权日益突出。这段长期的政治不平衡时期标志着没有任何明确的政治解决方案和精英们的深刻流动，而工业精英也日益受到来自劳工、新政党和军方派别等新精英的挑战。

2.2.3 1953—1984 年

1952 年，玻利维亚民族革命运动（MNR）领导的革命使精英阶层的流动达到顶峰。虽然 1952 年到 1964 年这段时间几乎没有什么政治上的沉寂，但民族革命运动对政府权力的持续控制使得全面的制度和社会改革得以展开。这些措施包括广泛征收农村地产和实施土地改革、将矿山国有化（从而导致了锡业大亨的结束）、大众教育、普选权[9]和社会项目。这是一个政党政治占主导地位的时期，越来越重视促进阶级联盟，这 12 年改变了获得和控制国家资源、政治参与和阶级联盟的结构。事实上，在这一时期，农民和工人成为政治解决方案的核心，主要原因是，随着 1952 年玻利维亚工人联合会（COB）和 1953 年玻利维亚农民工人全国联合会（CNTCB）的成立，从地方到国家的组织越来越多。[10]民族主义革命运动通过客户主义和威权主义的手段，尤其是与日益焦躁不安的矿工工会合作，扩大了自己的霸权。

1964 年，一场军事政变结束了民族主义革命运动的统治，在接下来的六年里，政变和民选的军事统治结合在一起。军队内部关于统治方式和内容的冲突，协议和争议的混合，以及有组织的劳工和农民之间时常发生的暴力关系，构成了一个缺乏方向的时期。这一时期的特点是，没有就如何处理政治、由谁来领导、权力和财产如何分配等问题达成任何解决方案。

1971—1985 年期间的特点是高度的政治不稳定和对发展模式缺乏任何明确的看法。

军事统治（尽管在不同时期由不同的军事派别统治）导致了军事社会协定、客户主义、盗贼统治和彻底镇压的不同组合。在这一期间，发展和社会组织的统治思想经常变更，但重要的是，对东部低地的持续政策使其经济和精英阶层受益匪浅。低地城市圣克鲁斯成为该国日益明显的经济首都，尤其受益于雨果·班泽（1971—1978 年）的政府政策。1982 年，随着一个由中间派和左翼团体组成的不稳定政治联盟的当选，军事统治宣告结束。1984 年和 1985 年，这个政治联盟最终导致了经济混乱和恶性通胀。

2.2.4 1985—2002 年

这段时期始于 1985 年 8 月的一个经济休克疗法和结构调整的教科书案例，但也具有民选统治和以政党为基础的民主的特点，这种民主与军队和工会逐步退出政治生活有关。这一时期的政府都以党派联盟为特征，因为没有一个政党在选举时赢得超过 20%的选票。因此，虽然选举的进行完全是基于政党的竞争客户主义，但在政府成立之时，竞争也表现为政党联盟之间的竞争。这一期间的另一个稳定特点是，在 20 世纪 80 年代中期的经济混乱之后，精英们一致认为有必要将经济和社会管理的新自由主义规则制度化。

这 20 年的政治被“契约民主”所主导（阿西，2004 年：31），其中的规则主要是政治精英（包括军方）之间经过精心协商的选举和结果。尽管这些联盟具有高度的流动性，政党出于务实而非意识形态的原因选择执政盟友，但不变的是通过协议建立政府的必要性。另一个不变的因素是发展状态的逐步解体（这一进程始于 20 世纪 70 年代，并从 80 年代中期开始加速），原因是无法管理的债务和政府的无能，削弱有组织劳工的意识形态愿望，对社会渐进市场化的新自由主义承诺，以及拒绝任何国家可能有能力促进自身发展的借口。这一进程的一个后果是，在 20 世纪 80 年代中期，横跨高原的国有企业玻利维亚矿业公司（COMIBOL）矿山被关闭。

2.2.5 2003—2018 年

最后一个时期是从 2003 年最后一个协议民主政府的垮台到现在。这一时期的特点是对精英协议的彻底失望，国家主导发展的复兴，以及社会运动话语权和动员在国家政治中的中心地位。这段时期始于广泛而暴力的社会抗议活动之后贡萨洛·桑切斯·德·洛萨达政府的倒台。虽然这些抗议有不同的起源，但主要的驱动因素与自然资源政治有关（佩罗，2006 年；下面的第 4.2 节将更全面地讨论这个主题）。在这些抗议活动中，埃沃·莫拉莱斯领导的政治运动都发挥了重要作用。莫拉莱斯在 2002 年的总统选举中以微弱劣势输给桑切斯·德·洛萨达。莫拉莱斯运动本身就是资源治理的产物，因为它最初的成员是古柯种植者，其中许多人以前是矿工，由于高原国有煤矿的关闭而被迫离开。莫拉莱斯和玻利维亚社会主义运动在 2005 年的选举中获胜，并通过一个自称的社会运动政府进行统治。虽然玻利维亚社会主义运动一直依靠持续的选举胜利的支持，但这在一定程度上是由于宪法的改变和对莫拉莱斯连任的解释。因此，在某种程度上，这一期间的特点是一个日益巩固的占主导地位政党/占主导地位领导人的统治模式。[11]

在意识形态上，莫拉莱斯政府拒绝新自由主义的经济和社会组织模式，并致力于结合民族主义和社会主义情绪的国家主导发展形式。这个政府标志着这个国家自 20 世纪头 20 年以来最稳定的统治时期。这种稳定主要建立在大多数全国性社会运动之间的一种解决方案上，但也有某些私人资本利益集团（低地农业精英）继续以能带来可观利润的方式进行经营。然而，完全被排除在这一解决方案之外的是来自东部的历史政治精英，这是与自由主义时期的另一个相似之处，即政治解决是以高地为中心的。

因此，在这五个时期（总结见表 3.1）中的每一个时期内，显然不能把全面政治解决同采矿和（后来的）油气分开讨论，因为这些行业具有压倒性的经济和政治意义。政治解决和自然资源之间的相互作用在以下两节中得到更详细的讨论：第三节是采矿，第四节是油气。

表 3.1　　　　玻利维亚政治解决的分期化，1899—2016 年

时期	统治联盟特征	政治制度类型	政治组织结构	广义发展观	采掘业的包容发展模式
1899—1935 年	单一党派/锡业大亨	多党制	有限的进入秩序，精英控制的特点是军事独裁者的统治	现代化	矿山就业
1936—1952 年	流动精英与强大的军事存在	军事和多党制	有限的机会；新的军事和阶级精英的出现；旧精英的瓦解	资源民族主义	矿山就业
1953—1984 年	单一党派/社团主义者，其次是军事独裁（在与不同行业的协定中）	军事和多党制	有军事存在的竞争客户主义	民族主义—民粹主义/现代化	矿山就业
1985—2002 年	区域和行业精英中当选的“民主协定”	多党制	竞争客户主义	新自由主义	进入采矿区（合作联盟）
2003—2016 年	玻利维亚社会主义运动和社会运动政府	多党制	具有事实上的主导政党/主导领导人的选举政治	国家主导的转型与再分配	国家所有权；通过社会转移征税和再分配；采矿合作联盟的所有权

第三节　矿业与政治：从垄断到合作的漫长历史

3.1　从寡头私人矿业到资源民族主义矿业的瓦解

从 19 世纪末到二战后，玻利维亚的采矿业一直被一小群玻利维亚精英家族所统治，他们先是与银矿开采有关（被称为银矿族长），后来在 20 世纪初被锡矿开采相关的家族（锡矿大亨）所取代。[12] 这些家族越来越多地主导控制着国家经济和政治，尽管方式略有不同：前者有时直接控制总统，而后者通过所谓的“合会（*rosca*，指的是一个核心圈子）”[13] 及在他们控制下的律师和政客间接和幕后行使权力（梅萨等人，1998 年）。与此同时，锡作为一种有价值大宗商品的出现，导致了新矿业精英的崛起。他们比白银精英更有企业家精神，也更自由。更重要的是，锡矿也引发了玻利维亚政治的转变，因为（以锡为基础的）自由党和以拉巴斯为基础的地区利益要求建立一个联邦制系统，从苏克雷的保守党政府那里获得更大的收入共享以及更多自治权。[14]

锡的生产由三家玻利维亚生产商主导：西蒙·帕蒂诺、阿拉马约斯和霍克希尔德。其中最著名和最重要的是帕蒂诺，一个白手起家从卑微的出身成为玻利维亚和美洲最富有的人。在鼎盛时期，帕蒂诺的锡帝国控制了全球 10%的产量和 80%的锡冶炼厂（卡普里莱斯·维拉松，1977 年；格拉纳多斯，2015 年）。帕蒂诺在查科战争中也发挥了重要作用，尽管存在争议，他借钱给玻利维亚政府，并为战争捐赠飞机。[15]阿拉马约斯家族是一个古老的白银家族的后裔，在 1952 年的改革之前一直活跃在采矿业。而霍克希尔德家族是来自欧洲的犹太移民，他们最终离开玻利维亚，到拉丁美洲的其他地方发展矿业。[16]锡巩固了拉巴斯的重要性和阿尔蒂普拉诺在玻利维亚政治中的中心地位，新的锡精英对基础设施投资和财政政策产生了巨大的影响。1922 年至 1929 年的大宗商品繁荣时期，锡价大幅上涨，国际需求和产量也大幅上升，这些大亨们也因此受到青睐。

锡业的繁荣推动了政府债务的增加。从 1900 年到 1922 年，随着政府贷款投资铁路网络建设以支持该行业，政府债务增长了 5 倍。佩雷斯–卡贾斯（2014 年）认为，政府在很大程度上接纳了锡精英，并在价格大幅下跌期间迅速降低税率。为矿业行业设立财政委员会的努力也遭到了抵制，但政府只能这样做，并在 20 世纪 20 年代对矿业行业征收新税。在铁路、公路和其他公共基础设施的公共投资问题上，国家和地区精英之间出现了分歧。经济和政治精英们无法就如何实现经济多元化达成一致，再加上政府财政越来越依赖锡收入，这不仅强化了狭窄的玻利维亚经济基础，而且加剧了国家与地方之间关于预算的争论，阻碍了制度的发展，也破坏了对更广泛发展倡议的追求（奥利维拉和索普，2012 年：32—33）。

与此同时，锡矿精英对资本和政治实施着重大控制。[17]这段时期的特点是，矿工和土著组织不断壮大，发生了一系列罢工（其中一次以 1923 年令人震惊的恩西亚大屠杀告终），大萧条之后，矿业利益集团之间的协议越来越不稳定。[18]政府需要更多的税收来偿还沉重的贷款，包括支持采矿业的基础设施贷款。到 20 世纪 20 年代，他们已经建立某种税收体系和财政委员会，“彻底审查了矿业公司的账本，并成功地从其中许多公司征收了大量的欠税”（孔特雷拉斯，1993 年：11）。与此同时，1922 年至 1929 年的锡价暴涨，在 1929 年大萧条之后随着全球市场的崩溃而告终，导致政府引入了一套在矿业公司之间分配出口配额的制度，这使得矿业公司相互竞争，削弱了他们的全国代表协会。最后，尽管享有相对稳定的政治解决，但这一期间的特点是发展结果令人失望。鉴于锡经济的爆炸性增长，孔特雷拉斯（1993 年：8）认为：

> 矿业并不是玻利维亚发展的主要“增长引擎”，这主要是因为：（i）政府没有能

力从矿业中征收更高的税收，特别是在头几十年，而且没有有效地利用产生的收入；（ii）主要矿业公司在获得巨额利润后，没有在该国投资。

毫无疑问，这些都是重要的因素，尽管在后来的几十年里，当税收较高时，采矿作为增长引擎的作用失败了，玻利维亚商业机会的相对缺乏可能是矿业公司决定不在该国投资的一个因素。无论情况如何，在多个角度讲，如今当玻利维亚社会主义运动政府就如何管理大量但不稳定的资源租金（这一次是从天然气获得租金）进行谈判并寻求将其变成持久和重大的社会变革及发展时，正是这种令人失望的发展幽灵笼罩在政府头上。

这些动态是在一个更为严重的结构性挑战背景下出现的：玻利维亚在太平洋战争（1879—1883 年）中丧失了沿海领土之后日益孤立，经济增长的前景有限，以及随后和平解决方案强加的限制。[19] 在许多方面，玻利维亚从来没有从这些太平洋港口的损失中完全恢复过来。这当然限制了阿尔蒂普拉诺的采矿和其他投资的扩大，同时也促进了该国的经济增长和发展最终向东部转移。[20]

在 20 世纪 30 年代和二战后的大萧条和锡行业危机之后，采矿业进入了深度衰退（怀特黑德，1972 年）。在高原地区，农牧生产和采矿的可行性受到了质疑。政府已经开始支持东部低地殖民化及促进商业农业发展，现在就倍加努力了。支持还来自波汉委员会，这是美国政府于 1941—1942 年派遣的一个政府代表团，他们前往玻利维亚帮助起草经济发展合作战略规划。除了支持现代商业性农业行业的扩张外，“波汉计划”还要求增加东部省份油气资源的开发力度。20 世纪 20 年代，新泽西州标准石油公司发现并开发了这些东部地区的油气资源，但后来在 30 年代被收归国有。油气生产通过私人投资将重新获得活力并产生收入，为政府提供资金，弥补不断下降的矿业行业收入损失。该计划受到了来自东部政治精英的欢迎，也没有受到其他地方精英的反对。几十年来，它为美国向玻利维亚提供发展援助指明了方向，尽管这一愿景中的油气资源要经过 60 年和另一轮私有化才会完全实现。[21]

当发展规划人员和一些精英把目光投向东方时，矿业劳工正变得越来越有组织和好战，与极左政党和新兴的（中间派）玻利维亚民族革命运动都有更密切的联系。这种力量为劳工赢得了一系列有利的立法规定，这些规定也增加了矿业的生产成本。矿主和劳工之间的斗争日益激烈，包括 1943 年帕提诺卡塔维矿发生的罢工矿工大屠杀。紧随其后的是 1944 年成立的玻利维亚矿业工人联盟（FSTMB），该联盟随后号召更激烈的战斗，并在 1946 年通过托洛茨基式的“普拉卡约论文”运动夺取矿山。

玻利维亚矿业工人联盟，尤其是来自阿尔蒂普拉诺的锡矿民兵等激进分子，在 1952 年 4 月的玻利维亚民族革命运动中发挥了重要作用。这场革命成为二战后拉丁美洲第一次“全国一人民”的革命（希尔顿和汤姆森，2005 年：42）。这些矿业集团、城市中产阶级改革派人士、激进的学生和拉巴斯的工人组成了一个联盟，迎来了帕斯·埃斯登索罗总统的政府。该政府推行了雄心勃勃的广泛改革议程。这些改革寻求最终结束寡头特权和权力，尤其是，通过土地改革和将矿业国有化把寡头政治从自然资源所有权中分离出来。这一时期动员起来的思想，强化了采掘业在经济发展过程中的中心地位，其影响一直贯穿至今。[22]

玻利维亚只将锡矿寡头（帕蒂诺、霍克希尔德和阿拉马约斯）的矿山收归国有。其原因是这三个锡矿寡头被视为反爱国主义者，并导致玻利维亚的经济疲软。锡矿大亨们试图与国家合作管理，但这个提议被拒绝了。最终，国家控制了80%的矿业生产（见孔特雷拉斯，1993年）。玻利维亚民族革命运动政府创建了玻利维亚矿业公司来管理这些新国有化的矿业，并引入了矿业工人与政府联合管理的思想。同时，由于缺少制衡的能力，并在美国政府的压力下，玻利维亚的油气行业重新向外国投资开放。

如果说1952年的革命有效地颠覆了原有政权，那么它也深刻地重塑了农民、土著、工人同玻利维亚政府之间的关系。政府宣布所有的农村工人都是“农民（*campesinos*）”，并迅速建立了一个密集的农村工会网络（首先是在被征用的土地上，后来是在更传统的社区，特别是在阿尔蒂普拉诺地区）。这些农村工会成为农村人口获得政府服务和项目的工具，其中包括由国际援助新推出的粮食项目。[23]国家和农民之间的社团关系得到了巩固。这种联系远远超过了玻利维亚民族革命运动政府，在玻利维亚社会主义运动/莫拉莱斯时期重新出现成为重要的组织形式。从此开始，农民成为玻利维亚政治的一个核心行为体。紧随玻利维亚民族革命运动政府而来的军事独裁统治很快以“军队农民协定”的方式将联盟制度化。

1964年，雷内·巴里恩托斯推翻了玻利维亚民族革命运动政府，政治进入了一个极度不稳定的时期。该时期被詹姆斯·邓克利描述为“持续的分裂”（2007年：114）。18年内，有14个政府上台执政，几乎都是军人，几乎都是通过无处不在的“政变”上台的。[24]值得注意的是，在独裁主义下，保守的右翼人士倾向于与军事政权结盟，而进步的左翼人士则寻求与军队中更进步的军官结盟。由于没有一个政党强大到足以挑战军事统治，对党的忠诚往往变得不可靠和务实（邓克利，2007年：118）。经济管理不善，矿业行业因为工会的压制和缺乏投资或增强玻利维亚矿业公司的战略而遭受打击。

军方内部的深刻分歧最终导致了1980年首次选举产生（但软弱）的民主政治联盟的回归，但直到1982年才开始执政。在回归民主统治的同时，拉丁美洲也出现了债务危机，国库空虚，公民焦躁不安。面对陷入危机的社会，帕斯·埃斯登索罗，1952年革命的领导者，现在以老政治家的身份，于1985年当选为总统。他迅速宣布了一项稳定方案，包括一揽子紧急经济措施，以遏制恶性通货膨胀。1984年锡矿市场的急剧崩溃和由此导致的锡矿危机使该国的困境更加恶化。因为锡矿是农村就业和出口收入的关键来源之一。为减少公共开支和对外开放增强竞争力，玻利维亚矿业公司被“分散”到一系列地方区域，并实行了重新安置政策。[25]玻利维亚矿业公司近80%的员工被解雇，其中大部分是高地的土著矿工。玻利维亚矿业工人联盟反对关闭工厂，并与政府谈判，以维持部分工厂的生产。但这一次，罢工和堵路——这两种方式是以往与政府冲突中经常选择的策略——没有起到任何作用。由于几乎没有谈判的余地，农村家庭纷纷前往阿尔托尔和科克巴的城市定居，去查帕雷种植古柯叶，甚至远至阿根廷和巴西。随之而来的采矿业外逃对玻利维亚社会和政治产生了深远的影响，这表现在前矿工组织“城市委员会”站在2003年格拉德尔天然气冲突最前线的能力上，以及在 2012 年伊西沃罗塞库雷土著领土和国家公园（TIPNIS）冲突中殖民者家庭（他们中的多数人是来自高地的前矿工）扮演的重要角色上。[26]

但是，并非所有家庭都放弃采矿，其中许多家庭同国家谈判，以取得特许权和设备，以有组织的合作联盟继续小规模的采矿活动。这不是一个新的制度。在高地，特别是在波托西省，长期存在着矿业合作联盟。从殖民时代起，矿工们就实践了卡奇（*Kachi*）制度，即允许矿工进入矿井的某些区域独立工作并分享他们开采的矿物价值的一些安排。[27] 在 20 世纪，这种方式坚持了下来，并在经济危机时期得到了巩固。分析认为，合作采矿行业的崛起与卡奇（*Kachi*）的长期存在以及国家对独立采矿合法化有关，该合法化措施由贡萨洛·桑切斯·德·洛萨达提出，他是规划部长和实施稳定策略的推行者。事后来看，政府对合作部门的认可和支持被视为所谓的“通过出口（*salida de paso*）”——一种从迫在眉捷的问题中务实地退出的做法。这个政策显然不是发展矿业长期策略的一部分，更不是试图去增加普通民众获取矿物资源的机会。合作联盟的组织及为开采转让特许权和设备，至少部分解决了如何处理采矿家庭的问题。它还补充了政府向外国资本重新开放矿业的更大计划，希望重振长期停滞不前的矿业，除此之外，还满足了总统的个人利益（亨德里，2013 年；考普，2013 年）。[28]

3.2 合作主义的出现以及大规模私人采矿的回归

虽然玻利维亚政治中很多“次行为体”在过去 30 年中获得了知名度和权力，但采矿合作联盟从坚定的被排斥派别到在当前政治解决方案中占主导地位的行为体的轨迹是最值得注意的。一位受访者、波托西省前大会代表指出：

> 为了获得采矿特许权和利益，合作联盟与以下各方达成协议：过去的自由主义政府、玻利维亚革命左派运动（MIR）、玻利维亚民族主义民主运动（ADN）、玻利维亚民族革命运动（MNR）和玻利维亚新共和力量（NFR）。在玻利维亚社会主义运动（MAS）之前，矿业合作联盟就有这些协议。矿业合作联盟反对改革宪法的制宪会议，他们手里拿着炸药向制宪会议游行。如今，在反对新宪法之后，矿业合作联盟是这个政府的卓越政治盟友，他们不是矿工联合会，也不是工人联合会（COB）。现在这一联盟称作全国矿工联合会（FENCOMIN），它在各省和地区的附属机构是这个政治联盟的一部分。（我们作者的翻译）。

采矿合作联盟的出现对玻利维亚采矿业的发展产生了广泛的影响（弗朗西斯科，2015 年），这体现在他们在 2014 年 5 月新的《采矿法》（雷·米内拉）中对塑造该行业的政策、做法和治理而施加的重大影响中可见一斑。该联盟也是玻利维亚社会主义运动/莫拉莱斯政府最亲密的盟友之一，因为政府可以依靠调动他们庞大数量的成员（估计超过 10 万个家庭），使政府的历史盟友玻利维亚矿业工人联盟的重要性相形见绌。[29] 一位前矿业部长解释说，为了承认他们的政治权力，玻利维亚社会主义运动/莫拉莱斯政府设立了三个选区职位，分别为每个关键部门分配了一个副部长或部长的职位：合作联盟；玻利维亚矿业工人联盟；以及私营中等矿主。此外，2013 年，合作联盟的一名代表被任命为部长，但他后来在围绕新《采矿法》的谈判中被替换，取而代之的是一位与某个特定采矿选区无关的更具协调性的人物。[30]

政府为了获得矿业合作联盟的无条件支持，给他们的待遇比为玻利维亚矿业公司工作的玻利维亚矿业工人联盟矿工所得到的待遇要好。尽管对后者并不是损失，但后者看到自己的权力在政治上和物质上都在减弱，就像 2005 年的瓦努尼矿山冲突那样。[31] 据一位接受采访的前矿业部长称，矿业合作联盟只支付采矿权使用费，大概是其总产值的 5%～7%。他们不需要缴纳增值税，还被免除了私人矿业公司和玻利维亚矿业公司依法必须承担的额外社会成本。规模较小、组织较少的合作联盟不参与养老金计划。他们无须为其活动出示环境许可证，也无须满足其他环境要求。[32] 2014 年新的《采矿法》还规定了向合作联盟提供低成本贷款、技术援助和社会福利。

合作联盟在获得工作领域特许权方面也享有优惠待遇，这一做法似乎与政府巩固国家主导的矿业经济的既定议程相矛盾。在高度流动的情况下，合作联盟试图通过两条途径获取矿地。第一种方法包括向玻利维亚矿业公司请愿，要求其让步，这可能是通过暴力占领（私人或国有的）采矿活动来实现的，目的是迫使政府给他们更多的工作区域。第二种策略涉及更多的合作方式，即私人采矿利益集团将特定地区分包给合作联盟和（或）人他们执行任务，例如塞罗里科附近的圣巴托洛姆矿。[33,34] 与以往开采时代显著不同的，随着采矿活动的扩大，社会冲突和暴力程度居高不下。（拉丁美洲研究和文献中心（CEDLA），2014 年；欧洲复兴开发银行，2014 年）。虽然政府已采取行动阻止暴力占领采矿地，但农村地区的警察力量薄弱，政府对派遣军队驱逐占领者方面犹豫不决。分析人士批评政府做得太少、做得太晚，他们指出，合作主义者（以及其他冒充合作主义者的机会主义者）现在根深蒂固的惯用伎俩限制了发展一个充满活力、现代化、国家主导的矿业行业的前景（埃斯皮诺萨，2010 年；波尔图，2012 年）。

合作联盟的出现对于理解资本投资和经济发展不断变化的结构以及解释玻利维亚社会主义运动/莫拉莱斯政府政治基础的变化至关重要。然而，如果说这标志着玻利维亚境内跨国采矿和私人投资结束的说法是不正确的。事实上，合作联盟通过税收或特许权使用费的方法对国家预算的贡献微乎其微。相反，采矿收入主要来自一个单一的运营业务，即波塔尼南部的圣克里斯托瓦尔矿，占所有出口采矿收入的 30%（玻利维亚文献信息中心，2013 年）。该矿由日本住友公司管理，生产银、锌和铅。2011 年，该矿支付了 1.5 亿美元的特许权使用费和税款。玻利维亚的其他私人矿山虽然规模不大，但在特许权使用费和税收方面也贡献了大量资金。这些都是中等规模的矿山，投资者来自加拿大、美国、澳大利亚和韩国公司，他们经常与由玻利维亚国家中小型矿工协会（ANMM）代表的玻利维亚公司合作。近年来，矿业部门的私人投资停滞不前，因为只有最能承受风险的公司才会推进项目。一位接受采访的国家矿业机构指出，政府私下里促进外国对矿业的投资，尽管它的公开信息更具有敌意。[35]

根据 2014 年《采矿法》，玻利维亚政府将所有现有的采矿特许权都转为与玻利维亚矿业公司的联合合同，目的是恢复对该国自然资源的主权（即使只是象征性的），并且遏制投机活动。[36] 在这一行业的各种行为体中，玻利维亚矿业公司、玻利维亚矿业工人联盟和全国矿业协会的损失最大。就玻利维亚矿业公司而言，政府被迫放弃打造一个现代化、充满活力的国有矿业部门的计划，转而专注于吸引外国资本（如有可能），并推动对铁矿石（通过圣克鲁斯省的普罗埃克托穆顿项目）和锂（通过对波塔尼的联合投资）进行开采和工业化等相关举措。这两个长期项目都有可能从根本上重塑玻利维亚的矿业。然而，它们在很长一段时间内需要大量投资，而且玻利维亚社会主义运动/莫拉莱斯政府还没有表现出能够支持铁矿石和锂储量开发的合同谈判的能力。与此同时，玻利维亚矿业工人联盟已经被一个更加直言不讳和更激进的合作领导层所取代，这个领导层已经从政府那里获得了重大让步。尽管作为一场社会运动，他们仍然是重要的盟友，但他们在新采矿法谈判中相对不重要的作用表明，玻利维亚矿业公司的发展轨迹截然不同，而加入工会的矿山工人的政治作用则不那么明显。最后，中型矿业公司必须与玻利维亚政府（通过玻利维亚矿业公司）、社区、合作联盟以及在某些情况下与正式承认的土著社区谈判复杂的安排事项。

3.3　总结

在这一节中，我们证明，随着时间的推移，玻利维亚对采矿的控制从国际—国家资本主义控制，到国家资本主义控制，到国家控制，再回归到国际和国家资本主义控制，最后随之而来的是不断增加的——而且越来越突出的——合作联盟的影响力。这些变化反映了在先前概述的政治解决方案期间发生的更大的发展理念和话语方面的转变：从自由资本主义，到发展的国家集权主义，到新自由主义，再到以社会运动为基础的中央集权/资源民族主义。这些变化反映了不同行为体在国家解决方案内影响力和政治的变化，因为他们同时也有助于构成某些特别强大的行为体。这些变化也表明了经济和政治权力之间复杂的关系：19 世纪的矿业精英和今天的合作联盟一样，虽然他们的经济权力是其政治权力的基础，但他们也利用自己的政治权力来保障和增强他们的经济权力。目前的情况是，合作联盟的力量越来越强大，务实的多元化制度满足了合作联盟的要求，但也允许私人资本共存并有益地参与这一行业。

该行业的变化还反映了通过采矿促进包容性发展的不同模式相对重要性的变化。在早期，除了通过劳工之外，采矿政策包容性不是很强。随着玻利维亚矿业公司在 20 世纪 50 年代的创立，通过寻求在经济和政治方面对矿工都包容的劳工政策，通过共同政府，通过矿工在官僚机构中担任职位，以及通过政府管理的由玻利维亚矿业公司产生的租金资助的客户计划，包容性发展得以实现。在新自由主义时期，至少在最初阶段，每种类型的包容性都很有限（很少有工作，税收也很低）。然而，调整之时的经济危机（1985 年）为新的包容模式播下了种子。首先，政府将矿业权转让给作为合作联盟组织的流离失所的矿工，为现在成为一个大部门奠定了基础。在这种情况下，最初的努力是为了促进有限的经济包容（通过分配采矿权），但这一努力触发了相关进程，最终导致出现了一个要求更大程度政治包容的有组织的部门，该部门拥有相当大的能力（或用可汗的术语，叫“掌握权力”[37]），对其他行为体、国家精英和国家政治解决方案的性质施加影响。其次，在1985年作出调整的同时，还设立了“社会应急基金”，以便在危机情况下促进非常基本的包容发展。回顾过去，这开创了以基金为基础的社会保障融资模式，自那以后，该模式已成为玻利维亚社会主义运动政府促进包容性努力的核心。[38]

第四节 油气、区域主义和经济发展

4.1 油气民族主义的兴起和消亡

石油作为另一种租金来源的出现始于20世纪初，与拉巴斯矿业和土地精英的纠纷和斗争相去甚远。在此之前，一些小的投资、投机和勘探活动就有发生，但直到1921年新泽西标准石油公司开始在查科地区勘探石油时，这一行业才引起大家真正的兴趣。最初投入生产的油田是在塔里哈省与阿根廷接壤的边界以北的贝尔梅霍地区（1924年），随后在塔里哈省查科地区沿阿瓜拉格山脉发现了一系列新的天然气(近年来该地区已成为新的天然气勘探区)。这些都是边缘地区的偏远地区，由低地土著群体、牧牛人、传教士和与土地财产有关的土著农民组成。

据称石油公司在助长查科战争（1932—1935年）方面的作用改变了玻利维亚人对政府在管理和保护国家自然资源方面作用的看法。查科战争导致5万多名玻利维亚士兵死亡。政治分析家卡洛斯·托兰佐·罗卡（2009年）认为，历史上对查科战争的解释是为了争夺石油，因此产生了一种“主导观念”(优势观念)，即石油是玻利维亚战略财富的一部分，国家必须保留对油气部门的控制权。这一观念在公众中一直坚持到现在，并成为玻利维亚社会主义运动/莫拉莱斯话语的基础。[39]

战后政变成立的军政府通过没收标准石油公司拥有的油田，重新控制了该国的油气资源，并在此过程中确立了另一个“主导观念”：军队应该是玻利维亚自然资源的保护者。1937年，政府设立了一个国家油气机构——玻利维亚国家油田公司（YPFB）。此外，还设立了矿业和石油部，以监督采掘行业的发展，并促进对该国资源的现代化、技术性管理。在此后15年中，玻利维亚国家油田公司是该行业的唯一经营者，在查科地区的不同地点进行钻探，并获得了新兴石油和天然气行业的专业知识。

作为向国家预算提供少量资金的一个相对较小的行为体，由于在一片遥远的领土上开展实际业务，玻利维亚国家油田公司得以在相对不受干扰的情况下增长、发展技术能力和巩固其业务。玻利维亚的油气工业从来没有出现过由石油商和投机者组成的全国油气精英（就像它在美国所做的那样，或者玻利维亚的采矿业已经做过的那样；考普，2013年）。相反，随着玻利维亚国家油田公司的发展，它产生了一批重要的工程师和管理人员，尽管人数很少。其中一些人是在墨西哥接受培训的，因此他们了解国家领导的墨西哥石油公司（PEMEX）的经验，而其他人则在美国接受培训，特别是在得克萨斯州，并与国际石油公司建立了联系。20 世纪 50 年代至 70 年代在玻利维亚从事该行业工作的人，往往会在中央官僚机构和产油省份的政府机构中担任重要职位，建立为该行业服务的技术服务公司，或作为分析师担任国内外的顾问工作。

与从采矿部门产生的特许权使用费（采矿租金从未构成部门预算的重要部分）相比，石油（以及后来的天然气）的特许权使用费制度走的是另一条不同的道路。这一制度最初是在 1921 年的立法中制定的，后来又在 1938 年的《有机石油法》中得到重申，该法规定，石油生产价值 11%的特许权使用费将支付给生产地区。1957 年的《布希法》（Busch Law）再次批准了这一安排，尽管中央政府曾努力修改这些付款方式。虽然最初支付的数额不大（1954 年圣克鲁斯省只收到 76 000 美元的石油特许权使用费），但随着产量的增加，付款金额也迅速增加（巴拉根，2008 年）。20 世纪 50 年代中期，玻利维亚民族革命运动政府试图控制这些支出，当时的反应是圣克鲁斯的一场地区公民起义，公民委员会作为一个为部门利益进行游说的由杰出市民组成的组织，发起了为期两年的抗议活动，以获得他们 11%的使用费，从而支持他们的经济发展（罗卡，2008 年）。最终，政府答应了圣克鲁斯叛军的要求。塔里哈省是一个规模较小的石油生产地，他们与圣克鲁斯公民委员会结盟，要求将其纳入同一安排，因此，塔里哈省也开始收取玻利维亚国家油田公司直接向省库房支付的特许权使用费。[40]

重要的是，这些由地区政治和经济精英组织的要求向各省支付油气租金进行制度化的一系列社会动员，强化了另一套主导观念。其中第一个主导观念是，生产区域有权直接获得与其领土内生产的油气数量有关的财政资源。第二个主导观念是，需要这些资源来促进实现那些被拉巴斯和高地政府过度集权所忽视和损害的地区经济发展的愿望。第三个主导观念是，地方政府必须警惕中央政府收回省级收入的努力。[41] 这些与油气租金相关的主导思想在过去 60 年中一直存在，近年来引发了重大的社会冲突，并继续形成当前（2003 年后）的政治解决方案，尽管玻利维亚社会主义运动/莫拉莱斯政府努力改革油气租金在全国领土上的分配和使用方式。

在美国大使馆的压力下，玻利维亚民族革命运动政府于 1956 年同意签署《达文波特守则》，该守则将玻利维亚国家油田公司拥有的潜在生产领域转让给美国拥有的海湾石油公司。1969 年，由阿尔弗雷多·奥万多将军领导的另一个军政府通过第二次国有化恢复了对玻利维亚油气田的主权。为奥万多提供咨询的是两位有影响力的公共知识分子：后来被任命为矿业和石油部长的马塞洛·基罗加·圣克鲁斯和左翼战略家塞尔吉，两者都有效地调动了民族主义—民粹主义情绪，这引起了工薪阶层和城市中产阶级以及玻利维亚国家油田公司工人和技术官僚的共鸣。通过国有化，该国收回了大约 90%的天然气储量——被认为是海湾石油公司非法控制的。当时，玻利维亚得以谈判达成一项长期协议，向阿根廷不断扩大的市场输送天然气。此后不久，在班泽独裁统治期间，天然气部门进一步扩大，有可能为巴西的新市场提供服务（1972 年）。[42]

然而，到 20 世纪 90 年代初，该行业再次面临投资于勘探和开发新领域的资金短缺问题。随着锡收入的下降、拉丁美洲债务危机以及新自由主义措施对公共支出的限制，玻利维亚国家油田公司的库房空空如也（莫拉莱斯，1992 年）。玻利维亚和阿根廷之间为提供天然气而作出的一项不稳定的付款安排意味着，玻利维亚国家油田公司并不总是收到应得的款项，这进一步加剧了玻利维亚国家油田公司的困境。由于合同安排允许玻利维亚得到"实物"付款，偿还将采取设备、加工燃料或其他投入等形式。由于两国的货币严重贬值和普遍的经济管理不善，跟踪交货和付款情况变得极其复杂。这导致了臭名昭著的"滚开，重新开始"事件，当时两国都举手同意用"重新开始"来结账。[43]

因此，从 20 世纪 30 年代到 80 年代是介于私人和国家之间对工业进行控制的一个振荡时期。虽然政府从未能够充分加强一家国家油气公司，但因为历史上传承下来的对跨国公司的不信任，社会和政治领导人一再倾向于部署资源民族主义思想。与此同时，油气资源丰富地区的地方行为体越来越强大，能够提出将税收和特许权使用费专门用于区域需求的要求。20 世纪 60 年代播下的油气民族主义的种子将在 21 世纪重新出现，这也是在各区域要求分享收入的背景下出现的。然而，这一次，这些主张也出现在一个以稳定解决为基础的政府背景下，该政府与解决方案的各方（多数是社会运动）以及被战略排斥的派别都有通过谈判达成的关系。正如下节所讨论的那样，这导致油气治理更加稳定。

4.2 资源区域主义、社会运动民族主义与天然气治理

到了 20 世纪 90 年代，面对安第斯高地新的、更加激进的政治浪潮、查帕雷地区的古柯种植者运动（*cocaleros*）和东部低地土著群体日益动员等情况，契约民主（亚瑟斯，2004 年）和精英间关于新自由主义经济管理协议的结合逐渐变得不那么稳定。这些不同形式"掌握权力"的综合作用迫使政治领导人应对政治、经济和社会包容的问题。作为回应，第一届桑切斯·德·洛萨达政府（1993—1997 年）启动了一项广泛的改革方案，为基层政治参与和权力下放创造了新的工具。这些方案力求安抚被排斥的派别（特别是地方各级派别），同时实际上深化了市场改革，为资本投入到自然资源领域开辟了新的机会（科尔，2002 年；法辛和科尔，2005 年）。通过一系列新的法律，政府宣布成立 311 个新的市镇，市议会由选举产生。这些机构将得到市政公民监督委员会的支持，并控制适度的预算。[44] 这些新的市政当局现在将从中央政府直接获得资源——这一安排在玻利维亚社会主义运动/莫拉莱斯政府的领导下得到了重申"使玻利维亚巴尔干化"（罗卡，2008 年：66）。因此，这是一次试图与各个市政府建立一项超级契约的尝试，这项契约将使中央政府能够围绕各省首府根深蒂固的敌对政治精英开展工作。[45] 然而，最后，通过资源的转移而不是政治权力的下放使地方各级派系融合进来所作的努力不足以维持政治解决方案。[46]

政治和经济精英普遍支持这些新自由主义改革，尽管拉巴斯精英们的权力以及西部省份和矿业经济的主导地位受到重大影响（例如，拉巴斯的政治和经济精英获得政府职位和公共资金的机会减少：莫利纳，2008 年：7）。玻利维亚通过一项"资本化"方案推行自己的国有资产私有化，其中政府只保留了以前国有企业中的少数股权。玻利维亚国家油田公司被细分为各种业务，并出售给外国投资者，只保留了最低限度的宣传、信息和监管功能。受到极为优惠的条件吸引，一些全球最大的石油公司参与了这一行业，因为玻利维亚

国家油田公司资产的“廉价出售”正好赶上了全球范围内寻找新的石油和天然气储量并将其投入生产的繁荣期。许多学者认为，出售国有资产是政治精英的背叛行为，最终导致了一种超社会动员和冲突环境，这又最终在 2003 年结束了数十年的契约民主进程（例如考普，2013 年；法辛和科尔，2014 年）。

因此，玻利维亚国家油田公司的解体有效地将油气行业的控制权交到了国际公司的手中，这些公司开始在受国际油气价格和资本市场影响的高度流动和竞争的环境中开发项目。到世纪之交，天然气市场蓬勃发展，巴西国家石油公司和西班牙雷普索尔－YPF 公司为首的“新发现”项目预测，玻利维亚将成为南锥体地区（巴西、阿根廷、巴拉圭和智利）天然气的主要生产国和销售商。然而，必须指出的是，有几位作者以及为本书接受采访的前玻利维亚国家油田公司官员和玻利维亚地质学家认为，玻利维亚国家油田公司之前已经知道这些“新发现的”油井的存在，而且它们在地图上显示，玻利维亚国家油田公司必须在私有化情况下移交给外国公司。令人棘手的是，对于新发现的油井，税收制度要低得多：只有 18%，而现有油井是 50%。这助长了公众对跨国公司全面掠夺的看法，并滋生了一种不满情绪，最终导致玻利维亚社会主义运动/莫拉莱斯政府在 2006 年将油气田国有化。

一系列的兼并和收购——其实远远超出了玻利维亚的边界——形成了国家无法控制的投资者、投机者和经营者的格局。公众，特别是在高地的公众，认为跨国公司和机构在控制着玻利维亚的天然气资源（佩罗，2006 年）。相比之下，圣克鲁斯各省的区域领导人和精英们，特别是以天然气繁荣为中心的塔里哈省的领导人和精英们，对跨国公司的存在批评较少，并积极参与促进重大投资。在对塔里哈一系列社会行为体的访谈中，大多数人指出，当地民主对天然气项目普遍有积极的反应，因为这意味着行业收入将随着就业和其他经济活动的增加而增加。由于石油人（*petroleros*，一个用来描述与石油和天然气工业有联系的所有工人/官员的术语）在该区域有着悠久的历史，而油气开发促进了查科和塔里哈市的发展，因此对他们存在的敌意较小。虽然土著群体在其领土上有一些反对意见，但他们的动员只不过是试图寻租而被解散（汉弗莱斯・贝宾顿，2010 年）。

在该国其他地区，特别是在高地，20 世纪 90 年代和 21 世纪初油气投资的扩大引起了人们对财富损失的焦虑，以及对政治领导人的日益仇视。东部和西部之间爆发了种族紧张关系。玻利维亚社会主义运动的兴起，与查帕雷（科恰班巴）的古柯种植者运动（*cocaleros*）和他们的旗手埃沃・莫拉莱斯联系在一起，成为玻利维亚政治运动中最具凝聚力和组织性的力量。玻利维亚社会主义运动将带头要求更多的政治参与和新自由主义政策的结束。在被称为“水战争”的科恰班巴市，社会运动与政府就供水服务私有化问题发生了一系列暴力冲突，并导致了该国其他地方的社会动员（亚瑟斯，2004 年；佩罗，2006 年）。

从科恰班巴开始，街道的动员蔓延到高原地区。最初，社会动员的重点是反对“水法”和停止特许供水，但随后包括公开拒绝消除古柯政策和通过智利出口玻利维亚天然气的提议。面对动乱的蔓延，桑切斯・德・洛萨达呼吁军方恢复秩序。在冲突中，数十名抗议者丧生，数百人受伤。电视新闻报道中出现的血腥抗议者形象，立即激起了对政府过度使用武力的愤怒，促使桑切斯·德·洛萨达辞职并离开该国。在经历了大约三十年的权力共享之后，政治解决方案崩溃了。尽管“天然气战争”背后最初的不满已经扩散开来，但多个抗议地点聚集在一起，形成了一个统一的公众诉求，要求政府重新控制国家的自然资源。正如我们将进一步表明的那样，这再次反映了自然资源对玻利维亚政治解决的形成（和消亡）的中心作用。[47]

即将上任的总统卡洛斯·梅萨被视为一个更为温和、善于和解的人物，他采取了一系列改革措施来缓和紧张局势。为了平息抗议者的担忧，并呼吁让东部省份（圣克鲁斯、塔里哈、贝尼和潘多）获得更大的区域自治，他提出允许各地区直接选举他们的省长（此前他们是由总统任命的）。[48]在梅萨政府领导下，通过了《新油气法》（2005年），成为当前政治解决的基础。该法律通过建立一个分享开采产生的财政资源的框架，帮助解决了严重的政治危机。它增加了对外国公司收入征收的税收，同时也扩大了对更广泛的行业和利益集团的分配，这对不同的社会和政治项目的实施和维持产生了重要影响。然后，又一次建立了一种机制，允许在自然资源收入的基础上形成政治解决方案。

尽管做出了这些努力，但全国各地的紧张局势仍在继续，导致梅萨辞职，并于2005年举行了一次特别选举。莫拉莱斯和玻利维亚社会主义运动很轻易地在第一轮选举中上台了，他们得到了高地和低地社会土著和农民运动（他最亲密的盟友）、城市知识分子、非政府组织、城市中产阶级工人和工会成员的支持。莫拉莱斯的大部分基础源自高原，但他也得到了城市中心不断扩大的移民社区（主要来自高原）和全国贫困地区（甚至东部四个省）的大力支持。莫拉莱斯/玻利维亚社会主义运动政府代表着在一个以运动为基础的政党控制下，国家领导的资本主义发展的回归。其经济项目的基础是继续开采和出口自然资源（特别是油气），并通过现金转移方案进行再分配。玻利维亚自然资源的工业化也是更大愿景的一部分，目的是改变玻利维亚参与全球经济的方式。

莫拉莱斯的第一批举措之一是将玻利维亚的油气资源重新国有化。莫拉莱斯通过一项提及“倒下的查科英雄”的法令、并鼓动了一次据称是为了保护玻利维亚自然资源而进行的战争的“政治神话”[49]，前往最重要的气田（由巴西国家石油公司经营）宣布：“天然气是我们的。”这一在当地极受欢迎的举措在国际金融市场却产生了极大的反响，并将玻利维亚列为投资环境差的一类（如在《梅波克洛夫风险分析》的评级，2013年）。实际上，这引发了与玻利维亚最大的邻国和天然气消费国巴西的紧张关系。巴西国家石油公司是一家混合动力国家公司，有效地生产了大约60%的玻利维亚天然气，消费了该国生产的天然气总量的70%以上。此外，它还经营几条主要管道，并向玻利维亚国家油田公司提供重要的技术援助和支持。

最后，重新国有化与其说是真实的，不如说是象征性的，因为它没有没收营地、设备和相关的基础设施。巴西石油公司继续生产和运输天然气，并确保财政资源流入政府的库房。然而，国有化所取得的成就是解决了一些资本化最令人震惊的错误。它重新确立了对自然资源的主权，取消了特许权，并迫使所有公司通过玻利维亚国家油田公司与政府签订合资合同。它解决了18%的新发现油气征税造成的不平衡问题，使玻利维亚对所有新的或旧的油井的征税都提高到 50%。它重新建立了玻利维亚国家油田公司作为负责油气生产的国家主管部门，将保留用于开发的地区归还给该机构，并着手恢复其生产和分配油气资源的能力。此外，玻利维亚与巴西和阿根廷重新谈判了更接近市场价格的天然气合同价格。

结果，一夜之间，政府收入几乎增加了三倍，这给国家注入了一种欢快的感觉，即玻利维亚已经恢复了本应属于这个国家的东西。但具有讽刺意味的是，这一变化给反对莫拉莱斯/玻利维亚社会主义运动政府的各地区政府带来的好处比任何其他团体都多。然而，金融横财对平息这些东部地区和中央政府之间的紧张关系几乎没有起到什么作用。相反，它导致了越来越激烈的冲突。由于受挫于一项为中央政府和他的项目留下很少资源的协议，莫拉莱斯宣布他打算改变 3058 号《新油气法》中包含的百分比，并将资源收回国库。但几乎与此同时，这些地方政府即以叛乱威胁作出回应，随后出现了“灾难性的对峙”（加西亚 · 利内拉，2008 年）。接受最高资源税和税收转移的四个地区政府（圣克鲁斯、塔里哈、贝尼和潘多）动员了他们的当地群众，着手起草自治宪章，并组织了省公民投票以通过这些宪章。分配斗争似乎又一次威胁到国家的内部凝聚力。

最终，当中央政府将税收大部分转移给地方政府时，对抗得以避免，转而将重点放在将天然气产量增加的税收重新分配给市级政府[50]。产量的增加和价格的上涨，增加了各省市政府的库房，而且中央政府的慷慨解囊并不使得对其职位支持的资金产生短缺。玻利维亚社会主义运动/莫拉莱斯政府通过大胆的政治策略和油气收入，得以巩固其政治权力。自 2009 年通过新宪法和 2010 年重新选举埃沃 · 莫拉莱斯以来，地区政治精英基本上被制服，重新分配的斗争已经解决。

4.3 总结

过去一个世纪，油气资源一直是玻利维亚国家政治解决方案的性质和构成的关键，也是中央和地方各级精英之间政治谈判的关键。实际上，这里讨论的这段时间是由两个反映石油和天然气重大意义的现象为标志的。不管查科战争是否真的是由标准石油公司企图获得石油的阴谋促成的，这场战争在很大程度上是通过对石油的主导观念来想象的。这场战争被视为玻利维亚需要确保其油气资源并保护其免受外国资本捕获的征兆。此外，在战争中失去成千上万的高地生命是论证石油财富是国家财产而不是地方各级政府财产的关键参照点。在当代，油气是玻利维亚社会主义运动/莫拉莱斯政府政治项目的核心，为国家重新分配社会投资的方案提供财政资源。与此同时，争夺油气收入的斗争是由高地占主导地位的中央政府与圣克鲁斯、塔里哈和丘基萨卡等地方精英之间紧张关系的核心。

在此期间，油气的治理一再发生变化，从私人控制转变为国家控制，分别有三次。这反映了国家政治解决方案的变化，以及关于石油和天然气的资源民族主义思想的兴起和消亡。这种普遍的不稳定意味着油气与发展在国家层面的结合很差——实际上，在战略上将油气收入转化为发展方面的唯一成功，直到 21 世纪后期，一直处于地方政府一级，主要是在圣克鲁斯省。然而，随着玻利维亚社会主义运动/莫拉莱斯政府政治解决方案的巩固，这一模式发生了变化，根据该解决方案，油气收入越来越多地由中央政府掌控，然后通过一系列社会保护措施有意用于资助社会包容发展。这些转移支付方案的成功反过来又有助于通过将较低级别的派别纵向纳入解决方案来进一步稳定政治解决。

鉴于自 20 世纪 20 年代以来油气资源一直保持不变，显然不能说石油与政治解决的性质有任何必要的关系。然而，政治解决的性质确实影响石油如何治理和使用。随着政治解决日益成为主要政党/主要领导人的解决方案之一，加上对权力的一些重要相互制衡，油气的发展变得更加明显。

第五节　结论：长期视角的资源治理、区域和政治解决

通过建立和讨论玻利维亚现代史的五个关键时期，本章试图了解精英阶层的政治解决如何影响该国的自然资源治理和受该国自然资源治理的影响。在本结论部分中，我们将重点放在以下几个方面：（1）在这几个时期再次出现的模式，特别是与玻利维亚政治解决方案内国家—地方关系的中心地位有关的模式；（2）自然资源对这些政治解决方案性质的核心作用和重要性；以及（3）这一分析对政治解决理论的影响。

5.1　历史的延续和地方各级动态

虽然玻利维亚政治解决方案的构成在过去 120 年里发生了变化，其对包容性和排他性的含义也发生了相应的变化，但某些主题却反复出现。第一，地方各级精英和政治对形成国家政治解决方案的方式的重要性，以及由此造成的任何此类解决方案的不稳定。第二，玻利维亚东部对解决方案构成的重要性日益增加，因为强大的农业、农工业和油气精英聚集在那里，他们包括了各个派别或被排除在外的行为体，有很大能力对主要解决方案行使权力或包含在主要解决方案之内。第三，自然资源的使用，尤其是由此产生的租金的使用，出现在任何围绕忠诚和恩惠交换而建立国家解决方案的战略中。第四，就业、再分配和直接控制自然资源作为社会－经济包容发展的主要机制交替出现，以及通过就业实现包容发展和资源控制产生了具有重大“控制力”的次级行为体的趋势，这些次级行为体能够对国家解决方案施加影响。这四个主题在很大程度上相互交叉，并将在本章的其余部分贯穿我们的讨论。

地方各级精英在玻利维亚政治解决方案中的作用、他们破坏国家解决方案的能力以及这种能力与其领土内自然资源禀赋之间的关系，是无比惊人的。创建统一的国家项目与要求更分散的政府形式之间一直存在着紧张关系。这可以追溯到我们感兴趣时期的开始，当时精英间关于税收和公共支出的辩论反映了对单一国家的偏好，而不是联邦制安排，较贫穷的省份不断要求中央政府提供更多的资源。历史学家罗萨纳·巴拉甘指出，中央政府和各省份关系的加强是同时发生的，其基础是从 19 世纪末开始的收入筹集和分享：“……我们看到了中央政府的脆弱性，以及它如何通过无休止的争端来迫使自己对经济部门和集团施加影响。”（巴拉甘，2008 年：84）[51] 从 19 世纪末开始，波托西省、奥鲁罗省和拉巴斯

省的采矿收入补贴了缺乏通过税收增加收入能力的较贫穷省份。采矿收入也是资助运输基础设施投资（主要是铁路，但也包括公路）的资金来源，以支持各区域的增长及其与市场的接轨（奥里韦拉和索普，2012 年）。

一旦油气资源出现，一种不同的税收和再分配模式慢慢形成，加强了东部地方精英的力量。从 20 世纪 20 年代开始，随着圣克鲁斯和塔里哈东部省石油的生产，石油收入（从矿权使用费得到）分配给较贫穷的地区（潘多、贝尼），以支持这些地区的增长和稳固。然而，与硬岩矿物不同的是，石油（以及后来的天然气）的矿权使用费也流入了省政府的库房，使生产省份得以成长和发展。[52]

地方精英和国家精英之间的这些争论有着悠久的历史。这一历史中有一部分与省级行政长官的传统力量有关，他们过去负责教育、农业、工业和商业，监督国库和海关，招募军队、给部队提供衣服和给养。巴拉甘指出，该机构的历史力量：

> ……解释了政府的每一次革命或变化是如何产生于省级领导人之间的协议和条约的——无论是省长还是那些渴望担任这一职务的人，以及为什么每个政府都建立在相同的战略地理基础上——本质上是首府城市与各省主要城市中心之间的网络（2008 年：91）。

这些地方各级精英在国家建设项目中的重要性也赋予了他们相关权力，事实上，省级国库和中央政府之间的关系总是有问题的。在哪些收入来源是国家收入、哪些收入来源属于省级收入以及哪些收入和谁将被征税等问题上，经常存在争议。因此，中央政府和各省关系的特点是相互需要和不断争斗的，在这种关系中，省当局被视为与较弱的中央政府进行谈判的更强大、更有凝聚力的行为体。这一模式显然持续到当代，并已成为影响自然资源治理的关键因素之一。尽管如此，从 2009 年开始，随着新宪法的通过和对玻利维亚社会主义运动/莫拉莱斯政府再次肯定的公民投票，我们看到了政治权力的重大巩固。曾经宣称是玻利维亚社会主义运动/莫拉莱斯政府敌人的地区精英加入了玻利维亚社会主义运动的行列，要么作为候选人参加地方、地区和国家选举，要么通过任命担任公共机构官僚。

5.2 自然资源与政治解决方案的构成

> “我们应该问自己的问题不是‘为什么我们最大的财富损失了？’而是‘我们如何将自己从自然财富中拯救出来？’”
>
> （费尔南多·莫利纳，2011 年）

围绕玻利维亚不发达原因的一套持久的思想集中在寡头假设上，在这一寡头假设中，玻利维亚的经济和政治精英被视为一个紧密的霸权集团。其中，阿塞莫格鲁和鲁滨逊（2012 年）对精英作为一个同质群体的观点提出了挑战，他们提出了一种更微妙的方法，认为精英间的争端和谈判对于解释发展轨迹至关重要。通过仔细研究采矿和油气行业的演变、政治解决方案的变化以及国家和地区精英之间关于收入分配的持续紧张关系，我们发现了一个不支持寡头假设的故事。

不同的政权，在不同的政治解决方案下，都将与以城市为基础的地区精英结成联盟，希望减少玻利维亚政治生活的长期不稳定。事实上，即使在今天，玻利维亚社会主义运动/莫拉莱斯政权也建立了一个基于安第斯地区支持的谨慎联盟，以对抗东部省份的政治和经济力量。地方协议似乎是故事的一个重要部分——圣克鲁斯省也许是长期地方政治解决的最好例子。在最近的政治解决阶段，次级行为体大大增加了他们的掌控权，或成为地方和国家两级主导联盟的一部分。更普遍的是，在20世纪期间，地方一级的行为体——包括省和市——在建立和争夺政治解决方案方面发挥了重要作用。[53]

到20世纪下半叶，该国东部一个充满活力的石油和天然气行业的出现，使采矿业黯然失色，最终使与西方采矿有关的精英阶层的长期权力逐渐式微。随着20世纪80年代锡市场的急剧崩溃，再加上债务危机和多年军事统治下的管理不善，这种转变加快了速度，随后引入了新自由主义改革。但这一转变的蓝图是在几十年前通过鲜为人知的美国赞助的“波汉计划”启动的，该计划的结论是玻利维亚的未来在其东部地区。事实上，石油和天然气开发的收入超出了集体的想象。副总统加西亚・利内拉将天然气描述为“下金蛋的鹅”——播种玻利维亚21世纪发展的资金来源（加西亚・利内拉，未注明出版日期：11）。天然气的中心地位很快就出现了，尽管它将对经济、政治和社会生活的组织产生长期的影响。在塔里哈这样的省，其生产的天然气约占所有天然气产量的80%，而该国天然气储量的比例几乎相等，天然气收入贡献了政府预算的95%以上。即使在圣克鲁斯省，由于农业—工业行业的存在，其经济更加多样化，但石油和天然气收入仍然占预算的主导地位。

在国家层面，石油和天然气收入对玻利维亚社会主义运动/莫拉莱斯政府的“变革进程”至关重要，这是一个影响广泛的重建玻利维亚的项目。天然气和石油租金是实现社会包容和启动新兴工业转型的货币，也是扩大惠顾和巩固忠诚的手段。玻利维亚社会主义运动/莫拉莱斯政府变革进程的模糊性和灵活性使人们能够根据起伏不定的需要和不同的政治背景建立新的联盟。通过这种方式，玻利维亚社会主义运动的政敌们可以通过因人设岗（*peguismo*）方式并入官僚机构，或者相对容易地添加到政治名册中。这种灵活性使莫拉莱斯得以与查科地区保守的次区域精英们达成协议，并获得他们的忠诚度，以换取他们直接收取矿区使用费。这反过来又使他通过和这些次区域精英之间设置一个天然气资助的楔子，来压制以塔里哈市为基础的地区精英的政治权力。尽管莫拉莱斯坚持玻利维亚社会主义运动的拥护者不应期望从雇佣安排中受益以换取对党的忠诚，但玻利维亚国家油田公司和中央政府内部的因人设岗（*peguismo*）活动仍在盛行。玻利维亚国家油田公司的第一任主管桑托斯・拉米雷斯曾是莫拉莱斯的密友，现在因腐败指控被关进监狱，他因雇用对油气一无所知的党内技术人员而闻名。[54]在一场不同类型的再分配斗争中，随着玻利维亚国家油田公司的重组，政府被迫将这个国有公司划分成一系列的副总裁，以便每个生产省份（塔里哈、圣克鲁斯、丘基萨卡和科恰班巴）除了拉巴斯之外还会有一个办公室。

一般而言，油气租金被用来通过再分配支出的方式来促进包容性发展。直到20世纪50年代中期，租金相当低廉，因此没有引起太多的关注，也没有引起重大的社会动员。然而，租金的政治意义随着生产规模的扩大、特许权使用费和纳税额的增加而发生了变化。第3028号《国家油气法》规定了中央政府将油气税分配给地区和市政府（以及给大学、警察和土著群体特别发展基金）的参数。在区域内部，以租金为基础的支出分配也已成为政治动态的核心。

玻利维亚社会主义运动和莫拉莱斯还利用石油和天然气租金的分配，以新的方式塑造政治解决方案。直到最近，租金分配通常以两种方式之一进行：按地区或按部门分配。随着针对个人的社会方案[55]的实施，出现了一种新的动力。通过这些转移，中央政府和公民之间形成了新的授权（和关系），从而对玻利维亚未来的经济发展道路产生了长期影响。在近期到中期内，政府必须生产更多的油气来支付这些计划的费用，事实上，政府利用这一论点来使其对油气工业的优惠待遇合法化。但这与政府的其他需要存在某种紧张关系，比如，政府需要投资矿产、石油和天然气以及其他经济部门的工业化进程，以便超越采掘—出口模式。

就采矿部门而言，它在历史上提供了参与的机会，要么通过劳工（作为矿工）参与，要么在较小程度上通过直接对生产资料（矿主）进行控制，政府似乎越来越多地给予采矿合作联盟以特权。矿业合作联盟比大型矿山解决高地（玻利维亚社会主义运动政治基础的一个重要部分）农村家庭的就业问题要多得多——即使这样的解决方案只是部分的，而且这种采矿通常与其他生计活动结合在一起。更重要的是，新的《采矿法》允许农村家庭控制生产资料（或至少与国家联合控制），作为获得更大利益的一种手段。然而，在不确定性和社会冲突的条件下——如今影响矿区的两个重大问题——部分原因是合作联盟力量的增强，无法追求更大规模的勘探投资。而且，在一些农牧社区实行合作采矿限制了从事其他生产性（对环境危害较小）经济活动的可能性。在最近的政治解决方案中，我们看到，由于不受控制的采矿活动的负面影响和政府无法解决长期存在的环境污染地点问题，社会冲突日益加剧，这就提出了环境和污染在新的解决方案中将发挥何种作用的问题。

自然资源长期以来一直是玻利维亚政治经济和政治谈判的中心。然而，自殖民时代以来，它们从未成为任何一个解决方案得到巩固的充分权力基础，以至于这个解决方案可以开始将这些资源视为中长期发展项目的一部分，并相应地管理这些资源。全球市场的变化（价格和需求模式的变化）、玻利维亚境内不同资源的不同区域地理位置，以及该国大量而且往往是强大的次级人口的综合影响，意味着在中央政府和各区域之间、跨区域和跨阶层之间建立联盟的努力从来没有取得长久的成功。结果，精英们的动机一直是控制资源的收入来源，以便将资金用于管理政治联盟，而不是投资于经济和社会发展。

5.3 对理论的启示

玻利维亚的案例还表明，政治关系中的相对“解决”可能更多的是例外，而不是常态。当然，该国过去120年的特点是非常不稳定，这主要是因为精英们无法在空间差异和社会差异中采取集体行动，无法就提供广泛利益和机会的发展模式达成一致意见。这种不稳定的相对例外是 19 世纪和 20 世纪 20 年代的自由主义统治时期，1952—1964 年的玻利维亚民族革命运动统治十年左右，以及 2005 年以来的玻利维亚社会主义运动霸权时期。有人可能也认为，1985 年至 2003 年这一期间是以玻利维亚的政治经济通过民主选举和新自由主义管理模式这样持续的精英协议为特征的。

令人感兴趣的是，相对政党主导地位的这些较为稳定的时期也具有重大的政策推出的特点：在自由时期支持锡经济快速增长的政策，以及在玻利维亚民族革命运动和玻利维亚社会主义运动时期显著改变自然资源治理和利益分配形式的社会经济改革政策。虽然这一模式符合这一主张，即主导政党统治时期可以与更多的变革和发展政策相联系，但非常重要的例外是 1985 年至 2003 年间新自由主义政府的制度化，这是在竞争客户主义的条件下发生的。这表明，需要谨慎地对竞争客户主义和主导政党规则的发展影响进行分析性区分。一种可能的含义是，无论国内的统治模式如何，通过技术官僚和贸易商网络展开的金融和商品市场的跨国压力都可以对解决方案进行约束，都可以确定这些解决方案带来的发展模式，而不论这些解决方案形式如何。这种约束效果可以与来自被排斥派别的任何约束一样强大，当然也有助于解释为什么在 1985 年之后，新自由主义承诺在政治和经济精英中被视为理所当然。此外，在玻利维亚，这种外部约束不仅来自历史上的帝国列强（美国），也来自巴西和阿根廷等寻求巩固其地区权威的国家。

这并不意味着政治解决方面的文献强调精英之间的谈判、被排斥和较低层次的派别的影响以及国内政治驱动因素是不相关的。这些因素显然对了解玻利维亚自然资源长期是如何进行管理的这一情况很重要。来自 20 世纪 30 年代和 40 年代被排斥劳工的压力，20 世纪 80 年代和 90 年代被排斥的社会运动支持者，以及在玻利维亚社会主义运动统治下的东部低地精英，最终都改变了当时盛行的谈判情况，并推动了采矿和油气治理方面重大的、在某种程度上是深远的变革。在某些情况下，被排斥的群体拥有的权力最终导致了总体政治解决方案的逆转——这反映在玻利维亚民族革命运动和玻利维亚社会主义运动的出现和他们随之而来的掌权上。

玻利维亚的经验提出了一个框架的相关要素，这个框架能够解释拥有改变政治解决方案所必需的政治权力行为体的出现。从广义上讲，对解决方案提出质疑的行为体要么是基于地理上依赖的地方势力，要么是基于经济组织的变化。第一个例子包括东部低地精英（由经济资源和区域身份赋权）和高地精英，这些高地精英与特定的采矿地理有关（20 世纪 90 年代锡矿商的情况与如今的采矿合作联盟几乎一样）。由领土标识所界定的社会运动也属于这一类别，之所以变得更加强大，要么是因为他们受到特定经济活动的威胁，要么是因为其他行为体（或许是跨国活动分子）对其地理渊源给予了更大的文化和政治价值（例如，通过承认土著领土的价值）。第二个例子是 20 世纪 40 年代以后的矿工工会或如今的采矿合作联盟运动。因此，掌握权力的行为体的出现可能是当前政治经济的内生因素（例如矿工工会、接受利益转移的当局等），同时也得到跨国支援的帮助。

最后，无论是在新的行为体出现的过程中，还是在执政精英巩固其权威的进程中，思想（特别是与自然资源有关的思想）的动员都是至关重要的。这些思想有助于促进精英和被排斥群体的集体行动，并说服国内和国际上的其他人相信他们的主张是合法的。其中许多思想是从玻利维亚自己的历史经验中得出的，例如，过去锡矿的开采未能促进发展，或国际矿业公司将财富运出玻利维亚。此外，这些思想来自国家的地理状况，例如通过自然和民族的耦合（参考佩罗，2013 年）和种族、区域和族裔认同的领土基础。其他思想在起源上更具有国际性，如国际劳工组织和社会主义原则。

因此，要理解玻利维亚政治权力与自然资源治理之间的关系，就需要注意政治解决的性质（包括相对稳定或缺乏稳定）、自然资源治理的特殊历史和地理以及在不同地理尺度上运作的行为体之间的关系。

致谢

西莉娜·格里西·胡伯为本文的数据收集、文献评论和文字校验提供了巨大的支持。何塞·亚历杭德罗·佩雷斯–卡贾斯也对本文进行了广泛的评论和指导。本文地图由位于科恰班巴的玻利维亚文献信息中心（CEDIB）提供。我们对马尔科·甘达里利亚斯允许我们使用地图表示衷心的感谢，并对玻利维亚文献信息中心所做的伟大工作表示崇高敬意。

附注

1. 这样的“瓜分协议”是同时对资源和利益的分配达成的协议，或者允许协议各方轮流坐庄（例如不同的精英阶层在不同时间通过某种选举形式掌权）。

2. 自 2016 年 1 月，政府同中钢设备签署了推进采掘项目的合同。

3. 被认为是亚安第斯山脉油气带的一部分，连接着秘鲁的卡米西亚天然气田和拉巴斯、科恰班巴和贝尼的低地。

4. 采掘主义制度在殖民时期就已经存在，例如印加人雇佣“米塔”，这是被征服的人口以劳动形式上缴的贡品。西班牙人善于维护和扩大那些对其实现目标有用的原有机构（斯特恩，1993 年）。在玻利维亚，诸如庞吉亚（pongeaje）和米耶（mitaje）等强迫劳动的做法直到 1952 年国民革命才被消除。在革命前，只有拥有一定财富的男性才有投票权。

5. 阿塞莫格鲁等人进一步认为，殖民时期的人口密度和繁荣对欧洲人推行的政策有重要影响（2002 年：1236）。

6. 关于殖民制度对当代安第斯经济有着长期影响，见戴尔（2010 年）。

7. 然而，这些精英的性质在时间和地域并不是一成不变的，他们只能通过与具有一定政治能力的其他团体谈判权力和资源来确保统治地位。

8. 这当然是频繁战争造成的影响（蒂莉，2004 年）。

9. 以前，只有大约 10%的男性有资格在任何选举中投票。

10. 玻利维亚统一工会农民工联合会（CSUTCB）成立于 1979 年。

11. 2016 年 2 月，玻利维亚人再次投票表决一项允许莫拉莱斯第三次参选的提案。这可能会将他的总统任期延长至 2025 年。反对票以 51.3%对 48.7%的支持率获胜，这意味着一种竞争激烈的客户主义的政治解决形式可能会回归。

12. 本章的重点集中于19世纪末至今的矿业部门和20世纪初至今的油气部门。在独立后不久（1825—1841年），玻利维亚继续参与由秘鲁外国矿业利益集团主导的全球贸易。在20世纪后期，这个行业被智利和英国公司主导。这两国的公司在自由党政府中非常有影响力，尤其是在推动铁路建设方面。从19世纪40年代末到80年代，玻利维亚由一系列军事独裁者（军事强人）统治，导致政治暴力和法律缺失，尽管克莱恩（2011年）评论殖民主义社会和政治制度持续到19世纪80年代。

13. Rosca指的是一种核心圈子。

14. 1899年，在拉巴斯市的自由派和苏克雷市的保守派之间爆发了联邦战争。此后，玻利维亚盛行自由主义政治，直到1921年的政变。战后的政治解决将大部分政府职能转移到拉巴斯，但保留了一元化制度和精英对政治的控制。在2006年至2007年的制宪会议期间，玻利维亚首都的选址问题重新成为政治辩论的焦点，这反映出各地区之间长期以来悬而未决的紧张局势。

15. 毫无疑问，帕蒂诺的影响力是巨大的。这得益于他巨大的个人财富和他在国际业务上的成功。想要了解帕蒂诺在查科战争中扮演的角色，请参见帕吉娜·赛特（2013年）。

16. 帕蒂诺在第一次世界大战中巩固了他的全球经济实力——远在霍克希尔德家族之前（霍克希尔德家族在大萧条之后也这样操作）——阿拉马约家族从未控制过锡矿经济如此大的份额，尽管他们的经济实力可以追溯到更久远的19世纪中期。

17. 其他作者认为，农业部门对政治也有很大的控制力，因为它在议会中占有多数席位（加洛，1991年）。

18. 关于土著和农民长期抵抗和斗争的历史，见哥特科维茨（2008年）。

19. 自1825年独立以来，玻利维亚因战争和与有争议的邻国谈判不力而失去了超过一半的领土，这再次反映出该国精英阶层的分裂和中央政府的长期软弱。

20. 费尔南多·莫利纳认为，历史上的经济活动模式，加上地理限制，迫使玻利维亚各地区寻求通过融入全球经济发展的路径。阿尔蒂普拉诺高原面向太平洋海岸——尽管由于失去了通往秘鲁和智利的港口而变得复杂——而东南方向朝向亚松森和布宜诺斯艾利斯，东北朝向亚马逊和巴西的大西洋海岸（2008年：5）。

21. 除了扩大油气产量，波汉计划还呼吁投资管道，将油田（以及后来的天然气）与阿根廷和智利北部的市场连接起来。将玻利维亚发展成为其更大邻国能源中枢的战略思想是1995年至2005年天然气繁荣（以及随之而来的冲突）的核心。

22. 例如，关于玻利维亚自然资源的许多民族主义情绪在国家保卫民族遗产委员会（CODEPANAL）的出版物中得到反映。

23. 国际援助几乎完全来自美国。正是从这个时期起，美国的舆论开始影响玻利维亚的国内政治。

24. 在这段时期的大部分时间里，玻利维亚的邻国也受到军事独裁统治，镇压平民、酷刑和暴力司空见惯。然而，与邻国不同的是，玻利维亚没有具有组织性的左翼游击队运动，政治暴力的程度明显低于其他地方。

25. 与玻利维亚矿业公司和矿业行业不同的是，严厉的经济措施通过放开售价，加强了国家油气部门（玻利维亚国家油田 YPFB）的运作。结果，该部门对国家财政的贡献从 1983 年占财政收入的 12.7%增加到 1986 年的 56.7%（邓克利，2007 年：152）。基于这一点，油气部门在财政收入总额和出口总额中所占的份额，肯定会取代锡矿，成为国民经济的主导。

26. 引发这场冲突的原因是政府计划修建一条贯穿玻利维亚伊西沃罗塞特雷土著领土和国家公园的高速公路。该地区被指定为土著的领土和保护区。一些政党认为，这条公路将有利于低地的殖民者（包括古柯种植者），并将支持其境内油气开采的扩张。虽然围绕冲突所假定的立场和身份是复杂的，但是从广义上讲，低地土著群体倾向于抵制这条道路的修建，而殖民者和古柯生产商则持支持态度。争端最终演变成暴力冲突，事实上，这是莫拉莱斯政府第一次不加区别地使用警察和军队暴力对付民众。

27. 第一个矿业合作联盟可以追溯到 1929 年的波托西，当时成立了卡伊查自由政治联盟，后来转变为索谢达合作卡伊查自由联盟（美洲印第安人协会）。

28. 贡萨洛·桑切斯·德·洛萨达曾担任 1985—1989 年帕斯·埃斯登索罗和平政府的规划部长和玻利维亚结构调整方案的设计师（得到杰弗里·萨克斯的支持）。他后来被选为总统（1993—1997 年），并推行了一系列全面的改革，其中包括私有化倡议，即资本化。2002 年，他再次当选总统，但没有完成任期，因为社会对经济政策的抗议日益高涨，玻利维亚自然资源的“跨国化”，以及不受欢迎的毒品根除政策，都演变成了国家和社会运动之间日益激烈的对抗。桑切斯·德·洛萨达是玻利维亚政坛一位极具争议的人物，也是矿业精英中的一员。他是南方矿业公司（COMSUR）的创始人和所有者，该公司经营着几座重要的矿山，包括波托西的波科矿和圣克鲁斯基基尼亚的马里奥矿。考普（2013）和亨德里（2013）对他所推行的经济改革持批评意见。两人都认为这样的改革有利于他个人的经济利益。考普还指出，他的政府加强了私人矿业利益集团（以及拉巴斯精英阶层的权力），同时有效地化解了地区和农工业精英对中央政府权威的挑战。

29. 罗兰多·乔丹（2012 年）将矿业合作联盟称为“不可触摸的政治和社会力量”，并将它们的出现与重新本地化以及与桑切斯·德·洛萨达所推行的和解政治联系起来。

30. 根据 2014 年 8 月对前矿业部长的采访。

31. 2006 年 10 月 5 日至 6 日，两大对立的矿业集团之间的血腥冲突，打破了人们对莫拉莱斯政府统治下矿业稳定的任何看法。约 4 000 名与矿业合作联盟有联系的矿工与 800 名国有矿业工人（FSTMB）就控制波卡索尼山更丰富的矿脉发生冲突。在一家私人公司被迫将采矿权归还给玻利维亚政府后，玻利维亚矿业公司开始运营该矿产。莫拉莱斯的矿业第一部长沃尔特·维拉鲁尔曾是瓦努尼矿业合作联盟的工人，他本人也支持合作联盟的立场。由于未能与玻利维亚矿业公司谈判达成协议，部长呼吁合作联盟接管该矿。16 名矿工遇难，数十人受伤。政府通过将该矿收归国有作出了有利于玻利维亚矿业公司的干预，并将合作联盟的矿业工人并入玻利维亚矿业公司，并废除了合作矿业形式。然而，这一举措并没有加强玻利维亚矿业公司或工会矿工的力量。从那时起，合作联盟的矿工们继续威胁——或者实际上已经进行了——对矿区的入侵，迫使玻利维亚矿业公司给他们提供区域进行工作。（埃斯皮诺萨·莫拉莱斯，2010 年；见斯坦，2010 年）。

32. 2014 年 7 月，波托西一个合作拥有的矿产公司发生泄漏，导致数千加仑有毒化学物质流入附近的一条小溪，最终流入皮尔科马约河。时任矿业部长在接受采访时表明，政府对合作采矿作业的监督为零。

33. 塞罗里科，又称“富山”，是波托西的一座巨大的锥形山，耸立在周围的景观之上。1545 年被西班牙人发现，该矿促成了波托西城的建立，这座城市也被称为“帝国城”。它是美洲的第一个殖民地城市，在 17 世纪初迅速增长，超过了伦敦和巴黎的人口（布朗，2012 年：46）。近 500 年后，塞罗里科仍然主要是土著、合作的矿工和工人的重要就业来源，他们为私人投资和国家矿业机构提供劳动。

34. 在某些情况下，例如科尔基利矿，政府将该矿国有化，然后提议玻利维亚矿业公司与合作联盟联合勘探。

35. 采访矿业副部长，2013 年。

36. 2016 年 8 月，合作联盟的矿工抗议政府竭力重新控制合作联盟与第三方（主要是 ANMM 矿）合作而获得的特许权，导致副部长鲁道夫·伊利亚内斯的死亡和合作联盟采矿领导人的非法化。

37. 可汗的“掌握权力”概念是指“某一组织在与其他组织或国家的实际或潜在冲突中能够坚持多久”，是“一个组织的若干特征的函数，包括它在冲突期间维持自身的经济能力、动员支持者以吸收成本的能力以及动员普遍存在的意识形态和合法性象征的能力，以巩固其动员和保持其成员的承诺”（可汗，2010 年：20，载于希基等人，2015 年：47–48）。

38. 政府有三项非常受欢迎的现金转移计划，为老年人提供最低养老金（Renta Dignidad）、孕妇和哺乳期母亲津贴（Bono Juana Azurduy）和学龄儿童津贴（Bono Jacinto Pinto）。

39. 历史学家普遍认为，查科战争并不是石油问题（克莱恩，2011 年），玻利维亚精英内部的紧张局势是决定与巴拉圭战争的关键因素。

40. 根据对塔里哈一位前油气主管的采访。

41. 这些想法在 2008 年圣克鲁斯、塔里哈和中央政府的冲突中被大量引用。

42. 虽然对巴西的大规模出口在 2000 年左右才开始。

43. 与塔里哈省一位前油气主管面谈。这个术语，粗略地翻译，将是“把石板洗净，再从头开始”。

44. 政府根据人口，将国家收入的 20%分配给市政当局。

45. 事实上，他阻止了他们。1993 年由一系列社会和政治团体的代表起草的权力下放法草案被桑切斯·德·洛萨达驳回。在 1985—1989 年帕斯·埃斯登索罗政府期间，由于同样的原因，前几次的努力也被阻止了。

46. 随后的卡洛斯·梅萨和埃沃·莫拉莱斯政府也采取了类似的战略。

47. 见加西亚·利内拉（2008 年），关于桑切斯·德·洛萨达总统辞职和新自由主义项目破裂所造成的制度危机。

48. 梅萨总统反映了扩大政治参与的复杂性，并为了避免任何违宪问题，梅萨将通过任命他们担任这一职位来“批准”选举的获胜者（罗卡，2008 年）。

49. 见莫利纳（2011 年）。

50. 尽管如此，必须指出的是，副总统加西亚·利内拉表示，政府今后将再次努力改革 2005 年《油气法案》。

51. 重要的是要指出，从独立后（1825—1880 年）到 19 世纪末的锡矿开采热潮，玻利维亚政府管理收入的 35%来自土著人民缴纳的税收，其中拉巴斯、奥鲁罗和波托西是最大的贡献者。在 19 世纪 80 年代之后，采矿部门的税收显著增加，国家开始依靠采矿收入生活（巴拉根，2008 年：90）。

52. 建立部门特许权使用费（11%的产量来自该部）来自于 20 世纪 20 年代初玻利维亚政府与新泽西州标准石油公司的初步谈判。

53. 在某些情况下，这些市政行为者本身在一定程度上是由权力下放政策产生的（法盖特，2012 年）。

54. 对前玻利维亚国家油田官员的采访，2013 年。

55. 朱古斯托·平托、胡安娜·阿祖尔杜伊和伦塔·迪格尼德是这类方案的主要例子。关于这些方案的更多解释，见附注 38。

第四章
赞比亚的自然资源开采政治

自19世纪80年代末英国南非公司（BSAC）在赞比亚地区进行首次欧洲勘探以来，铜矿开采一直主导着赞比亚的经济和政治发展。作为一个拥有丰富矿产的国家典范，赞比亚一直依靠其巨大的铜储量使其成为一个完全工业化和“现代化”的国家。然而，尽管铜占赞比亚目前（2015年）出口量的75%以上，但是该国的贫困率很高，也是最不平等的国家之一。[1]尽管一再有人呼吁经济多样化以支持潜在的农业行业的发展，但赞比亚的农村地区仍然处于国家发展中的边缘地带。

以下三大关键的历史主题有助于解释为什么铜资源没有为赞比亚带来更好的经济发展成果。第一，正如弗雷泽和拉尔默（2011年）所指出的，赞比亚出台矿业政策的时机尤为不幸。例如，仅仅在赞比亚将矿业收归国有两年后，1976年的全球经济危机使铜价急剧下跌。然而，在20世纪90年代末，赞比亚恢复私有化运营不久，当时铜价跌至最低点、利润微薄，随之而来的却是铜价暴涨，给私营企业带来了暴利。第二，虽然位于距离铜带省300多公里的卢萨卡的政府掌控重新分配国家财富的权力，但从历史上看，铜带省一直生产并主导着决定如何重新分配国家财富的政治版图。

第三，赞比亚缺乏自主创业精神，这个国家以阶级形成为中心。由于没有其他可行的收入来源，如第二产业或强劲的农业产业（萨顿和兰米德，2013年），从赞比亚1964年独立至今，国有企业一直是该国保持潜在收入流动性的最重要来源（泽夫特尔，1982年）。然而，由于政府财政收入依赖于不断波动的铜价，政党竞选时的承诺、民众对财富积累的预期从未完全实现，因此民众对政党不再抱有幻想。除现在只代表少数正式工人的工会以外，选民们仍然排斥那些掌握国家政策的政党，从而使社会上最脆弱的阶层继续被边缘化，在国家政治中代表性不足。

在本章中，我们将从政治解决框架的角度，分析赞比亚是如何以及为什么出现这些动态的。运用这一框架的前提是，发展的基本条件首先是由精英间关系的特征所确定的，尤其是精英阶层利用手中权力进行政策改革和制度变革的方式（诺斯等人，2009年；可汗，2010年；希基，2013年）。这打破了对制度作用的单一性和非政治性的关注，而这正是20世纪90年代发展理论中占主导的主题。

特别是，本文运用政治解决方法探讨赞比亚自然资源治理的动态变化，以及它们是否有能力给一个国家带来可持续和实质性的发展。我们通过比较和对比赞比亚社会和经济投资的高低潮历史时期来做到这一点。此外，我们通过考察赞比亚深受国际行为体影响的矿业税收政策来调查政治解决对矿业收入的后果。本文进行研究的假设是，赞比亚矿物资源的包容性/排他性分配模式需要更深入地了解其政治领导人与其选民和社会基础之间的相互作用。

运用政治解决理论的词汇，我们认为赞比亚在很大程度上类似于一种“元解决”方案，它建立在外国势力在经济和社会政策方面具有长期影响力的基础上。我们所提出的相当于历史学家所说的“长时段”观念，是一个长期的历史集合，可以显示缓慢演变的结构和渐进式变化的迹象。这种分析与巴亚尔所说的“外倾性”有关：外倾性是理解“非洲大陆融入到世界其他地区”的长期历史模式的方法，以及这种模式如何成为“权力和权威内部政治的……一种资源”（英格伦，2002 年：19）。

具体内容如下。第一节描述了用以理解赞比亚自然资源治理的概念性框架；第二节介绍赞比亚自然资源开采的历史；第三节分析了赞比亚政治解决的历史，包括明确政治解决的几个具体时期，这是从 1896 年英国南非公司占领该国开始的；第四节为总结。本文论点基于文献综述、对新闻界和其他灰色材料的分析、专题研讨会，以及最为重要的，是在赞比亚进行的一系列采访。采访对象包括：赞比亚矿业和土地部前部长们、前总统政治顾问、副总统办公室工作人员、商人（当地和国际）、企业律师、矿业公司董事、公民社会领导人、外交官、政治家和学者。鉴于该项工作的敏感性和政治背景，本文所有受访者均为匿名。

第一节 概 念 框 架

现有关于赞比亚铜的政治经济学文献，无法使我们对矿业治理、资源配置和发展成果之间的历史关系有充分的了解。本章我们运用政治解决框架，试图弥补人们理解政治动机和制度历史的差距，这些动机和制度构成了上述历史关系。政治解决被定义为：“在经济和政治可行性相互‘兼容’和‘可持续’的社会层面上，权力结构和制度相互依存的组合”（可汗，2010 年：20），或者更简单地说，“互相竞争的社会群体和阶级之间权力的平衡或分配，任何国家都是建立在这个基础上的。”（迪・约翰和普策尔，2009 年：4）如第一章所述，这一概念的核心是，发展成果在很大程度上是由精英间权力关系的特征决定的，尤其是精英如何利用他们掌握的权力来塑造政策改革和制度变革的方式，以及这些因素反过来如何塑造不同行为体的各种社会经济权利。具体而言，可汗（2010 年）认为，对于那些自然资源丰富的国家，建立开放型经济并防止其被寻租者的特殊利益所扼杀的能力，与经济从以自然资源为基础的飞地变为多样化、以出口为基础的活动，特别是变为以出口为基础的工业化息息相关。这种强调出口商在推动经济发展中的作用的做法表明，资本和精英的作用已从自然资源飞地的权力掮客，转向一个在经济和政治上都更具竞争力的体系（艾弗特等人，2003 年，引自莫斯利，2014 年）。

从中低等收入状态向高收入状态的转变，主要由政治和经济之间的相互作用推动而成（诺斯等人，2007 年）。治理机构，特别是竞争激烈的政党，为经济发展创造环境。如诺斯等人（2007 年：21）所述：“在组织开放的情况下，政治竞争为反对派政党提供了激励措施，他们可以监督政府、反对那些威胁开放准入和竞争的提案。”政治竞争的加剧按理说可以对资源财富和发展的整体困境带来变化，因为执政的精英阶层必须获得合法性才能维持权力。然而，诺斯警告道，这是一个长期的过程，发展也不是自动实现的。

这实际上强调，把政治竞争作为经济发展的先决条件，在某些方面是自相矛盾的。在整个发展中国家，“民主化浪潮也凸显了贫困的弊端”（姆坎达维雷，2006 年：9），现在我们可以为其画上不等式。强有力的经济政策是并非直接从民主中产生的。的确，在某些情况下，民主可能会无果而终。就赞比亚而言，从一党制向多党民主制的转变，实际上伴随着大规模的经济改革，这种改革只会进一步加剧失业和不平等，以及工会等重要制衡力量的衰落。这表明，为了避免对发展动态做出简单的假设，我们需要进一步理解在特定背景和传统下决定包容性发展的潜在力量。因此，我们赞同这样一种观点，即“若要理解采掘业治理及其与发展的关系，必须在空间上和历史上进行明确”（贝宾顿，2013 年 b：2）。通过这种方法，我们避开对“资源诅咒”粗略的分析，转而详细描述了形成赞比亚发展轨迹的力量和利益。

第二节 赞比亚的自然资源开采史

从 19 世纪末英国南非公司的矿产勘探开始，直到今天，铜的开采不仅决定了赞比亚的经济史，也决定了它的政治和社会史。英国南非公司由塞西尔·罗兹创立，旨在发展整个南部非洲的矿业。作为有效占领西北部罗得西亚和东北部罗得西亚以及开发矿业基础设施的回报，英国南非公司获得了位于布罗克希尔（Broken Hill）（现赞比亚中部省份的首府卡布韦）的首个采矿特许权。1911 年，两个受保护领地合并，并作为英国的直辖殖民地一直被英国南非公司管理，直到 1924 年，英国政府完全接管了行政控制权。

直到南部罗得西亚铁路穿过赞比西河，继续向北延伸，在 1909 年到达比利时—刚果边境时，赞比亚的铜矿才得以进行商业开采。那时，刚果南部的加丹加省已经开始采矿。在北罗得西亚，地表矿石的质量较差，布瓦纳姆库布瓦铜矿只能断断续续地开采铜，直到 1924 年才发现了储量丰富的硫化铜矿。由于北罗得西亚倾向于与主要的商业性矿业公司进行大规模交易，在整个殖民时代到 20 世纪 70 年代早期，赞比亚的矿山都属于两家矿业公司：南非奥本海默家族拥有的英美资源公司（AAC），以及由英国商人罗纳德·普兰爵士担任主席的美国罗安选矿托拉斯（RST）。

虽然铜矿业在赞比亚殖民历史早期就占据了主导地位，但罗伯茨（2011 年）指出，由于英镑兑美元贬值，赞比亚矿业直到 1949 年才开始繁荣。由于英国政府对北罗得西亚铜的定价是以美元为基础的，销售收入也因此增加。另一个重要因素是 1950 年朝鲜战争的爆发，导致了新一轮对铜的需求。不断增长的需求和价格意味着，到 1951 年，所有的四家铜矿山首次开始分红。因此，全球经济趋势显然对赞比亚工业产生了关键影响（见地图 4.1）。

1953 年，随着中非联邦（CAF）的成立，赞比亚政府经历了一次巨大的转变。中非联邦将南北罗得西亚（现津巴布韦）和尼亚萨兰（现马拉维）的殖民地合并，形成了一个以索尔兹伯里市为首都的中央集权的行政体系，索尔兹伯里后来成为一个迷你大都市，作为政府所在地和工业中心。中非联邦为白人定居者，尤其是在南罗得西亚的白人提供了特权。北罗得西亚仅被视作在矿业和农业方面进行采掘垦殖的地区。

中非联邦成立后的前几年，矿物价格上涨，南罗得西亚因北方的采掘业而繁荣起来。然而，矿价在 20 世纪 50 年代末下跌，这与从北罗得西亚要求获得政治独立的呼声不谋而合。中非联邦于 1962 年解体，不久之后，赞比亚于 1964 年 10 月 24 日获得独立。

在第一共和国独立的新时期，赞比亚人对生活水平抱有极高的期望。在经济稳定和扩张的背景下，政府在教育、医疗保健和基础设施方面进行大量投资。因为当时肯尼思·卡翁达总统领导下的执政党——联合民族独立党（UNIP）曾设想并承诺建立一个发展中国家。赞比亚独立时，铜占该国国内生产总值（GDP）的一半，几乎占该国出口的全部（96%）。然而，尽管全球铜价居高不下，但铜矿资源并未转化为全国性的发展。基础设施、城市发展、教育、医疗和其他发展指标大多是明显地沿着所谓的“铁路线路”进行的，其中包括铜带省（恩多拉市、基特韦市等）、赞比亚首都卢萨卡，以及规模较小的南部城市利文斯敦，利文斯敦有大量的白人定居者和土著农业企业。上述地点以及本章中提到的其他地点的位置，详见地图 4.1。

地图 4.1　赞比亚采矿省和主要矿山

资料来源：根据 flexicadstre.com 网站绘制的地图编制，2017 年 9 月。

后殖民时代早期的重点是劳动力的“赞比亚化”，即英国和其他外籍人士劳动力在公共和私人领域中逐步被赞比亚土著取代。20 世纪 70 年代初，赞比亚“第二共和国”的成立带来了许多变化，影响了这个采掘国家的结构。1968 年主要产业的国有化开启了权力巩固的过程，1972 年 12 月，卡翁达总统签署了一党制宣言，将这一过程推向高潮。这在一定程度上受到外部力量的驱动，这一外部力量就是 1965 年在罗得西亚发布的《单方面独立宣言（UDI）》，它使赞比亚成为前线国家，并对其施加压力，要求其放弃白人定居者资本的影响。赞比亚作为中非联邦成员的殖民历史，使其经济依赖于南方邻国。在《单方面独立宣言》发布时，赞比亚几乎完全依赖于两国共享的基础设施，特别是由罗得西亚铁路公司控制的铁路线。赞比亚的铜需要通过这条线出口，几乎所有的进口也是通过这条线。然而，尽管赞比亚有中非联邦这种直接联系带来的经济依赖，英国还是对赞比亚施加了巨大压力，要求其参与对罗得西亚的制裁。通过联合国施加的压力是如此巨大，以至于赞比亚威胁要离开联邦，并开始求助于替代发展伙伴，以实现经济独立。

在赞比亚国内，国有化是由某些社会阶层（工会、党的干部、民族主义领导人、公务员）施压推动的，这些阶层要求从政治独立中获得比私人资本提供的更为丰厚的物质回报。在这一转变之前，政府和昔日矿业公司的政治解决方案——从殖民初期就存在——逐渐瓦解。1969 年的“物质经济改革”中，政府从英美资源公司（AAC）和美国罗安选矿托拉斯（RST）购买了 51%的股份，使得铜业部分国有化。英美资源公司和罗安选矿托拉斯保留了 49%的股份，分别更名为恩昌加联合铜业公司（NCCM）和罗安联合铜矿公司（RCM），仍由外方管理。后来，随着 20 世纪 70 年代赞比亚对矿业的全面国有化，两大矿业公司合并为赞比亚联合铜业公司（ZCCM），现完全由赞比亚管理。

赞比亚工矿公司（ZIMCO）是赞比亚国有控股公司，负责对其下属的国有矿业企业进行监督管理。该公司最初是作为政府与其投资企业之间的缓冲，以尽量减少政治对国有企业经营的干预。然而在实践中，政府官员对赞比亚工矿公司的控制越来越强。下属控股公司的经理们都直接向相关政府部门汇报，这些部门又直接向卡翁达总统汇报，卡翁达则保留了公司董事长的头衔。赞比亚工矿公司为了买断剩余的外资股而购买债券的过程，以及它的管理方法，证明了这些做法是如何导致（代价高昂的）管理不善的：当这些债券在 1974 年被赎回时，它们实际上摧毁了赞比亚的外汇储备基础（克雷格，1999 年：40）[2]。因此，虽然政府当时完全控制了矿业，但促成国有化的一些根本问题仍然存在或继续恶化。20 世纪 70 年代的全球经济危机又给赞比亚带来巨大压力，因为它面临着国家财政收入急剧减少的情况。

到 20 世纪 80 年代末，赞比亚的经济急转直下，导致矿业工作岗位减少，基本商品严重短缺。在暴力抗议和未遂政变之后，卡翁达向各方压力低头，赞比亚于 1991 年举行了多党选举。赞比亚工会大会（ZCTU）前主席、赞比亚多党民主运动党（MMD）领导人弗雷德里克·奇卢巴就职为赞比亚共和国总统。虽然卡翁达在 20 世纪 80 年代末，在国际货币基金组织/世界银行的主持下开始结构调整，但大规模私有化实际上是在奇卢巴领导下进行的。1995 年颁布的《矿产和矿业法》，为解散赞比亚联合铜业公司（ZCCM）和出售个别矿业公司铺平了道路。该法案没有为私营矿业公司制定统一的税收制度和经营条件守则，而是规定与每家公司就《开发协议》（DAs）进行谈判。参与这些闭门谈判的几名国家官员后来都受到腐败指控，其中一些人已被定罪。此外，将国家主导的产业与其工人和社区联系起来的社会契约被废除，取而代之的是《企业社会责任》（CSR）计划（内吉，2011 年：30）。

事实证明，对多党民主运动党（MMD）来说，矿业私有化进程是一项具有挑战性的工作。考虑到世界铜价下跌，矿业情况日益恶化，以及赞比亚政府出售矿山——这是作为国际金融机构（IFI）债务减免附加条件的一部分——的压力，买家可以在谈判中占据更加强势的地位。因此，国家基本上丧失了从矿业部门获取收入的能力。无论是对赞比亚政府还是新矿主来说，不久之后的铜业繁荣使人们进一步认识到整个私有化进程缺乏合法性（弗雷泽和伦古，2007 年）。我们将在下面回到这一重要的主题。

第三节　赞比亚的政治解决历史

如表 4.1 所示，赞比亚的经济增长和衰退的历史并不一定伴随着政治转型，而是反映了国际大宗商品价格的波动，表中显示了不同商品价格条件下赞比亚的经济情况。然而，当考察受商品价格影响的自然资源治理和分配时，政治解决就会发挥作用。因此，在本节中，我们借鉴上文总结的自然资源开采史，来区别和描述赞比亚近代史上政治解决的五个关键时期。具体时期详见表 4.1。

表 4.1　　赞比亚政治解决，1896 年至今

时期	统治联盟名称	政治制度类型	政治组织结构	广义发展观	采掘业的包容发展模式	国际商品价格表现	赞比亚的经济增长情况
1896—1924 年	英国南非公司	殖民统治	顾问委员会，很少有定居者代表	产业资本	茅屋税/劳动力迁移	有利的	正向的
1924—1964 年	英国南非公司和中非联邦	殖民统治	白人定居者的政治代表	产业资本	茅屋税/劳动力迁移	有利的	正向的
1964—1973 年	赞比亚联合民族独立党	多党制	主导的	产业资本	税收/劳工	有利的	正向的
1973—1991 年	赞比亚联合民族独立党	一党制	弱势威权	国家领导的	国有化工业	不利的	负向的
1991 年至今	赞比亚多党民主运动党，赞比亚爱国阵线	多党制	竞争威权主义*	新自由资本主义，有一些资源民族主义时期	税收/劳工	不利的，从 2001 年开始有利	负向的，从 2001 年开始正向的

*在这里，我们从利维（2012 年）的概念出发，使用了以下定义：“存在正式民主制度并被广泛视为获得权力的主要手段的文职政权，但在这种情况下，现任者滥用国家权力，使他们相对于其对手处于重大不利地位。这样的政权是有竞争力的，因为反对党能够利用民主制度认真争夺权力，但它们并不民主，因为竞争环境严重偏向现任者。因此，竞争是真实的，但却是不公平的。”（莱维特斯基和韦，2010 年：6）

3.1 1896—1924 年

在英国南非公司统治下的殖民占领早期是以公司殖民主义为特征的。殖民政府在当地很薄弱，大部分北罗得西亚的殖民边界直到 20 世纪 30 年代才开始执行。虽然它注定不会成为南罗得西亚那样的白人定居者殖民地，但一个小型的农业白人定居者社区在北部定居，开始要求代表权。殖民当局实行了以家庭为基础的“棚屋税”，以支持行政结构，导致劳工迁移到坦噶尼喀（坦桑尼亚）的金矿、伊丽莎白维尔（卢本巴希）的铜矿，以及远至南非的铜矿。

3.2 1924—1964 年

英国的殖民统治始于 1924 年，北罗得西亚议会第一次会议召开，当时白人定居者的代表数量有限。英国还引入间接统治制度，在这种制度下，当地酋长成为殖民地政权雇用的行政代理人，这些领导人参与了棚屋税征收和劳动力招募。在北罗得西亚发生的劳动力迁移现象，也包括了迅速扩张的铜带省地区，即该国西部与铜储量丰富的加丹加（刚果）接壤的若干矿业城镇。到 1930 年，在铜带省一带的非洲劳动力已增加到 32 000 人，由于各种族群的聚集，这一地区形成了国家认可，为民族主义运动奠定了基础。虽然铜带地区存在传统的权威组织，但其影响力不及正在兴起的工人运动和民族主义运动。以白人定居者社区为代表的主要商业经济利益来自农业部门，特别是糖、烟草和玉米等商品。在 20 世纪 30 年代，铜带地区首次登上政治舞台，当时国际金融危机导致大规模失业，非洲和欧洲的工会举行了大规模罢工运动。罢工的部分原因要归咎于瞭望塔教会组织，该教会与从南非返回的劳工移民一起进入了城市地区。

1953 年中非联邦的成立，上面已有详述，它代表着走向独立的重要一步。中非联邦成立的前提是，该地区以南罗得西亚定居者为主的白人将致力于自治。一般来说，北罗得西亚的白人定居者（仅占总人口的 3%）反对联邦制，因为联邦制违背了他们的经济和政治利益。随着铜产量的不断增大，以及铜带工人队伍趋于稳定，工会的影响力也越来越大。早期的民族主义运动开始从受过教育的精英阶层中兴起，这些精英往往来自王室机构，但他们的职位很快被年轻一代的男性所取代，这些男性都同样受过教育，却没有传统的权力基础。传教士们普遍支持民族主义运动，因此，教会在后殖民时代的赞比亚仍然具有影响力。

3.3 1964—1973 年

1963 年 12 月 31 日，罗得西亚与尼亚萨兰联邦（中非联邦）正式解体。不到一年，在 1964 年 10 月 24 日，北罗得西亚成为一个独立的共和国，即现在所称的赞比亚。赞比亚联合民族独立党（UNIP）人士肯尼斯·卡翁达极具魅力，他是一名教师，出生于赞比亚，但有马拉维牧师家庭的背景。他的主要竞争者，非洲国民大会（ANC）的哈里·恩库布拉仍然是一个有影响力的政治人物，但是这些定居者党派几乎立即丧失了他们以前的影响力。尽管联合民族独立党当局在社会和物质基础设施方面进行了大量投资，但由于分配不均和所谓的“预期受挫”，人们对该党的不满很快便出现了（马克拉，2006 年：56)。（暂时）有共同目标的团体之间形成了反对联盟，包括工会工人（与矿工的冲突已经在 1965 年至 1966 年发生)、商人、被边缘化的农民、学生和知识分子。联合民族独立党对联合进步党（UPP）的崛起尤为紧张，该党由前副总统西蒙·卡普韦普韦领导，在铜带省和北部省份已建立大本营。联合民族独立党还面临来自巴罗策兰地区的阻力，在独立后不久，赞比亚当局废除了给予该地区高度自治的协定，巴罗策兰人对此感到愤愤不平。在此期间，公务员成为谈判的主力，他们的影响力逐渐增强。赞比亚独立后，公务员群体被“赞比亚化”，到 1974 年增长了近三倍。其间，担任政治职务成为从公共和私人机构获取资源的重要手段。

3.4 1973—1991 年

与矿业国有化和《一党制宣言》有关的赞比亚第二共和国，它的成立是赞比亚政治解决史上的一个重要转变，特别推动了社会福利。然而，将这一时期的赞比亚称为坚定的社会主义国家是不恰当的。国有化始于赞比亚经济繁荣时期，此举顺应了这一期间全球发展中国家为实现更平等的经济增长而推行国有化的趋势。但对赞比亚来说，经济增长受到全球经济收缩的阻碍，并没有实现平等。

20 世纪 70 年代的全球经济危机使铜价迅速下跌，这给赞比亚政府带来巨大的应对压力。尽管收入缩水，赞比亚政府仍设法维持对矿业和矿工的高度支持，继续执行殖民时期由私营公司启动的福利计划。这种方式能安抚城市的工人，而大部分农村地区的发展仍然落后，这进一步加剧了赞比亚的不平衡发展。

虽然反对派运动被禁止，但在这段时期，地下政治运动和工会都对联合民族独立党产生了威胁。然而，与加纳、秘鲁和玻利维亚不同，军方力量在经济衰退的时代无法控制政府，赞比亚联合民族独立党在 20 世纪 80 年代成功抵御了两次政变。与其他国家不同，军队不是赞比亚解放运动的一部分，也没有成为一个有影响力的因素。

3.5 1991 年至今

20 世纪 80 年代末，一个由工人、政客、律师、学生、学者和商界人士组成的联盟，在赞比亚多党民主运动党（MMD）的组织下呼吁废除一党制。再加上来自双边和多边捐助方的压力，迫使赞比亚联合民族独立党妥协，赞比亚在 1991 年进行了多党选举。国际势力加深了与新成立的多党民主运动党政府的新自由主义经济合作，将债务减免与国有企业私有化挂钩，其中最引人注目的是矿业。此外，政府的私有化得到大量外国援助，这些援助在 20 世纪 90 年代初占国家预算的 40%以上。

20 世纪 90 年代，公民社会也迅速扩张。当公民社会与赞比亚法律协会（LAZ）或强大的主流教会等更成熟的非国家行为体结盟时，就变得极具影响力。这一时期，独立媒体的影响力也在增强，尤其是《邮报》。

从 2001 年开始，选举变得越来越有竞争性，使得多党民主运动党非常脆弱。这加大了短期、有政治动机的公用事业支出，成为赞比亚矿业缺乏长期发展愿景的原因。正如波蒂特（2009 年）所指出的，只有当统治精英觉得他们将继续长期掌权、从累积投资中获益时，才有可能对这样的愿景做出承诺。

与此同时，债务减免和铜矿业的繁荣扩大了多党民主运动党政府的财政空间，出口收入从 6.7 亿美元增加到 40 亿美元，而政府无视现有的发展协议，增加矿业税收。他们扩大了社会部门的扶贫支出，并为道路建设、“化肥进口援助”计划等政治性工程提供了巨额资金。但这些投资对发展的影响是有限的，特别是在农村地区和城市非正规行业。

2011 年 9 月，2001 年从多党民主运动党分裂出来的赞比亚爱国阵线（PF）在左倾宣言和年轻、非主流的城市民众支持下上台执政。该党的竞选纲领反对前任政权的自由放任态度和新自由主义政策，特别是反对矿业的相关政策。实际上，赞比亚公共部门的工资提高了 45%，在爱国阵线党的领导下，矿产特许权使用费和私营部门的工资也有所提高。然而，这并不完全归功于爱国阵线党，因为他们是在一些非洲联盟（AU）宣言的背景下构想的，这些宣言鼓励各国政府采用固定的预算拨款，用于教育和医疗保健。

赞比亚 2015 年预算中新提出了主权财富基金概念，这是一个有趣的进展，这表明政府正在考虑一个长期的国家发展轨迹，也显示出挪威合作伙伴在矿产税收领域的影响。挪威大使馆的项目旨在通过建设赞比亚税务局获取矿业部门生产、加工和出口量准确信息的能力，来提高赞比亚在铜矿业之外的收入。

权力的地理区位转移是当今阶段的特点。虽然铜带地区历来是反对派政党（联合进步党、多党民主运动、爱国阵线）的大本营，但最近的选举情况显示，卢萨卡在最近几十年里发展迅速，与铜带地区地位相比肩。这一定程度上是由于 20 世纪 90 年代铜带经济危机造成的城市间移民。数十年的失业、对临时工（而非合同工）的依赖，以及非正规行业参与者数量的增加，已经掏空了工会的权力。公民社会和媒体组织的力量被削弱，他们为了短期的选举利益与政党相互勾结，因而变得具有浓厚的党派色彩。赞比亚国家发展联合党（UPND）成立于 1998 年，现已成为最大的反对党派，在过去被称为西北罗得西亚的非劳工移民地区拥有尤为强大的基础，并在卢萨卡和铜带地区有所发展。

最后，在爱国阵线主席迈克尔·萨塔于 2014 年 10 月在任期去世后，各政党见证了效忠立场的转变。党派之争导致多党民主运动党内部三足鼎立，使其实力严重削弱。分裂出的两方中，其中一方与爱国阵线合并，以支持其候选人埃德加·伦古在补选中取代萨塔；另一方的一部分也与爱国阵线合并。伦古和爱国阵线党赢得了 2015 年的总统补选，以及在 2016 年颇具争议的大选中获胜。2016 年的大选充斥着暴力与恐吓，以及普遍存在舞弊的指控。

3.6 政治解决的共同特征

为充分将上述政治解决历史化，我们在此强调一些形成赞比亚政治文化和公民规范的更为持久的特征。不管这个国家在经历了无数次政治转型中有多少次明显的（意识形态的）转变，这些特征最终决定了领导人的行为和利益。重要的是，正如我们将在下一节中阐明的那样，这些特征影响着国家的自然资源治理。

后殖民时代，赞比亚政治文化的两个重要的持久性特征是威权主义和狭隘的精英阶层。马克拉（2008 年）将这一趋势追溯到赞比亚民族主义的根源，在这种民族主义中，政党和国家被视为是一样的，人们对其他观点和政治计划持怀疑态度，认为那些都是不爱国的。这种威权主义的出现，是由于权力同时集中在行政部门，以及包括议会和司法机构在内的问责机构的削弱。尽管重新启动多党民主制，赞比亚的执政党仍然实行独裁，并占据统治地位。在选举期间，反对党在公共媒体中没有一席之地，执政党利用《（殖民）公共秩序法》限制反对党的竞选机会。

拉尔默（2006 年）认为，这些情况与赞比亚民族主义斗争的不平衡性有关，这种不平衡性导致了后殖民国家的政治和经济分裂，而这些分裂从未在国家形成的过程中完全消弭。一小群紧密联系的政治精英从民族主义运动中涌现出来，领导这个新国家。这里应该强调的是，他们中的大多数人几乎没有接受过正规教育：独立前夕，在 350 万人口中，赞比亚的大学毕业生不到 100 人。

结果，赞比亚的后民主化政党向选民提供的可选领导人有限，这有助于领导人的“循环”上台。这反过来又促成了赞比亚政党历史上的分裂和合并模式。因此，我们的受访者一致认为，从 1991 年一党制过渡到多党民主制后，赞比亚的政治制度在许多方面没有发生任何根本变化，相反，赞比亚实际上仍然具有帝国主义或行政总统制的特点，通过体系的结构就可以看出这一点，一切都以总统为中心。自 20 世纪 90 年代以来，工会和公民社会的衰落意味着制衡力量的削弱。

赞比亚政治形势的另一个显著特征是“精英缺乏安全感”（米格达尔，1988 年），在这种情况下，执政的政客们总是担心被赶下台。这些情况早在竞争性政治时代之前就存在了，对统治权威的挑战包括：反抗第一个后殖民政府合法性的民族—区域政治运动兴起（弗雷泽，2010 年：191，214），并导致 1972 年实行一党专政；国内商界、工会和教会的压力（1973—1991 年）；以及自回归多党民主制以来（1992 年至今），该国两到三个主要政党之间日益激烈的选举竞争。弗雷泽（2010 年：221）指出，“就像联合民族独立党统治赞比亚时担心出现城市骚乱一样，多党民主运动党也在物质安全、意识形态自信和政治合法性的持续危机阴影下统治着赞比亚。”

在某些方面，精英阶层的不安全感可以被视为一项重要的民主问责措施。然而，这种情况在赞比亚变得如此严重，以至于政客们在长期损害该国利益的情况下进行了盲目的行动。在每次选举中，赞比亚议会成员的流动率为非洲最高的国家之一，剩余的固定席位平均只有 30%。由于没有登记的党员，再加上历史上不稳定的选民行为，爱国阵线无法维持其基层的规模和忠诚度。

西蒙塔尼（2015 年）指出，这种“不安全感”产生的短期政策重点在竞争客户主义解决方案下尤为尖锐，在这种情况下，政治联盟存在的理由（*raison d'être*）是赢得并保持国家权力。在这样的制度下，新政府执政的第一天就明显出现了以利益为目标或实施制裁的选举战略，并在此后主导着政府的政策决策。这使得政府特别难以围绕长期愿景（特别是发展）来制定连贯性政策。

第四节 政治解决、国家与采掘业治理

在本节中，我们将根据上述政治解决的显著特点，对赞比亚的铜业进行历史概述。我们特别考虑了行业的资本和所有权性质的变化、政府收入（税收）和支出（分配）政策，以及政治竞争对包容性发展政策的影响。总体概述详见表 4.2。

表 4.2　　赞比亚与采掘业有关的政治解决

时期	以美元为单位的全球市场价格（期间最低—最高价格）	采掘业生产（期间年最低—最高产量，以吨为单位）	跨国行为体的存在	国家在采掘业方面总能力的衡量方法	采掘业治理/政策的关键方面	反抗类型
1896—1924 年	293*		英国南非公司		公司就是国家	
1924—1964 年	293—683	66—886	英国南非公司；英美资源公司和美国罗安选矿托拉斯	1949 年以来的特许权使用费 13.5%	殖民采矿政策 大部分收入流向中心（伦敦）	工会、民族主义运动
1964—1973 年	683—1 130	632—750	英美资源公司和美国罗安选矿托拉斯；英国人；不结盟运动	截至 1969 年，特许权使用费 13.5%改为矿产税（所得税 45%，利得税 35%，定额费 73.5%）	采矿劳动力的赞比亚化铜出口国政府间理事会	工会
1973—1990 年	1 130—2 410	228—700	国际货币基金组织/世界银行	矿产税（同上）	国有化，赞比亚工矿公司，赞比亚联合铜业公司	工会
1990—2001 年	2 401—1 690	257—500	国际货币基金组织/世界银行	特许权使用费。根据发展协定（0.6%至 2%），公司税 25%至 35%	自由化和随意性	工会、民间社会
2001 年至今	1 690—8 950	251—710	中国；国际货币基金组织/世界银行	特许权使用费提高到 3%，公司税 25%到 35%；特许权使用费 6%，2014 年底增加到 8%（地下）和 20%（露天矿），2015 年 1 月下降到 6%和 9%。自那时以来，六项税收政策发生了变化和逆转	自由化和随意性日益增长的资源民族主义 2009 年加入采掘业透明度指数	工会、抵制临时工、民间社会和以社区为基础的活动、爱国阵线的反对派政治

*在第一个时期（1896—1924 年），我们采用 293 作为 1924—1964 年期间的最低数字，因为当时该国尚未正式开始开采矿物。

资料来源：采掘业透明度倡议（EITI）。

4.1 1924—1964年

赞比亚殖民政权和后殖民政权的一个关键主题，是努力获得赞比亚铜矿所产生财富的公平份额。确定这两个时期的特许权使用费和税收水平的谈判一直是一个漫长的过程。对于北罗得西亚政府而言，1949 年与英国南非公司达成的一项协议，提高了其所占的铜资源份额。根据该协议，政府获得了矿业公司支付特许权使用费总额的五分之一。

这项协议将政府收入提高了近五倍，但由于现有的政治解决方案，这一成果没有转化为总体生活水平的提高。1947 年，英国殖民地政府试图通过一项旨在支持“非洲人口增长”的十年计划来推行一种进步的发展思想。然而，白人定居者通过他们对当地经济的控制，劫持了这一包容性发展的意图，相反，这些收入被用于满足他们自己的需求（罗伯茨，2011 年：21—22）。

1953 年中非联邦的成立，巩固了国家财政收入流向首都索尔兹伯里和白人定居者地区（主要在南罗得西亚）的趋势，直到 20 世纪 50 年代末，这些地区通常被认为是农业发展的驱动力（拉尔默，2011 年）。美国罗安选矿托拉斯（RST）主席罗纳德·普兰爵士，认识到了欧洲和非洲工人之间普遍存在的收入不平等将带来的后果。他认为，“面对非洲工人的工资与我们欧洲工人享有的异常优越的工作条件之间存在的强烈反差，要让铜带地区的非洲矿工满意总是很难的。”（引自菲米斯特，2011 年：132）这些动态导致非洲工人在独立前夕对工资有很高的期望。人们还预想，就像为欧洲工人所做的那样，矿业公司将为工人提供福利服务，包括住房、教育和医疗。由于矿业的主导地位，铜带地区的工会成为有影响力的非国家行为体，并随着时间的推移，获得了实现上述诉求的重要政治影响力。这一背景在很大程度上决定了赞比亚独立后卡翁达政府与矿业的关系，并造成了分配不均和发展不平衡的新局面。

这些结构可称为殖民地劳动力储备型经济，其形成的后果是长期的。劳动力储备型经济的特点是二元的正式劳动力市场和移民劳动力体系，赞比亚的移民劳动力体系将大量农民与白人拥有的矿业和农业联系在一起。非洲人在城市中的自营职业和创业活动是有限的，而且政府对农民生产的激励微乎其微，因为这两者都可能影响商业性农场和工业的劳动力供应，加上殖民政府在非洲教育方面有限的公共投资，非洲中产阶级的形成受到很大限制。

4.2 1964—1973年

后殖民政府认识到独立后过度依赖铜矿资源以维持大量社会和物质投资的风险，特别是考虑到国际铜价的不稳定性，并致力于解决这一问题。1967 年，卡翁达在卢萨卡召集了世界上四个主要的铜出口国（赞比亚、智利、秘鲁和刚果/扎伊尔）的领导人，目的是建立一个价格和配额固定的铜卡特尔（同业联盟），该组织类似于成立于 1960 年的石油输出国组织（欧佩克 OPEC），全称为铜出口国政府间理事会（CIPEC），后来澳大利亚、印度尼西亚、巴布亚新几内亚和南斯拉夫也加入了该组织。然而，控制铜价的努力实际上是失败的，铜矿出口国政府间理事会只是一个信息交换的平台。控制铜价的根本障碍是，成员国缺乏储备铜的资金，而这一点对有效管理铜的供应至关重要。此外，铜矿出口国政府间理事会的成员国所控制的铜贸易不到世界铜贸易的 60%，拥有的已探明铜矿储量也不到世界储量的一半，加拿大等主要铜生产国也没有加入该组织（拉尔默，2011 年）。铜矿出口国政府间理事会未能控制铜价，使得人们认识到，全球体系是成员国无法控制的，只有地方政策和所有权模式才能受到非洲人的自觉管理（弗雷泽和拉尔默，2011 年）。

如其他各章所示，加纳和秘鲁都划拨了不同程度的矿业收入来支持特定地区、地方政府或行业的发展。具体地说，在加纳，有 10% 的国家财政收入留作地方政府使用（见第五章），而根据秘鲁“矿业税收”（mining canon）的规定，矿业公司所得收益的一半要返还到矿业产区用于发展（见第三章）。然而，赞比亚在这方面与玻利维亚更为相似。在这两种案例中，传统来讲矿业收入都直接归国家政府所有，且几乎没有来自各地区的收入。在赞比亚，政府通过五年发展计划将矿业收入集中用于国家的全面发展。最初的计划是在 1962 年过渡阶段提出的，该计划重点在于扩大物质和社会基础设施，特别是使处于边缘地位的非洲人民受益。随后赞比亚颁布第一个国家发展规划（1966—1977 年），其目的是使经济多样化，减轻国家对铜矿的过度依赖，以及促进农村发展。上述两项发展计划使赞比亚经济在一定阶段持续增长，同时改善了社会指标。表面上，高水平的财政收入使全体人民平等受益；但实际上，国家开支极不平衡。

这是一个短暂的进步发展时期。20 世纪 70 年代初，赞比亚经历了极端风暴，在 80 年代中期从中等收入国家变成低收入国家，债务成山，不堪重负。举例来说：1974 年至 1994 年间，该国人均收入下降了 50%，赞比亚成为世界上第 25 个最贫穷的国家（弗雷泽和伦古，2007 年：8）。地区和国际因素在这个新兴国家所面临的困难中发挥了重要作用，包括上文所述的南罗得西亚《单方面独立宣言（UDI）》。中非联邦使得赞比亚与罗得西亚之间的经济和基础设施密切联系，赞比亚只有实现基础设施独立，特别是在运输和电力方面不依赖罗得西亚，才有可能加入联合国发起的对罗得西亚的制裁行动。当时有几个国家帮助赞比亚实现经济独立，包括西方国家，如英国（主要体现为《单方面独立宣言》），还有中国（具体地说，建设坦赞铁路开辟另一条通过坦桑尼亚的铜出口路线），以及南斯拉夫与赞比亚开展不结盟经济发展合作。冷战决定了这一时期的国际地缘政治秩序，使赞比亚与其潜在发展伙伴之间的谈判复杂化。

4.3 1973—1991 年

在赞比亚的邻国中，暴力独立斗争和随后的内战在罗得西亚、刚果、安哥拉、纳米比亚和莫桑比克相继爆发。与此同时，随着全球经济的崩溃，铜价暴跌，对赞比亚经济造成了严重的影响，如数表 4.1 所示。

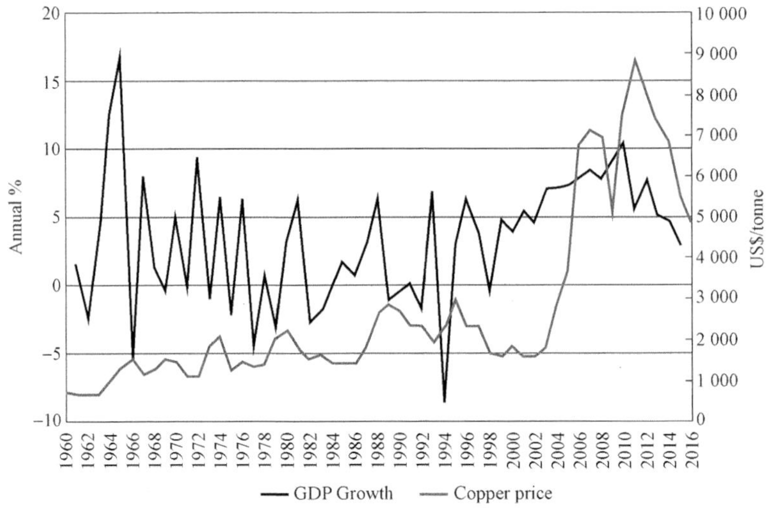

数表 4.1　国内生产总值年增长率和铜价趋势，赞比亚，1960—2016 年

注意：铜价代表 A 级铜、电解丝/阴极的伦敦金属交易所现金价格。

资料来源：世界银行（2017 年 a），联合国贸发会议（2017 年）。

基于国际采矿和金属理事会（ICMM）的图表格式，2014 年：6。

经济危机使得赞比亚政府在社会和物质基础设施以及矿工高额工资等方面的支出难以为继。经济国有化和实行一党专政，是应对 20 世纪 60 年代末发生的重大经济和政治危机的一种方法，也是对正在变化的国家观念的反应。在整个发展中国家（“第三世界”），领导人都在寻求建立统一的多民族国家（殖民主义的产物）、确保所有公民平等发展的方法，正如不结盟运动和南斯拉夫“仁慈的独裁者”约西普·布罗兹·铁托等领导人所设想的那样。一党制和国有化被认为是一种可行的办法，可以避免多党民主产生的破坏性结果。它们将确保社会各阶层的发展，并减少暴力和内战的发生。

舍夫特尔（1982 年：15）认为，在新独立的赞比亚，国家的中心地位是导致一党制国家在这一特定时刻出现的主要根本因素之一。他认为，从矿业行业得来的所谓“战利品积累”导致了派系纷争和地区分裂的再现。政党和政府高级职位的分配，反映了平衡这些派系的必要性。例如，内阁的一大特点是（调动）各省席位的平衡。这些动态有可能演变成危险的冲突，就像北部省份和铜带省的一个强大派别威胁要彻底改变这种平衡时所做的那样，他们首先在联合民族独立党内部占据主导地位，然后又分裂出来，成立了一个强大的反对党。

赞比亚政治解决的不平衡性造成（矿业）收入分配持续不平等，加剧了政治紧张局势。该国经济活动分布不均，只集中在包括铜带省在内的铁路轴线沿线的三个省份。这些省份居住着赞比亚 43%的人口，贡献了 89%的国内生产总值（克雷格，1999 年：17）。因此，被边缘化的地区将种族平衡看作是政府的粉饰，是围绕巴罗策兰问题和其他西北部省份的紧张局势所形成的抵抗措施和政治形态（拉尔默和马克拉，2007 年）。在介绍赞比亚西北部姆维尼伦加地区的历史时，佩萨（2014 年：52）指出，在早期的后殖民主义选举中，“利用与安哥拉和刚果的关系，而不是建立一个以偏远的铜带地区和铁路线为中心的赞比亚这样的国家，更能激起姆维尼伦加地区人民的效忠。”这一主题的另一个突出表现是来自南部省份的反对，该省主要代表的是传统农业和养牛业经济，这种经济一直持续到现在，从未因任命少数民族汤加族的政治家担任内阁职位而停息（马克拉，2010 年）。

随着从 20 世纪 60 年代末开始的铜矿国有化进程，铜带开始看上去像一个微型福利国家，以国家和矿业公司提供“从摇篮到坟墓”的社会服务而闻名（弗雷泽和伦古，2007 年：8）。赞比亚联合铜业公司（ZCCM）还提供了矿区以外的设施，使铜带成为一个充满吸引力的宜居地区——一个名副其实的“现代化”中心（弗格森，1999 年）。在某种程度上，微型福利国家是殖民地矿业社会福利政策的延续，但现在仍使更多的人受益。然而，联合铜矿公司作为一个国家实业，日益被视为“摇钱树”，在没有相应的机械设备投资和进一步勘探的情况下被榨取。由于在现有矿场中发现的矿体被埋在更深的地下，生产成本也随之上升。以下内容说明了产量的急剧下降：联合铜矿公司产量从 1973 年 75 万吨的高点，暴跌至 2000 年的 25.7 万吨。克雷格（1999 年：87）指出，铜价的下跌并不是产量和收入下降的唯一原因：

> 同赞比亚经济的其他部分一样，矿业也遇到了一些困难。作为一个大宗出口国，赞比亚面临巨大的运输困难。情况持续恶化，以至于到 20 世纪 70 年代下半叶，赞比亚运输系统已无法运送所有铜产品，使矿业公司积累了大量成品金属。矿业还因经济资助进口的能力下降而受到影响。尽管这些公司本身是净外汇创收者，但货币供应是由政府和其他部门配给的，并且没有达到这些矿业公司的要求。

赞比亚联合铜业公司一直承受着来自政府的压力，政府为安抚矿工要求将裁员保持在最低水平，农业多样化的目标也没有实现（赫恩和阿奇伯格，2014 年）。

防止其他权力中心崛起的方法影响了公共部门的整体生产力。采用的这些方法包括：掌握任命高层管理人员的权力，以防止其形成自己的权力基础；任人不唯贤，以保持领导班子的支持基础。为防止人们站稳脚跟，职位洗牌重组成为家常便饭，一些省级部长在担任一个职位不到半年后，就会被“再次任命”。事实证明，包括铜业在内的国有化行业的政治任命，对行业运作来说是灾难性的，因为它们更普遍地损害了技术官僚和专业精神。赞比亚第一任内阁秘书瓦伦丁·穆萨卡尼亚早在 20 世纪 60 年代末就对政府表示失望，他指出，由政治驱动的行政制度改革旨在有效地使联合民族独立党控制所有阶层（拉尔默，2010 年）。

赞比亚成立议会特别委员会以审查该国经济问题，从 1977 年《议会特别委员会报告》中可以看出，当时危机的原因已初现端倪。该报告指出：

> 除了矿业，几乎没有准国营机构出口任何实质性的东西……政府每年拨出大量资金支援准国营机构的工程。这在很大程度上是因为，这些机构为工厂翻新和新的投资创造了自己的资本需求……管理不善、缺乏库存控制、人员过剩、产品定价不足和政治干预已被列为准国营机构业绩不佳的原因（引自克雷格，1999 年：79）。

私营机构也受到类似的影响。虽然经济“赞比亚化”的目的是培养本土的企业家和管理阶层，但联合民族独立党在意识形态上反对资本主义，厌恶牟利。独立的企业家阶层也被视为一种潜在的政治威胁，而这种威胁也于 1980 年发生，当时被边缘化的企业家和专业人士反对联合民族独立党政权，企图发动政变。

赞比亚在 20 世纪 70 年代的政治和经济危机造成了可怕的后果。由于对经济危机和相关的政治动荡感到绝望，政府政策变得越来越随意和不可预测。在几年时间里，联合民族独立党首先尝试科学社会主义，然后转向商业界，并最终于 1984 年以欧洲共同体和非洲开发银行赠款的形式获得外部支助，用于矿业的恢复计划。由于背负巨额债务，赞比亚也受到国际金融机构的影响，在 20 世纪 80 年代被迫实施结构调整计划（SAP）。这些措施包括取消补贴（特别是有利于城市消费者的补贴）、裁减劳动力和放宽外汇控制。1986 年发生的无法控制的城市玉米骚乱事件，威胁到了联合民族独立党的统治地位，赞比亚决定与世界银行断绝关系，重新实施补贴政策，但这一措施是短暂的，政府很快就被迫重新进入世界银行。在 20 世纪 80 年代经济进一步疲软的背景下，非国家行为体在多党民主运动党的带领下联合起来，要求废除一党专政。面对冷战结束后形成的国际民主化浪潮和来自双边和多边捐助方的压力，联合民族独立党不得不同意这些要求。1991 年，赞比亚废除一党制，进行多党选举。

4.4 1991 年至今

西蒙塔尼（2015 年）将赞比亚多党民主时期描述为一个竞争客户主义政治制度，政治精英将其定义为非正式或默契的协议，他们将通过定期选举，让最强大的政治团体掌权，而不是通过镇压反对派或暴力冲突，来争夺对该国政治和经济资源的控制权。在这一制度内，政治竞争主要是在向盟友和支持者分配赞助或有针对性资源的基础上进行的；另一个特点是几个支离破碎的政治派别并立。独裁统治从来没有离开过赞比亚的政治。虽然 2011 年进行了民主选举，占主导地位的政党被赶下了台，但选举总体上是不公平的，执政党允许反对派的空间有限。尽管联合民族独立党统治时代还有一些延续，但也有一些鲜明特点标志着赞比亚进入了第三共和国时代。正如古尔德（2010 年：11）所言：

> ……各种行为体的野心——对权力、影响力和控制资源——在很大程度上受到联合民族独立党世袭结构的限制。随着党和国家监管机制的崩溃，利益广泛、野心勃勃的新利己主义者出现了。其中一些人与迅速变化的政党有关，有些则与商业和商业利益有关。其他的则与如雨后春笋般涌现的、争夺政府和捐赠合同的组织有关。

20 世纪 90 年代也可以被定义为一种“没有选择的民主”，在这种民主中，因为外部融资协定施加了条件，政府几乎没有空间来决定自己的预算（引自“加强”，1998 年）。拉克纳（2003 年，引自希基，2013 年：15）认为，赞比亚在同一时期进行的经济和政治改革，导致重要经济利益集团的权力瓦解，包括企业、工会和农业合作社。像矿山这样的国有公司的私有化和传统的赞助模式，使得国府（赞比亚总统办公室）、政党和政治行为体更容易受到政治—经济企业家特殊利益的影响，从而破坏通常用来指导企业游说和交易的问责与监督的正规结构。莫斯利（2014 年）也强调了赞比亚食利者阶层崛起的风险。由于食利者将他们的财富投资于进出口业务，并依赖矿业公司和/或政府关系进行采购，他们的利益与增加制造业附加值和全面降低成本的政策需要背道而驰。

此外，这一期间赞比亚铜矿私有化进程存在严重缺陷。例如，奇卢巴政府没有说明它从出售赞比亚罗安羚羊矿业公司在罗安什亚的交易中所应得到的 3 500 万美元。同样，政府的国外账户也被领导阶层用于个人利益以及政治赞助（奥西 – 韦丁，2003 年）。因此，经历了数十年的裁员和生活水平下降之后，赞比亚的政治温床——铜带地区的社区，非但没有高兴地欢迎新的繁荣，反而对矿业公司从异常上涨的全球铜价中获取利润感到不满（弗雷泽和拉尔默，2011 年）。这种不满有充分的实质原因。从 1995 年到 2000 年的 5 年时间里，赞比亚政府准备出售联合铜矿公司，出售后在矿业公司就业的人数减少了一半。尽管新的投资的确创造了一些新的就业机会，但企业利用了工会力量薄弱和就业法律尚未执行的条件，使临时工和合同工成为新趋势。此外，这些条款“锁定”下的税收非常慷慨，以至于赞比亚政府实行的实际税率为零。在赞比亚人看到“繁荣”带来的好处之前，任何从矿业赚来的钱都转移到了国外。

简而言之，私有化给赞比亚经济带来的预期利益并没有实现，而这又在 21 世纪前十年成为反对党派的聚焦点。同独立后不久就下台的联合民族独立党一样，多党民主运动党在实行多党民主制后不久，就失去了统治地位。与联合民族独立党一样，它也身陷与地区势力和城市反对派势力相抗衡的处境。虽然多党民主运动党在 1996 年以巨大优势获胜（也是因为联合民族独立党抵制选举），但在第二个任期（1996—2001 年），它丧失了大部分的支持率。多党民主运动党的衰落是多种因素综合作用的结果：私有化（及其可怕的后果）、猖獗的腐败，以及奇卢巴企图违宪竞选第三届任期。奇卢巴被反对党派力量（一个由公民社会、教会、工会和知识分子组成的联盟）击败后辞职，并任命律师利维 • 姆瓦纳瓦萨为他的继任者。姆瓦纳瓦萨在 2001 年的选举中以 29% 的选票击败了国家发展联合党的安迪 • 马佐卡，赢得了这场颇有争议的选举，因此没有获得明确授权。[3]

姆瓦纳瓦萨在经济迅速增长和铜价居高不下的背景下寻求政治合法性和增加影响力，改变了赞比亚采矿税收和分配方面的经济政策。备受嘲讽的《开发协议》被废除，并就此以强硬的手段重新谈判。世界银行的重债贫穷国减债计划（HIPC）将债务减免与社会部门的支出挂钩，提高了矿业税率，并减免了债务。该计划在 2005 年至 2012 年间暂时缓解了赞比亚贫困状况，不过还主要集中在城市地区。贫穷的缓解与“面向贫困人口支出”的运动有关，这种运动支持劳动力密集的活动，或以其他方式满足穷人的需要。然而，政府扶贫支出的重点是片面且不完善的，尤其出于以下两个原因：第一，像《农民投入支助方案》（FISP）那样，支出目标群体从穷人向非穷人倾斜，其中包括向较贫穷的农民提供种子和肥料补贴；第二，存在阻碍公共资源流入最贫穷地区的政治障碍。

统治阶级反对提高税基，以摆脱对铜业收入的过度依赖，这与后自由化时代资源的分配方式密切相关。正如拉克纳（2003）和迪·约翰（2010年）所指出的，在自由化之前，国家能够通过一系列干预措施创造租金，其中包括在公共企业和准国营企业设立职位，通过贸易壁垒保护新生产业，以及通过控制银行系统补贴信贷等。随着经济自由化，国家资助的杠杆工具减少了。因此，虽然税收制度在政府中的特权地位仍然很重要，但税收制度却成为不断增长的提供庇护和特权的来源。尽管赞比亚的税收制度相对有效，但满足精英阶层的需求（及其与矿业公司的共同利益）限制了该国建立更强大的税收制度的能力。

尽管20世纪90年代在多党民主运动党实行的自由主义制度下，有必要发展本土企业，但政府在促进（独立）企业家成长方面几乎没有起到什么作用。结构调整计划也没有起到任何作用，这一点从税收优惠和退税等投资激励措施中就可以看出，这些措施有利于大型外国企业，因而形成了一个不平等的竞争环境。此外，后来的政府感受到了来自赞比亚商人的持续威胁，这些商人是反对党派资金的潜在来源。一名成功的企业家评论说，在私有化进程中，赞比亚商人被指控与一个主要反对党派有政治关系，进而被边缘化（来自采访）。赞比亚私营机构的一名前董事总经理还举出一个具体案例：20世纪90年代初，一位本土企业家获得了收购一家正在私有化的上市公司的资金，但他还是被政府抛弃了。在大多数私有化案例中，政府表现出对外国或非本土企业家的偏好（姆坎达维雷，2006年）。在赞比亚，白人、印度人和黎巴嫩人仍然主导着私营机构（萨顿和兰米德，2013年）。

最近不稳定的政治解决方案体现出官僚政治的韧性。虽然总统继续控制有关实质性租金（如资源的国家所有权、主要合同、贸易协定等）的分配政策，利维（2012年）表明，惠顾关系和寻租行为在整个政治和官僚精英阶层中变得更加分散。商界人士证实了这一点。他们注意到，有一类专业中间人，可以代表他们的企业，遍历政治和官僚精英阶层。企业可以选择“高层政治”路线——直接影响部长、副总统或总统本人——但这似乎只由大型企业来承担。外国跨国公司也通过他们的大使馆选择外交渠道，大多效果显著。

就工资谈判中的杠杆作用而言，行政机构已经超过了昔日矿工工会的力量。由于20世纪90年代的结构调整计划，行政机构的作用也得到了加强。其中一点是特定部门的专业化，特别是在财政部、赞比亚税务局、商务部和赞比亚银行内部。财政责任、债务水平和宏观经济稳定的思想，在这些部门中都得到了相当牢固的确立。官僚主义是不可改变的，这是社会中一个永恒的因素。公务员的薪酬占国家公共部门预算的60%以上，但这一切都是以牺牲弥补不平等差距所急需的社会投资为代价的。

自2001年以来，赞比亚在具有竞争客户主义特征的同时，已开始出现脆弱的/不稳定的政治解决方案的迹象。这是由非正规经济的扩大、人口结构的变化（大量失业的青年选民）和低教育水平造成的，而两位在职总统的去世造成了具有破坏性的总统补选，又加剧了这一情况。由于各政党内部没有明确的继任路线，总统们的去世在各政党内部引发了严重的派系纷争。我们发现，特别是与邻国相比，赞比亚的政权具有高度流动性，这使该国政治局势更加难以预测。政客和选民之间的联系变得越来越模糊。因此，政党的寿命很短，一旦下台或不再需要联盟，就会解体。主要的反对党——赞比亚国家发展联合党（UPND）与其（农村）选民有着更强的联系，并且一直保持自由主义的态度，但近年来由于结盟削弱了它的力量。重要的是，青年是该国最大的人口群体（66%的人口不到24岁），他们大多是在完全去工业化和日益非正规的后自由化经济背景下长大的。他们没有福利国家的记忆，不太可能参加任何社会运动，也不太可能成为任何政党的成员。随着选民的社会基础发生变化，他们对国家的期望也会发生变化（见拉夫妥俄劳斯《对津巴布韦的平行观察》，2014年）。

尽管存在政权的流动性和众多选举周期——尤其在2006年至2016年之间，但我们也看到了对赞比亚的政治和经济格局造成了一定影响的政治解决方案的变化。正如之前所指出的，2001 年以来的变化最为明显——从那时起，多党民主运动党面临着反对局面，并最终在2011年激烈的竞争选举中落败。尽管在20世纪90年代公民社会变得支离破碎、四分五裂，但当它结盟时仍然可以构成一股强大的力量，就像它在2001年联合起来防止奇卢巴企图违宪竞选第三届任期时所做的那样。在其他方面，2001 年也具有重要意义，这一年恰逢中国资本的回归，以及铜价迅速上涨所带来的经济复苏。正如两名前多党民主运动党的部长所证实的那样，政治竞争和矿业行业的发展给政府带来了要求扩大财政空间以允许社会支出的压力。公民社会与当时的反对党爱国阵线结盟，以影响矿业税的辩论。公民社会运动在网上泄露的秘密《开发协议》文件也增加了政府需迫切进行税收改革的压力。由于重要文件首次公开，媒体和议会辩论的焦点集中在这些矿业公司长期享有的税收优惠不公现象上。一些向赞比亚政府提供技术援助的双边捐助机构，也认识到《开发协议》使赞比亚处于不公平的劣势。尽管如此，所有捐助方仍然坚持，任何对税收制度的修改都应得到这些公司的支持，同时尊重合同具有法律价值的原则。在这种情况下，双方都公开表示同意谈判。2008 年 1 月，姆瓦纳瓦萨总统宣布单方面对矿业公司征收暴利税，这令所有人都感到意外。当他得出这个结论时，似乎比其他总统更广泛地与部长们就这个问题进行了磋商。但是，这种势头是短暂的，2008 年 8 月姆瓦纳瓦萨去世后，他的继任者鲁皮亚·班达一上任就取消了暴利税。前部长们认为，班达本可以轻松地修改税收制度来安抚矿业公司的情绪，而无需完全取消暴利税。虽然班达采取了其他措施来增加矿业的税收，例如可变利润税，但这些措施不太明显，几乎没有实质性增加国家从矿业部门获得的收入。

2011 年，新一届爱国阵线政府正面解决了税收和逃税问题，大幅增加了矿业特许权使用费，并堵塞了有关矿石出口的漏洞。2014年10月，在赞比亚总统萨塔去世后，有新闻报道称，矿业公司正试图重新就税率与政府谈判。或许是考虑到2015年1月的总统补选竞争激烈，需要民众的支持，新矿业法案于2014年12月通过。作为回应，拥有西北省卢姆瓦纳露天矿的加拿大巴里克黄金公司发表声明称，该公司将暂停运营。选举后不久，如预期的那样，政府和矿业公司立即重新谈判，取消了矿业税率，卢姆瓦纳矿继续运营。它遵循的模式是，一旦新政府上台，人们几乎可以保证采矿方面的利益将与现行的政治解决方案相一致，并且一如既往地与挟持赞比亚命脉的不断波动的铜价保持一致。由于是总统而不是矿业部长或财政部长宣布废除《矿产和矿业法》，因此个别的谈判和商业对国府的影响仍在继续。独立于各种税收制度及其优缺点之外，有一点始终不变，这就是从税收政治—经济分析中得出的最有价值的观察结果，即：

> 该制度受到采矿和跨部门激励措施的困扰。这些个别交易相当于一个个体化的税收制度，这使得税务行政管理变得不可能，特别是当税务管理人员可能无法获得个性化发展协定或其他合同条款的具体条款时。定义和规则不明确，在规定如何适用税收方面似乎存在很大的自由裁量权，关于如何适用规则的公开信息也很少。这种情况增加了诚信的纳税人利用法律的模糊性为自己谋取利益的可能性，也增加了不诚信的纳税人逃税的可能性，更有可能助长税收管理内部的腐败（康拉德，2014 年：15）。

经过一段时间的持续经济增长，主要捐助方对包括与矿业税有关的赞比亚政府政策的影响力减弱。合作伙伴向赞比亚提供的贷款已从 2007 年占国家预算的 40%降至 2013 年的 6%（经济合作与发展组织），2015 年仅为 2.6%。2011 年，世界银行将赞比亚重新列为中低等收入国家，尽管在 2012 年的人类发展指数体系中，赞比亚在 186 个国家中仍排在第 163 位。在这种变化的趋势下，像爱国阵线这样的政党现在能够在反新自由主义的平台上进入政治舞台，并提出回归“联合民族独立党式”的国家，尽管它没有提出全面重新国有化的建议。另一方面，捐助方越来越多地陷入“援助转向贸易”的矛盾政策之中。这导致了捐助国政府模棱两可的局面，他们既要资助本国的激进组织以防止矿业资本占主导地位，同时还要保护本国矿业公司的投资利益。

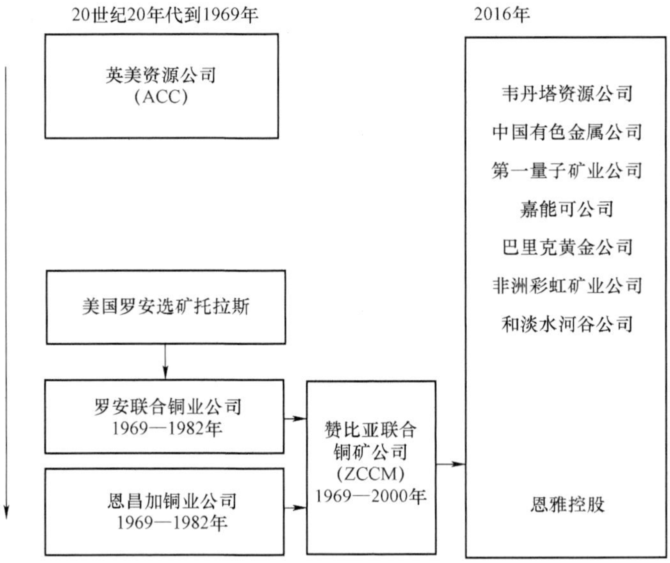

数表 4.2　赞比亚铜矿的私有制模式，20 世纪 20 年代至今

资料来源：作者整理。

从数表 4.2 可以看出，随着时间的推移，资本本身的构成和来源也发生了显著的变化。如前所述，我们对国际资本单一性质的概念提出质疑。最近私营矿山被来自不同国家的公司收购，包括加拿大、瑞士和中国。事实上，赞比亚矿业仍然由全球资本主导，只有一小部分股份由赞比亚国有企业——赞比亚联合铜业公司持有。在李所著的《赞比亚的中国资本与劳动力》（李，2017年）一书中，她将基于股东价值最大化的股东资本主义，与同样以利润为目标、但并非利润最大化的中国国家资本主义进行了区分。因此，后者的利润水平是长期的，其资本缺乏自由流动性。李认为，正因为如此，当2008年全球金融危机冲击赞比亚时，股东公司立即裁减了数千名员工，而与之形成鲜明对比的是，中国国有企业却把所有员工都留在了岗位上。这一趋势是否会在当前的低迷时期继续下去，将是对这一主题的重要考验。

李在其早期的文章中还指出，另一个推动中国在赞比亚长期投资的因素是，中国实际上需要铜矿来实现自身的发展。这与其他在赞比亚的控股公司形成了鲜明的对比，这些控股公司仅仅将铜作为一种交易商品，并没有直接使用铜（李，2014年）。这种投资的长期性结果是，这些公司被迫遵守法规/税收制度，并保持较高的政治影响力。在赞比亚的背景下，中国人明显适应了不断变化的政权和民粹主义。李（2014 年）的结论是，对于赞比亚来说，“如果有远见和政治意愿的话，中国国有资本包容性资本积累的方式，使其比全球私人资本更容易适应赞比亚的国家发展战略。”然而，中国国有资本更容易受到赞比亚政治情绪的影响，因为中国人尤其容易成为反对派政客攻击的目标，他们利用并煽动民众的资源民族主义情绪反对中国投资。赞比亚政府原本可以就赞中关系进行协商，但由于缺乏连贯的对华政策，便很少协商。中国的长期计划包括将制造业带到赞比亚，其投资建立的几个多功能出口区（MFEZs）证明了这一点。

在此期间，矿业部门的另一重大转变是在西北省的索卢韦齐区及其附近建立新的矿业飞地（见地图 4.1 和 4.2）[4]。三个相对较大的露天铜矿——坎萨希、卡卢姆比拉和卢姆瓦纳，在过去的十年中恢复运营，雇用了7 000多名工人。第一量子矿业有限公司和巴里克黄金公司，这两家控股公司总部都在加拿大，索卢韦齐则是它们发展的中心。到2007年，索卢韦齐的人口已增长到12万到15万之间，是2000年人口的三倍。这种转变可见于大量的联合活动，如工程和运输，以及正规服务（如银行、移动电话和互联网公司以及零售）和非正规服务（如出租车、街头小贩和性工作者），使之成为采掘资本主义的前沿地区（内吉，2014年）。但与铜带省不同的是，索卢韦齐没有表现出任何与国家层面相关的新兴城市政治的迹象。鉴于其在赞比亚政治历史上一直是反对派的大本营，近年来反对爱国阵线党的呼声更甚，中央政府已停止该地区亟需的基础设施建设，其中最著名的是钦戈拉—索卢韦齐高速公路。

从历史上看，索卢韦齐基本上被排除在国家层面的精英谈判之外。尽管政治意识显著增强，要求从采矿运营中获得一定比例特许权使用费的呼声越来越高，但该地区缺乏政治权力，人心不齐，人口少（只占全国选票的5%），还存在地方激进主义，这一问题无法得到解决。这一地区潜在的政治权力中间人不是工会——就像以前铜带省的情况一样，而是当地的酋长。然而，他们的收入来自政府和矿业公司，这些收入又影响他们的决策。总的来说，这些地区的人民感到被边缘化。在该地区建立矿业公司时，政府、酋长和当地居民之间沟通的缺乏反映了政府自上而下、集中化的方式，并在切洛（2008 年）引述的以下交流中体现出来：

作为社区，我们在坎萨希的矿业投资协商中没有发挥任何作用——我们根本没有参与。刚刚地方酋长来了，他把投资者介绍给我们，告诉我们应该好好地留住他们。他告诉我们："你们不应该偷他们的东西；不应该对他们做坏事。如果你们好好对他们，他们就会来发展这个地区。"（第 169 页）

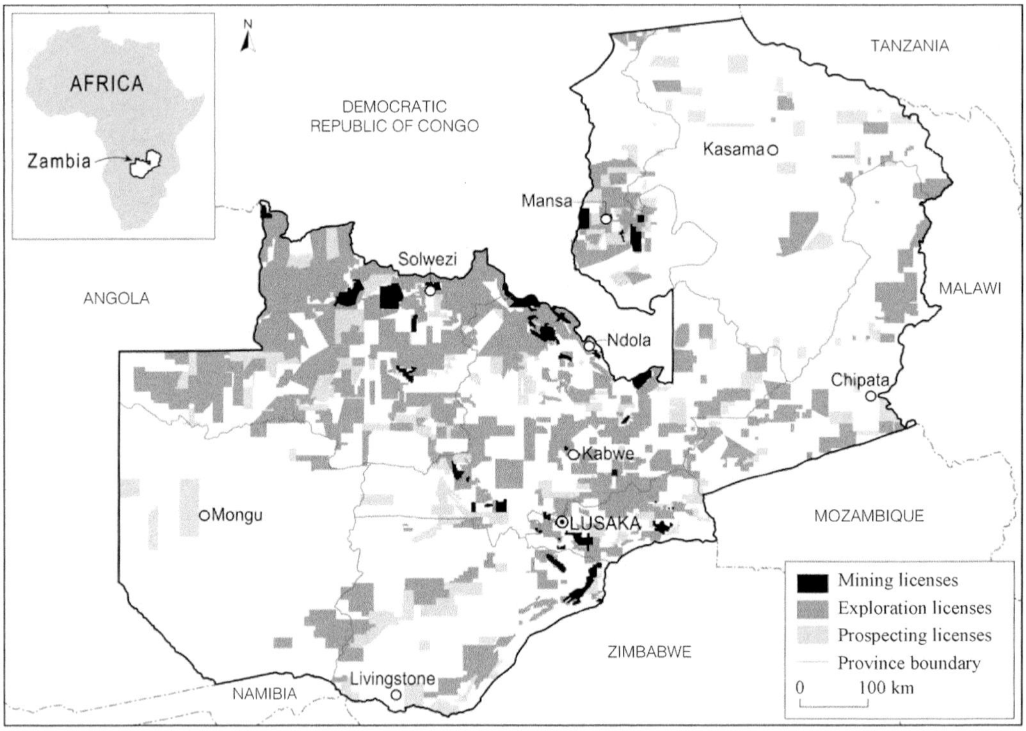

地图 4.2　赞比亚全国采矿许可证的分布情况显示，西北省和铜带省的采矿许可证特别集中，2017 年

资料来源：根据 flexicadstre.com 绘制的地图编制，2017 年 9 月。

目前尚不清楚，在 2016 年后的大选背景下，精英关系将如何发展。令人感兴趣的是，执政党在西北省进行了前所未有的竞选活动，表明该地区的政治地位日益提高。尽管执政党做出了努力，该省还是以压倒性的优势将选票投给了反对党派。就目前而言，西北省的矿业仍然是典型的飞地经济，那里的矿区实际上是与当地社区隔离的。国际公司与赞比亚政府的联系实际上是在这些公司的事务办公室所在地——卢萨卡进行的。

第五节　结　　论

赞比亚的经济发展很大程度上取决于国际大宗商品价格的周期性变化。随着时间的推移，这些变化促进了国家的改革，无论是国有化、私有化，还是最近废除发展协定。但总体而言，国家与自然资源的关系存在一定的连续性。这种现存的秩序形成于早期殖民时期，当时采掘业在经济、社会和政治领域占据主导地位。作为一个劳动力储备经济，其发展的重点一直是采矿业，并且一向是以牺牲农村腹地为代价的。赞比亚的政治文化很大程度上是由城市劳工移民（当今的城市居民）所塑造的。

赞比亚当时的发展成果，在一定程度上是由支配矿业的国际资本类型决定的。矿业最初被弗格森（2006年：35）所称的“社会密集型”资本主义所主导，矿工和他们的大家庭享有广泛的福利。铜带省在很多方面都类似于这一时期的小型发展中国家。正如上述所示，这种资本主义形式在20世纪90年代末，被一种更加自由的新自由主义形式所取代，这种形式涉及大量的中国资本，在这种形式下，矿业公司结束了与所处社区之间所有的社会契约。对私有化的不满、当地和国际中间人的腐败，以及从蓬勃发展的工业中获利甚少，导致反对党派煽动资源民族主义情绪，但没有提出对工业进行全面国有化的建议。因此，一种国家主导的发展模式回归了，但伴随着对这一进程潜化政治化的担忧与日俱增。

那么，政治解决办法在多大程度上有助于描述和解释赞比亚政治、自然资源治理和发展相互作用的方式？一方面，在权力和制度方面的政治解决，使我们清楚地了解精英阶层政治在赞比亚是如何发挥作用的，更明显的是帮助人们认识到建立广泛的统治联盟的重要性，这种联盟横跨主要城市地区和民族–语言群体。然而，尽管这些联盟有助于维持赞比亚稳定，但它们并没有刺激发展，并将非占主导地位的群体推到边缘。20世纪90年代，为了应对竞争压力，“惠顾—客户”政治不断深化，最主要的是通过分配农业补贴和（简要）对采矿利润征收暴利税。与卡翁达统治时期制度化的总统制行政制度一样，政治解决的维度也有助于解释为什么政治动员缺乏长期的社会基础。赞比亚政治解决史，帮助我们理解为什么即便这些组织有一个明确的宣言和意识形态，在实践中却变为以客户主义为中心，而不是以纲领为中心。它还阐明，政治领导人未能在小众派别中拥有长期追随者的原因，是这些政党长期以来缺乏持久稳固的社会基础。随着非正规部门的崛起和年轻一代（“后国际货币基金组织的婴儿”）的成年，社会基础正变得更加模糊和不稳定。

政治解决框架也许不太善于解释为什么政治动员的社会基础很重要，因为这些可以塑造执政联盟的发展趋势。总的来说，在赞比亚的历史中，我们可以看到包容性发展短暂实现的阶段，从20世纪60年代到70年代前中期，又从21世纪初到2014年。短暂的发展总是在铜价高企、财政空间扩大以及民族主义/民粹主义要求分配铜资源的压力下出现的。经济复苏从未持久，其潜力也从未得到充分发挥。除面对税收收入最大化的挑战之外，国家收入往往不用于生产。其结果是，在经济衰退期间，国家的消费性质立即导致外债和国内债务。新自由资本主义在赞比亚采取了一种特别非生产性的形式：它不仅分散了社会组织（如工会和农民合作社），而且还破坏了阶级形成的进程，而这反过来又可能导致了以阶级为基础的政治动员。思想和记忆似乎比政治解决办法更为重要。这些因素对赞比亚这样有着悠久的采矿历史并具有形成影响的国家来说尤为明显。

表 4.3 赞比亚不平等、贫困和采掘业指标

指标	时期				
	1964—1972	1973—1990	1991—2001	2002—2010	2011—2014
不平等					
基尼系数	—	—	51.95	51.24	57.5
贫困					
按国家贫困线计算的贫穷人口比例（占人口的百分比）	—	—	—	60.5	54
贫困人口比率为每天 1.25 美元（购买力平价）（占人口的百分比）	—	—	61	68	60.5
每天 2 美元的贫穷人口比率（占人口的百分比）	—	—	78	84	—
出生时预期寿命，总计（年）	48	49	41	49	56
识字率，成人总数（15 岁以上的人百分比）	—	65	68	65	70.6
获得电力供应（占人口的百分比）	—	13	17	18.5	22.1
小学完成率，总计（相关年龄组的百分比）	70	83	66	86	91
初中完成率较低，合计（相关年龄组的百分比）	—	18.5	27	54	60
婴儿死亡率（每 1 000 名活产婴儿）	111	103	108	75	57.4
采掘业					
矿物租金（占国内生产总值的百分比）	26.08	11.51	9.25	14.03	22.06
自然资源租金总额（占国内生产总值的百分比）	27.25	14.84	0	17.92	25.14
矿石和金属出口（占商品出口的百分比）	98.04	97.49	76.25	76.93	74.55

资料来源：作者根据世界银行报告，联合国报告和赞比亚中央统计局编制。

致谢

杰西卡·阿奇伯格为本章节的准备工作给予极大帮助，贾斯汀·西乔内亦在数据准备方面有所贡献。

附注

1. 有关赞比亚不平等、贫困和采掘业的更多指数，详见表 4.3。
2. 具体情况如下：政府已同意支付 5 500 万克瓦查作为突然取消服务合同的补偿，

并必须支付额外的1.466亿克瓦查赎回债券。赎回这些票面利率为6%、借款利率为12%～13%的债券还会产生额外的成本（伯德特，引自克雷格，1999年：40，文件号108）。对于这一代价昂贵的传奇故事的起因和受益者，有不同的版本。

3. 一名前情报人员和其他消息来源称，2001年的选举被操纵支持多党民主运动党。

4. 2015年，索卢韦齐区被细分为三个区（索卢韦齐、卡卢姆比拉和穆希达诺），每个区都有一个大型矿山。

第五章

加纳矿业的竞争客户主义与政治经济学

加纳有着悠久的矿产资源开采历史，机械化的大规模采矿往往可以追溯到 19 世纪。该国拥有大量商业矿产资源，包括石油、黄金、钻石、锰、铝土矿、石灰石和盐。黄金一直是生产的主要矿物，反映了这个国家的殖民地名字——黄金海岸。加纳曾经是世界黄金的主要生产国，在 1493 年至 1600 年间占世界黄金总产量的 35.5%（加纳共和国，2014 年：4），目前在全球主要黄金生产国联盟中排名第十，但仍然是仅次于南非的非洲第二大黄金生产国（卡普斯坦和金，2011 年）。

然而，采矿对该国发展前景的实际贡献一直受到质疑。对一些人来说（例如阿里耶，2001 年），采矿在加纳的发展努力中发挥了关键作用，特别是从其对政府收入的贡献来看。1999 年至 2014 年期间，采矿业一直是外汇总收入最高的行业（加纳共和国，2014 年：12）。[1]目前，就国内税收而言，采矿约占政府收入的 27%（同上），2012 年占商品出口总额的 43%（加纳矿业商会，2013 年）。2013 年，矿产部门的出口收入为 51 亿美元（阿里耶，2014 年）。然而，学术文献和国家政策辩论都强烈认为，加纳远远没有从其采矿部门获得足够的发展利益。一位密切关注行业的观察人士得出结论说，“采矿业……没有履行其减贫作用”（阿克巴扎，2009 年：49）。世界银行委托进行的一项研究表示赞同，认为该行业对国家总体发展努力的贡献“令人失望”（阿里耶等人，2011 年：6），自然资源治理研究所 2017 年的“资源治理指数”则将加纳在采矿收入管理方面的业绩评估为“差”（自然资源治理研究所，2017 年）。加纳为什么不能有效地将其巨大的矿产财富转化为更具包容性的发展形式？

这是一个重要问题，因为加纳被认为是非洲治理最好的国家之一，多党民主制度日益根深蒂固。2013 年，加纳在“资源治理指数”中排名最高的非洲国家（在全球 58 个国家中排名第 15 位），该指数衡量各国在透明度和问责制方面的自然资源治理绩效；2017 年，加纳石油管理指数仍然是非洲国家排名最高的国家，尽管加纳的采矿管理排名第 24 位，低于博茨瓦纳、布基纳法索和南非（自然资源治理研究所，2017 年）。加纳还被誉为“最佳实践的典范”（斯坦丁，2014 年），因为加纳的政策是将采矿租金的一部分分配给采矿地区的地方各级主管部门。从资源诅咒文献的角度来看，加纳在自然资源治理方面的经验令人费解，因为这些文献强调治理和制度的质量是将自然资源财富转化为广泛发展的最佳途径。

在本章中，我们利用政治解决文献的相关见解，探讨加纳采矿行业治理的政治问题，并加深我们对“为什么利用自然资源财富促进基础广泛的发展在历史上证明‘是困难的’”这一论断的理解（博阿基耶等人，2012 年：1）。特别是，我们认为，制度是精英们谈判的产物，因此，它们在形成发展成果方面的作用可以在嵌入的权力关系范围内得到最好的理解。这种方法不仅能够帮助我们理解为什么非常类似的正式制度往往会产生不同的发展结果，而且还允许我们分析任何国家内存在的、限制和促进制度变革和发展变革的竞争利益关系。波特埃（2009 年）使用了类似的观点，认为在博茨瓦纳，采掘业治理的差异是精英们在克服客户压力、将矿物租金纳入长期发展目标方面的相关承诺和能力的产物。她认为：

> 有着狭隘和不稳定联盟的政客们把寻租政治看作是一种有吸引力的联盟建设战略；他们对这个政治问题的反应阻碍了国家的建设……［相反，］拥有更广泛和更稳定联盟的政客们不太可能求助于寻租政治来获得政治支持，部分原因是他们更倾向于相信他们将从投资国家建设中获益（波特埃，2009 年：545）。

波特埃还坚持认为，要更全面地叙述博茨瓦纳的经历，就必须考虑到外部因素。[2] 在这些想法的基础上，我们问：权力关系、思想和跨国行为体/因素在影响加纳矿业行业治理方面（包括围绕租金分配的问题）发挥了什么作用，这些因素反过来又如何塑造矿业主导的发展前景？本章将按如下方式进行讨论。在接下来的两节中，我们将讨论从前殖民时期到现在，在加纳历史的长河中，采矿治理和政治解决之间的整体互动。第三节接着侧重于20世纪90年代初以来的时期，特别注意到了竞争客户主义解决方案如何影响采矿治理，如何有助于解释矿业对减贫总体来说令人失望的影响。最后两节讨论加纳采矿环境的两个具体特征：酋长和中央—地方关系的作用；以及重要的小规模、法律以外的采矿领域。在每一种情况下，我们都认为，政治解决方案中的中央—地方关系的性质会影响到采矿业经济包容性发展的模式和手段及其对地方发展的效果质量。

第一节 加纳的政治解决：周期化

在 1992 年恢复多党民主之前，加纳的政治历史基本上是一个政治不稳定的故事。除了恩克鲁玛（1960—1966 年）统治下的第一共和国之外，第二共和国（1969—1972 年）和第三共和国（1979—1981 年）下的平民政府都是短暂的，在政变中无法生存三年以上。随着每次军事接管，国家权力从一个种族集团转移到另一个种族集团（查赞，1982 年）。本节试图对加纳的政治解决动态进行周期化，从非殖民化进程如何为竞争客户主义的出现奠定基础开始。在独立后的头三十年里，加纳的政治解决方案在竞争客户主义、脆弱威权主义和优势领导人解决类型之间摇摆不定，然后从 1993 年恢复竞争客户主义一直到现在。这些解决方案的摘要请参见表 5.1。

1.1 后殖民时期加纳的去殖民化和竞争客户主义的出现（1874—1965 年）

在 1874 年正式宣布黄金海岸为英国殖民地之前，前殖民时期的加纳社会主要被组织成中央集权和等级化的王国，其中最强大的是阿散蒂王国。1844 年，英国与几个凡蒂酋长签署了一项政治协议。[3]该协议被称为 1844 年的邦德，它将英国的保护扩展到几个签字的凡蒂州，并赋予英国在加纳沿海地区一定程度的权力。从这里开始，英国将其管辖范围扩大到当时加纳南部的其他地区。英国的扩张引发了与阿散蒂王国中部的战争，几场战争最终导致 1901 年阿散蒂战败。英国的统治后来延伸到阿散蒂王国及其北部的腹地，成为北领地。因此，黄金海岸是以下地区合并而成的：殖民地（沿海地区），那里的社会与欧洲商人有着悠久的互动历史；在中间地带的阿散蒂领土；曾是德意志帝国一部分但在第一次世界大战后属于英国统治的托戈兰；以及北领地（NTs）（即今天的北部、上东部地区和上西部地区）。这些领土由于与殖民政府的不同互动而经历了不同的社会和经济变化（见惠特菲尔德等人，2015 年；阿卜杜来，2012 年）。

表 5.1　　加纳国家政治解决方案动态的分期化，从殖民时期至今

时期	基于可汗（2010年）类型学的执政联盟特征	执政联盟名称	执政联盟名称	政治制度类型	广义发展观
1874—1956 年	主导性的政治解决方案	1874—1950 年：英国王室 1951—1957 年 2 月：恩克鲁玛的加纳公约人民党与殖民官员之间的权力分享政府	英国王室	英国殖民统治	—
1957—1966 年	竞争客户主义	1957—1964 年：恩克鲁玛的加纳公约人民党 1964—1966 年：恩克鲁玛的加纳公约人民党	恩克鲁玛的加纳公约人民党 恩克鲁玛的加纳公约人民党	多党民主（第一共和国） 合法的一党制	民族主义/社会主义
1966—1981 年	弱势威权主义	1966—1969 年：民族解放委员会	民族解放委员会	军事–官僚机构	—
		1969—1972 年：布西亚领导的进步党	布西亚领导的进步党	军事–官僚机构（第二共和国）	自由主义
		1972—1974 年：加纳全国赎回委员会 1975—1978 年：第一届加纳最高军事委员会 1978—1979 年：第二届加纳最高军事委员会	加纳全国赎回委员会 第一届加纳最高军事委员会 第二届加纳最高军事委员会	军事–官僚–酋长机构军事（仅有）内部军事政变	—

续表

时期	基于可汗（2010年）类型学的执政联盟特征	执政联盟名称	执政联盟名称	政治制度类型	广义发展观
1966—1981 年	弱势威权主义	1979 年 6 月 4 日：武装力量革命委员会	武装力量革命委员会	军事	—
		1979 年 9 月：利曼的人民民族党	利曼的人民民族党	多党民主（第三共和国）	—
1982—1992 年	主导的领导人政治解决方案	1981 年 12 月 31 日至 1993 年 1 月：罗林斯领导的临时国防委员会	由罗林斯领导的临时国防委员会	军事－官僚机构	军事－民粹主义和新自由主义
1993—2017 年	竞争客户主义	1993—2000 年：罗林斯领导的全国民主大会	罗林斯领导的全国民主大会	多党民主（第四共和国）	社会民主/资源民族主义
		2001—2008 年：库福尔的新爱国党	库福尔的新爱国党		拥有财产的民主和私营部门主导的增长
		2009—2012 年：米尔斯*领导的全国民主大会	米尔斯 [a] 领导的全国民主大会		社会民主/资源民族主义
		2012—2016 年：马哈马领导的全国民主大会	马哈马领导的全国民主大会		社会民主/资源民族主义
		2017 年 1 月至今：阿库福－阿多的新爱国党	阿库福－阿多的新爱国党		拥有财产的民主和私营部门主导的增长

[a] 米尔斯总统在 2012 年 7 月任职期间去世，副总统马哈马成为总统。下一次全国选举是在 2012 年 12 月举行的，在这次选举中，马哈马作为加纳全国民主大会候选人竞选总统并获胜，加纳全国民主大会在议会中获得多数席位，使加纳全国民主大会在政府中获得第二个任期。

由于矿业和农业生产集中在阿散蒂领土和黄金海岸殖民地，这些地区获得了大部分殖民资本投资。相反，北领地作为后备劳动力被纳入殖民地资本主义经济（普朗格，1979 年）。这些不同的经营条件导致在去殖民化进程中形成了支离破碎的精英阵线（阿卜杜来，2012 年）。此外，殖民时期教育和经济机会集中在殖民地和阿散蒂，造成了多重区别但因经济利益又相互重叠的社会群体，这些群体往往相互冲突。这些利益冲突导致了高度的政治动员以及权力在社会中的分散，导致了走向去殖民化的分裂的民族主义运动（惠特菲尔德等人，2015 年）。

因此，加纳的去殖民化斗争与其说是非洲人和英国殖民当局之间的冲突，不如说是殖民地领土上的社会团体之间的冲突（惠特菲尔德，2018 年）。当去殖民化进程始于 1950 年主要城镇的选举、非洲成员与英国人组成权力分享政府时，这一进程在精英群体权力极其分散以及社会各阶层之间出现重大政治动员和组织的背景下发挥了作用。一些政党出现了，并且随着时间的推移，他们的联盟和组成发生了变化，因为在独立之前举行了三次选举。由丹夸领导的受过教育的精英们于 1947 年成立了联合黄金公约党（UGCC），该政党本质上是一个非洲商业游说团体，试图抓住欧洲商人进口商的贸易。曾担任联合黄金公约党秘书长的夸梅·恩克鲁玛在一群受过教育的“普通人”希望成为他们领导人的压力下，于 1949 年分离出来成立了加纳公约人民党（CPP）（惠特菲尔德等人，2015 年；惠特菲尔德，2018 年）。

以恩克鲁玛为首的公约人民党在 1951 年和 1954 年赢得了殖民政府组织的全国选举，恩克鲁玛在公约人民党和殖民政府之间的权力分享安排中成为政府商业领袖。此时，对人民党的反对主要来自联合黄金公约党和酋长们组成的国务委员会，他们要么以候选人身份参选，要么利用其下属酋长机构来支持其他地方精英。大多数酋长的代表对公约人民党政府不表同情。在加入与英国分享权力的政府之后，恩克鲁玛和公约人民党的政客们试图通过削弱酋长们的政治权威和经济基础来限制他们的政治反对派。

1954 年选举后不久，一个新的政治联盟——民族解放运动（NLM）——在阿散蒂领土上成立了。[4] 主要由阿散蒂酋长、可可农、平民协会和联合黄金公约党精英组成的民族解放运动拒绝了公约人民党关于统一宪法的呼吁，而赞成一部联邦宪法。他们的目的是使“阿散蒂人能够利用他们地区的财富来造福自己，而不是补贴该国不太富裕地区的发展”（斯莫克和斯莫克，1975 年：68）。尽管 1954 年的选举本应决定英国人在独立时将政治权力移交给谁，但民族解放运动的煽动促使殖民政府坚持在 1956 年举行全国选举，以确定公众对独立宪法性质的意愿。虽然公约人民党在这次选举中再次取得了全面胜利，并组建了第一个完全独立的政府，但各族裔和地区政党在各自的民族地区据点展示了自己的实力，主要以阿散蒂为基础的民族解放运动赢得了“‘真正的阿散蒂州’近三分之二的选票”（奥斯汀，1964 年：353）。

在顺利度过了 1954—1956 年的政治斗争之后，现在作为一个完全独立国家的掌舵者，公约人民党的统治精英们采取了几项措施来管理他们日益脆弱的权力。其中一项措施是让反对派政治家共同加入执政联盟，这是一项由公共资源按赞助方式分配的战略（拉杜瑟，1979 年：174—175；松索尔等人，2001 年；惠特菲尔德等人，2015 年）。第二项措施是通过各种法律来镇压反对派分子。此外，1960 年，恩克鲁玛推动通过了一部新的共和党宪法，该宪法将非凡的权力集中在总统手中；1964 年，加纳在恩克鲁玛领导的公约人民党之下成为一个合法的一党国家。

1.2 脆弱的威权主义，1966—1981 年

1966 年 2 月，公约人民党政府被军事政变以暴力方式推翻，标志着加纳脆弱的威权主义的开始。在这场政变之后，加纳的经济在一系列短暂的军事和文职政权的统治下陷入困境，“每个政权显然都陷入了内部竞争和个人野心，而不愿认真关注经济”（贝里，2008 年：39）。1966 年至 1981 年期间发生了七次政权更迭，这意味着政治精英派别（包括军队和文职人员）之间的权力斗争和激烈冲突持续不断，目的是要控制国家（惠特菲尔德，2018 年）。宏观经济危机引发的政变推翻了两个民主政权（第二共和国和第三共和国），

但随后军事和文职政权的执政联盟面对被排斥的政治精英不断增加的压力，无法长期维持权力（惠特菲尔德等人，2015 年）。因此，没有一个政治联盟能够执政超过七年，国家长期在民主统治和军政府之间摇摆不定，直到 1992 年恢复多党民主（同上）。

1.3 临时国防委员会统治下的主要解决方案，1982—1992 年

到 1981 年，加纳正处于严重的经济收缩之中，这导致了政治、军事和官僚精英的合法性危机，这些精英自独立以来一直在统治加纳。到目前为止，这场危机的规模是闻所未闻的，造成的结果是“1982 年加纳家庭的平均食物消耗量比 1970 年的同一家庭减少了 30%”（唐科，1997 年，引用自阿姆斯特朗，2008 年：14）。杰里・罗林斯在屈服于民主权威的第三共和国之前于 1979 年领导了一场政变，现在他改变了方向。他动员军队中的基层官兵推翻民选政府，并呼吁进行“人民革命”，从而导致社会下层的临时动员。因此，经济和政治双重危机的严重性为改变政治解决方案创造了一个机会之窗，并在临时国防委员会（PNDC）领导下，出现了一个由罗林斯领导的新的统治精英群体（惠特菲尔德，2018 年）。临时国防委员会政府在国际货币基金组织和世界银行（阿利埃蒂和麦凯盖尔，2007 年：147）的支持下，于 1983 年实施了经济复苏方案（ERP），并在 1986 年至 1991 年实施了结构调整方案（SAP），从而使该国摆脱了经济僵局，重新开始了经济增长。这些改革的影响被誉为“有益的”（欧巴拉，2007 年：15），特别是在恢复经济增长和宏观经济稳定方面。

与以前的军事政权不同，临时国防委员会的特点是执政联盟的高层派别之间有很大程度的凝聚力，这使其能够实施艰难的经济改革，而以前的政权由于太脆弱而无法进行这些改革（惠特菲尔德等人，2015 年）。这些高层派别包括：负责经济政策的技术官僚，他们来自大学或曾在前几届政府任职；由传统当局和老牌精英组成的保守派，他们在 1984 年后主要负责政治战略；“革命机关”的领导人，他们在 1984 年后几乎没有政治或政策影响力；以及所谓的“安全官员”，他们负责执政联盟的安全。权力集中在罗林斯周围，因为少数临时国防委员会精英的地位归功于他，他们自己没有独立的权力基础（惠特菲尔德，2018 年）。同时，老牌政治精英被认为是国家经济衰退的主要原因，因此没有什么合法性来挑战临时国防委员会。

临时国防委员会政府还得到布雷顿森林有关机构为采取经济措施提供的前所未有的财政支持。来自世界银行和国际货币基金组织的大量援助帮助缓冲了改革的影响，并减轻了政府开支和公共部门就业大幅削减、物价上涨和货币贬值对民众的打击。外国援助还允许临时国防委员会政府增加“发展”支出，从而帮助增强其在民众中的合法性（惠特菲尔德等人，2015 年；惠特菲尔德，2018 年）。

然而，在 20 世纪 80 年代末和 90 年代初，被排除在外的政治派别结成联盟，对临时国防委员会政府施加更大压力，要求其恢复多党统治。1988 年实行了地方民主选举，新成立的地区议会将成为地方一级负责发展决策的最高当局，此后，罗林斯于 1992 年将该国恢复多党民主。[5]这标志着加纳重新出现了竞争客户主义。

1.4 回归竞争客户主义：1992 年至今

1992 年加纳回归多党制后，出现了事实上的两党制，全国民主大会党（NDC）和新爱国党（NPP）主导了所有选举。全国民主大会党是临时国防委员会的平民蜕变，而新爱国党则起源于丹夸–布西亚的政治传统，这一传统是在第二共和国时期由加纳联合黄金公约党（UGCC）、加纳民族解放运动（NLM）、联合党和布西亚领导的进步党演变而来的。在意识形态方面，全国民主大会党宣称自己是一个寻求“确保最优生产和分配公正”的社会民主和中央集权政党（全国民主大会党，2004 年：12），而新爱国党则认为自己是一个亲市场的政党，并吹嘘私营部门是增长的主要动力（新爱国党，2012 年）。从 1992 年开始的这段时期标志着又回到了竞争客户主义，在这种情况下，这两个占主导地位的政党竞争选举权力，与类似的以派系同盟形式组成的客户网络联盟进行竞争。随着每一个选举周期的进行，全国民主大会党和新爱国党的竞争越来越激烈，候选人赢得总统选举的票数一直在减少。

在过去的十五年多里，两党轮流执政三次（2000 年、2008 年和 2016 年），总统选举有时以不到总票数的 0.5%的优势获胜。尽管实力相当，赢得选举的政党都垄断了权力和国家资源，无论其选举胜利的幅度如何。因此，每一个执政联盟都具有高度脆弱性的特点，为两党的执政精英提供了强有力的激励，以促使他们专注于政治生存的短期目标。在这一方面，执政精英往往优先考虑能够立即产生明显效益的举措，以赢得下一次选举，同时避免采取有政治代价的举措，例如关于土地所有权和酋长在土地交易中的作用的改革。

相关文献充分讨论了竞争客户主义的影响（例如，见奥杜罗等人，2014 年；惠特菲尔德等人，2015 年）。在此，我们重点讨论对自然资源治理产生具体影响的两个问题。第一，选举的竞争性日益增强，实际上破坏了就国家发展议程建立广泛和持久的政治共识的前景。因此，“国家利益按照政党路线变得支离破碎，结果是每一届新政府都遵循自己的中短期发展议程和基于党的选举纲领的支出优先事项”（吉玛–博阿迪和普伦佩，2012 年：102）。第二，获取和保持权力已成为一项日益昂贵的努力。选举的竞争性日益增强，产生了巨大的政治融资需求，而政党金融家和个别政客“投资”的资金需要“收回”。收回投资和重新注入党的资金通常是通过对授予党员的国家合同的回扣来完成的，而这些人又期望得到政治任命或商业合同的回报（鲍勃–米利亚，2012 年）。在下一节中，我们将探讨这两种动态如何塑造政治领导人与矿业公司之间的关系，以及这对矿业行业治理的影响。

第二节 长期的政治解决方案和采矿治理

在本节中，我们将讨论采矿治理如何与上一节概述的不断变化的政治解决方案相联系。我们将表明，虽然这里有明显的因果关系，但它们并不是直接的。因此，虽然采矿治理由于随着从殖民前、殖民时、到早期独立和以新自由主义为导向的政治解决方案的转变而发生了变化，但这些变化在时间上并不是完全一致的。此外，虽然竞争和以客户为导向的逻辑占据了后殖民时期的大部分时间，但它们与各种不同的采矿治理形式联系在一起。虽然治理方面的变化可能是对客户主义造成的种种压力和激励的反应，但其多样性也表明，思想和国际影响与解决方案的性质同样重要。表 5.2 概述了采矿中政治解决方案的分期化情况。

表 5.2　　加纳采矿政治解决方案的分期化

时期	决定解决方案的主要行为体	采掘业的包容发展模式
前殖民时期	酋长、部族和家庭	为当地居民保留采矿收入的三分之一
1874—1956 年：殖民资本主义	英国矿业公司，酋长	矿山就业
1957—1985 年：国家主导地位与矿山国有化	国有企业	矿山就业
1986—2008 年：矿山自由化	跨国公司、布雷顿森林机构、酋长	矿山就业
2009—2016 年：回归资源民族主义	跨国公司、布雷顿森林机构、酋长	矿山就业；通过社会转移增加税收和再分配；个体和小规模采矿（合法和非法）；通过“矿物开发基金”分配给社区

2.1　前殖民时期：主要是对矿物化土地的支配

虽然加纳的金矿开采何时开始尚不确定，但人们一致认为，在葡萄牙人于 1471 年抵达之前，当地居民早已习惯于黄金开采（阿欣，1967 年；阿宁，1994 年；杜梅特，1998 年；希尔森，2002 年）。在这一时期，资源开采和控制的中心是酋长和国王，他们是全体人民拥有的土地的托管人（杜梅特，1998 年：16）。在此期间，任何个人或团体几乎可以在他们选择的任何地方开采黄金，只要这是在他们自己的血统或传统领地范围内（同上，第 68 页）。传统领地是由一个集体权力机构（通常是酋长）代表一个大家庭、一个氏族或一个与祖先有联系的人集体拥有的土地。[6]几个世纪以来，采金收入为前殖民时期加纳所有重要王国的国家形成和巩固提供了最重要的基石之一（同上，第 41 页）。特别是在阿散蒂人中，黄金成了“王权和帝国辉煌的镜子，以及支撑国家、社会秩序和整个文化的纽带”（同上）。

杜梅特（1998 年）确定了酋长利用权力从金矿开采剩余资源的三种主要方式。第一种，也是最普遍的方法，是分成（*abusa*）股份制度，采矿者保留三分之一的收益，并将三分之一交给当地酋长或领地首领，剩下的三分之一留给国王或最高统治者。第二种，是政治当局直接征税的权力，这既来自于统治者的传统领土控制，也来自于人民对他的血缘义务。在 19 世纪阿散蒂权力的巅峰时期，主要收入来源包括人头税，按每人十分之一盎司的黄金税率征收。第三种，是通过强制的社区劳动制度，[7]在这种制度下，“给所有公民安排只为最高统治者采矿的特殊日子”（杜梅特，1998 年：71）。

总体证据表明，虽然政治解决采矿问题可以被定性为精英阶层的包容性，但就物质利益的分配而言，对大多数人口来说，政治解决方案一般仍然是排斥性的。许多现有的文献表明，在前殖民时期加纳的手工黄金开采是不值得花费这么大的努力。G. A.罗伯逊分析了黄金开采的收益与所需努力的关系，他得出结论：“为黄金工作不是一种有利可图的就业形式。”（罗伯逊，1819 年，引用自杜梅特，1998 年：77）尽管杜梅特（1998 年）强调有必要将传统采矿理解为农耕季节以外农民的收入补充，但他也提请注意黄金收入的一般排他性，因为它对大众具有社会经济意义。特别是，他提请注意“酋长”的情况，“……他们可能随时进入矿区，完全无视分成（*abusa*）份额和合法的税收制度，强行没收矿工及其家人所拥有的所有金粉和黄金首饰”（杜梅特，1998 年：75—76）。

阿欣（1978 年：97）专门写了关于阿散蒂王国的文章，也得出了类似的结论，“……黄金开采和交易对阿散蒂社会和经济的发展影响不如通过黄金开采积累的财富对阿散蒂社会和经济的影响大”，部分原因是黄金收入的很大一部分是“用于建设国家权力，这是阿散蒂国家进一步获取财富的一种手段”。此外，从税收中获得的大部分黄金用于完善酋长的王权，在这一历史时期的文化氛围中，这是一种社会和政治控制的手段。正如我们将在下面看到的那样，这个问题一直持续到现在，一些酋长继续利用他们的矿物使用费份额为他们自己和他们的宫殿服务。

2.2 殖民资本主义和酋长权力的微妙衰落，1874—1956 年

殖民主义和侨民领导的资本主义的出现促使政治解决方案与矿业治理之间的关系发生了重大变化，部分原因在于它标志着矿物化土地商业化的开始，以及对这些土地的主要控制权的微妙下降。在经历了很长一段时间的黄金生产停滞——这是 200 年奴隶贸易的直接结果——之后，欧洲对黄金海岸黄金的兴趣在 19 世纪 70 年代突然重新燃起了。19 世纪 80 年代初，随着大规模的淘金热，大量欧洲资本被投资到黄金海岸殖民地和阿散蒂，数百名买家申请了土地特许权。[8] 1892 年至 1901 年这段时期被称为加纳第一次“丛林繁荣”，当时约 400 家新成立的公司投资 4 000 万英镑开发金矿。1901 年至 1902 年期间，黄金在黄金海岸的产量增长了 400%，因为投资者在 1899—1902 年的波尔战争期间开始从南非撤出他们的利益（希尔森，2002 年：22）。

与殖民资本主义有关的淘金热的一个严重后果是“传统领地的商业化，这导致了村庄之间边界的争端，并威胁到了国家的稳定”（奥福苏－门萨，2016 年：32）。对杜梅特（1998 年：272）来说，这场土地商业化的运动是“西方资本主义对加纳西南部传统经济和社会的侵蚀最具破坏性的内容”，尤其是最高统治者、副酋长和村长们很快学会了把金钱价值附加到被认为含有黄金的土地上。[9] 部分原因是由于没有地标来明确区分土地边界，获得采矿租赁权引发了相互竞争的传统地主之间的诉讼浪潮。

与此相关的一个问题是酋长权威的缓慢恶化。杜梅特（1998 年：175）确定了三种导致殖民时期传统权威结构受到侵蚀的汇合力量：（1）将逐渐减少对沿海酋长的尊重作为殖

民统治和西方化的一个长期要素；(2) 在欧洲探矿者和非洲中间商因特许权租赁而带来的回报的诱惑下，内陆地区的酋长权力进一步分裂；最后，(3) 殖民政府的任意行动，例如偶尔对“拒不服从”的酋长进行废除。矿物化土地的商业化使这些模式更加复杂化。虽然一些酋长通过向欧洲人出租矿物财产而获得了相当多的财富和权力（杜梅特，1998 年：75），但另一些酋长则失去了权威和控制权。根据阿肯法，矿物土地的租赁主要属于酋长（*ahenfo*，阿亨弗）的权力范围，使他们能够从外籍采矿承租人手中增加权力和财富。与此形成对比的是，最高统治者（或 *amanhene*，阿曼尼）从特许权租让中获得的回报太少，他们越来越抱怨他们在决策中的传统政治权力和作用被“侵蚀或绕过”（杜梅特，1998 年：273）。

然而，总的来说，是资本主义的外籍公司，以及一些非洲沿海租让地的中间商——比如约瑟夫·道森——有时成为国王和酋长的顾问（杜梅特，1998 年：275），从黄金贸易中“成为财富和权威的真正掌权者”。在此期间，欧洲矿业公司是金矿开采的主要受益者，这是因为它们向殖民政府施加了巨大压力，要求通过提供基础设施和管理框架，为其业务创造有利环境。[10] 正如齐卡塔（1997 年：9）所指出的，英国矿业公司的利益对加纳殖民时期矿产政策的制定和执行产生了重大影响。例如，1933 年通过的《汞条例法》——禁止在采矿活动中使用汞——得到了英国国内矿业公司的协助，他们向伦敦殖民地办事处和黄金海岸总督施加压力，要求他们创造进入殖民地的机会。由于禁止使用汞，当地居民的采矿活动受到损害。这反过来又削弱了酋长的控制，因为他们失去了劳动力需求方面的影响力（苏玛，2010 年：12）。这项新法律有效地将小规模采矿定为刑事犯罪，这也意味着，在矿产财富的分配方面，大量农村人口被排除在外。

然而，直到 19 世纪 90 年代中期，殖民政府一直坚决反对为当地民众提供由税收支持的教育和公共卫生措施，理由是这些支出将使殖民地国库背负巨额债务（杜梅特，1998 年：278）。在进行公共投资时，如在基础设施提供领域，这些投资往往是为了帮助进一步开采资源，结果导致没有丰富矿物和殖民地国家感兴趣的其他资源的地区被排除在外。这就是加纳当代南北不平等的根源，在这种不平等中，北方仍然贫穷得多（阿卜杜来，2012 年；2017 年）。

2.3 独立后的改革和矿山国有化：1957—1985 年

殖民统治之后，大多数独立的非洲国家政府都在更广泛地行使其自然资源和经济的全部主权和控制权。此外，本书中讨论的所有四个国家在这一时期都经历了采矿运营的国有化。这些进程当然没有绕过加纳，1957—1986 年期间的特点是国家积极参与采矿业和其他经济部门。在 1960 年代初颁布了一系列法律之后，几乎所有的采矿公司都被完全国有化了，国家黄金矿业公司（SGMC）于 1961 年成立，接管了原有的矿山。各种独立后执政联盟以创造大量就业机会和最大限度地通过出售矿物获得外汇为理由，为这一“国有化项目”辩护（齐卡塔，1997 年）。

然而，面临的一个挑战是如何处理酋长对矿产资源丰富土地的持久控制问题。如前所述，尽管有一系列直接和间接因素导致殖民时期酋长的权威受到削弱，但在殖民统治结束时，农村地区仍然基本上处于其统治之下。尽管在集中决策和获得对宝贵自然资源的全部主权的总体框架内，恩克鲁玛领导下的第一个独立后政府接受了殖民采矿立法，将所有矿产丰富的土地交给了殖民总督。

1962 年，以加纳公约人民党为首的恩克鲁玛政府通过了《矿产法》(第 126 号法案)，规定将矿产所有权赋予“……代表共和国并为加纳人民代管的总统”(齐卡塔，1997 年：10)。自 1969 年以来，这一规定在加纳多部宪法中得到了体现，1986 年的“矿物和采矿法”及随后于 1993 年和 2006 年进行修订的法律等文本也重复了这一规定。1962 年通过的《矿产法》和《土地管理法》(第 123 号法案) 也赋予行政当局实质性权力，能够决定所有土地的使用和管理，包括被称为“传统领地”、由酋长主持的社区所拥有的土地。这些法律还规定，对传统领地的付款不应直接付给所属社区的代表，而应付给行业部长，他将为“维持传统权力机构、为该地区人民的利益而开展的项目以及该地区的地方政府机构”分配部分资金(齐卡塔，1997 年)。这种安排在如今也基本上保持不变，只有非常微小的变化。

这个国有矿业时代见证了加纳经济形势的严重恶化，因为各国政府的保护主义政策扼杀了该国出口部门更广泛的投资。缺乏公共和私人投资使得国有矿山缺乏竞争力。因此，国家黄金矿业公司亏本经营，不得不关闭大部分业务。到 1982 年，黄金产量下降到 232 000 盎司，约占 1960 年产量(900 000 盎司)的四分之一。矿业行业对更广泛的经济的重要性也相应下降；1982 年，该行业在国内生产总值中所占份额为 0.3%，低于 1968 年的 2.5%(阿迪，1998 年：234)。

2.4 结构调整与跨国公司的崛起，1986—2008 年

尽管 1982 年的加纳临时国防委员会政府明显标志着一个新的政治解决方案，但只有经济条件恶化和“政权生存的政治需要”[11] 的双重压力，才导致准军事统治精英明确转向新自由主义议程，并在 1986 年通过了一项结构调整计划(SAP)。作为结构调整计划改革的一部分，加纳接受国际货币基金组织和世界银行的贷款附带条件，包括采掘业私有化。在这一期间为振兴采矿行业而采取的几项政策倡议中，最重要的是颁布了《矿物和采矿法》(临时国防委员会法律第 153 号，1986 年)，并通过该法律设立了一个管理矿产行业的矿业委员会，放宽了采矿制度，同时向私人投资者提供了重大的新利益。这项法律的内容在很大程度上是由世界银行的泛大陆采矿战略推动的(阿喀巴扎和达里马尼，2001 年；阿喀巴扎，2009 年)，其中将促进私人投资描述为“捐助者干预非洲采矿的主要目标”(世界银行，1992 年：xii)。

新的采矿法为外国矿业投资者提供了大量的税收优惠，包括慷慨的资本和投资补贴，允许在第一年注销 80%的总投资。矿业公司还可以在离岸账户中维持其矿产销售总额的谈判水平。这些措施，加上金价上涨，激发了对加纳采矿行业新的兴趣：在 1986 年至 1989 年期间，政府发放了超过 55 份黄金勘探许可证(坎贝尔，1998 年，引自霍奇福尔，2002

年：83）。这些改革导致矿物产出大幅度增加（见图 5.1），黄金出口在整个国民经济中占据重要地位。1984 年至 1995 年，黄金出口占出口总额的百分比从 22%增加到 45%（苏玛，2010 年：23）。然而，加纳社会在这一时期并没有出现更大的包容性，区域、性别和城乡不平等现象在整个 20 世纪 90 年代实际上有所增加（加纳统计局，2007 年）。采矿业似乎也没有对受采矿影响社区的减贫产生任何重大影响。世界银行的一份内部评价报告内容如下：

对占有加纳矿区最大份额的瓦萨区的实地访问证实，采矿和农业之间争夺耕地，当地基础设施状况差，公共服务不足，失业率高。瓦萨的当地经济似乎没有通过持续的经济增长和改善的公共服务从大规模采矿中获益。……当地人觉得并没有从“他们”的土地上开采出来的资源那里得到明显的好处……（世界银行，2003 年：20）。

在矿业行业多国投资激增的同时，还出现了从地下采矿向地面采矿的重大转变（到 2014 年，不同类型采矿许可证的分配情况见数表 5.1）。由于地面采矿需要获得大量土地，这导致了矿业公司和当地居民之间对土地的竞争加剧。因此，20 世纪 80 年代末和 20 世纪 90 年代初，对采矿社区不满的居民的愤怒情绪开始增加。[12] 同时，大规模采矿的资本密集性也意味着，很少有当地人能够在新的矿业经济中获得就业。

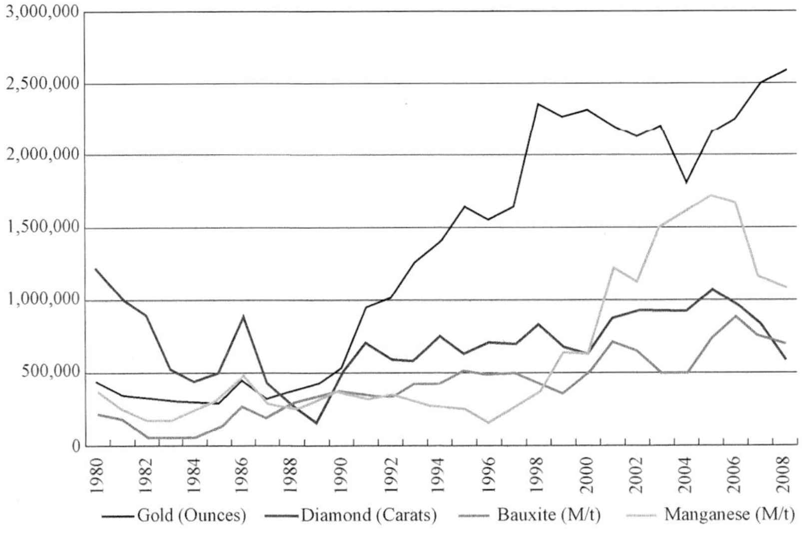

数表 5.1　主要矿物生产趋势，1980—2008 年

资料来源：根据阿克拉矿物委员会的原始数据。

到了 20 世纪 80 年代末，由于当地社区的抵抗而引起的土地使用冲突问题，政府颁布了三项旨在将手工和小规模金矿开采纳入官方经济的法律。1989 年，作为结构调整计划改革的一部分，通过了《小规模黄金开采法》（临时国防委员会法律第 218 号）、《汞法》（临时国防委员会法律第 217 号）和《贵金属销售公司法》（临时国防委员会法律第 219 号）。所有这些都是为了使以前非法的手工和小规模部门合法化和正规化。[13] 根据临时国防委员会第 218 号法律，手工采矿者可在指定地区申请最多 25 英亩的特许权，然后通过矿产委员会获得采矿许可证。《汞法》将从授权销售商那里购买汞用于黄金生产的行为合法化，而临时国防委员会第219号法律设立了贵金属销售公司（PMMC），为小规模开采的黄金提供了市场（齐卡塔，1997年）。在此之前，手工和小规模运营商生产的大部分黄金被走私到邻国（阿迪，1998年；特施纳，2012年）。

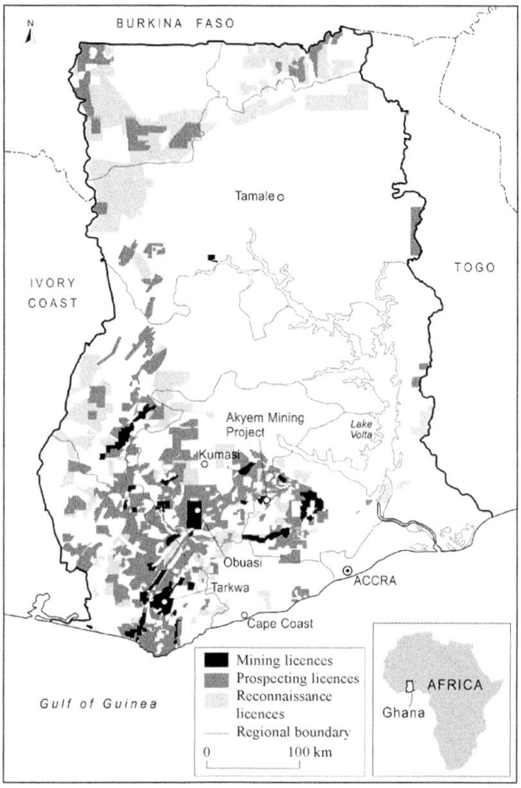

地图 5.1　加纳采矿许可证的地理分布情况，2014 年

资料来源：美国乐施会（2014 年）。

1986年的法律一直是采矿部门的实质性立法，直到2006年被取代。在这一方面，跨国思想和跨国行为体的影响也是非常重大的。经过该法律十多年的实施，多国矿业公司和国际金融机构（特别是世界银行）开始对1986年的采矿守则表示不满，认为它无法与其他矿产资源丰富的非洲国家竞争，加纳的投资正在流失到坦桑尼亚、几内亚和马里等国家，这些国家的法规远比加纳要宽松。因此，2001 年，加纳与有关顾问签订了合同，以审查现有的采矿守则，目的是保持加纳采矿法规的国际竞争力（阿喀巴扎，2009年）。世界银行（2008年：32）将由此产生的2006年《采矿法》描述为“更有利于投资……符合该行业的国际最佳做法”。例如，公司所得税税率从35%降到了25%，同时取消了35%的额外利得税[14]。结果之一是，当矿业公司在21世纪初以来大宗商品价格上涨、开始赚取超常利润时，没有法律依据对它们征收额外税收，而政府引入新的暴利税的尝试适得其反。

在库福尔总统（2001—2008 年）领导下的加纳新爱国党政府执政期间，这一更为自由的 2006 年《采矿法》的通过相对简单，因为其“拥有财产的民主”意识形态与世界银行亲商的意识形态观点密切相关，加上加纳民间社会相对缺乏持续和系统的挑战。阿喀巴扎（2009 年）指出，虽然导致新法案的协商进程涉及采矿业中的几个行为体——包括矿区商会、传统统治者、小规模采矿者的代表和代表全国非政府组织采矿联盟（NCOM）的第三世界网络——但这些行为体之间权力关系的不平衡导致了矿业公司的支配权。因此，尽管该法案草案包含了各种民间行为体向议会提交的若干提案，但随后的“幕后磋商改变了有关社区和民间社会团体的命运”（阿喀巴扎，2009 年：39）。

虽然这一时期的私有化涉及作为投资者的跨国公司与作为底土所有者的国家之间的直接谈判，但平行的发展也涉及酋长和手工和小规模运营商之间的直接谈判。事实上，酋长对土地的持续影响在加纳催生了平行的矿产许可制度——一种是正式的（由国家授予大型矿业公司），另一种是非正式的（主要由酋长授予非法小规模经营者）（尼阿姆和布洛克，2010 年；另见下文的第五节）。根据目前的安排，尽管所有矿产都归总统所有，但大部分含金土地仍牢牢地由传统议会控制。土地权和矿业权之间的这种二分法对控制加纳的非法采矿活动构成了重大挑战，因为非法经营者继续从酋长和其他传统所有者那里获得土地以开展业务，我们稍后再回到这一点。[15]

2.5 资源民族主义的回归？2009—2016 年

从 2009 年到 2016 年，这段时期可能被描述为对独立后早期改革的资源民族主义的回归。然而，政府这一次采取了各种财政改革措施，鼓励私人矿主从自然资源开采中赚取更多收入。2009 年，加纳全国民主大会政府引入了国家财政稳定税，对包括采矿在内的某些行业的公司利润（税前）征收 5%的额外税。此后不久，2010 年对《采矿法》进行了修正，即《矿物和采矿（修正）法》（第 794 号法案），该法规定了 5%的全面特许权使用费，并废除了 2006 年《采矿法》规定的 3%至 6%的浮动比例。然而，2012 年国家预算报告中宣布了最激进的改革，其中提议将公司税率提高 10%（即到 35%），并设置 10%的新的暴利税。还成立了一个由 7 名成员组成的采矿审查委员会，负责审查所有被认为有损国家利益的采矿协定。

大宗商品价格的上涨是这些财政改革最重要的推动力[16]。随着商品价格的上涨（见数表 5.2），对国家利益的关切被广泛认为是许多新提议的政策改革的关键政治理由。在提交 2010 年预算报表时，财政部长表示关切的是，外国跨国公司对黄金价格上涨作出了反应，增加了产量，但没有对政府收入作出相应贡献（加纳共和国，2009 年：19）。

> 采矿方面的事务是公平和透明地分享从开采我国宝贵和不可替代的自然资源中获得的利益和额外收益。……在最近的全球金融危机中，黄金、可可和石油的价格达到了历史最高水平。然而，这个国家根本没有从涨价中获益。……因此，政府采取了大胆的步骤，严格审查财政制度和采矿协定，以确保该国充分和公平地受益于采矿行业的成果。（加纳共和国，2011 年：54）。

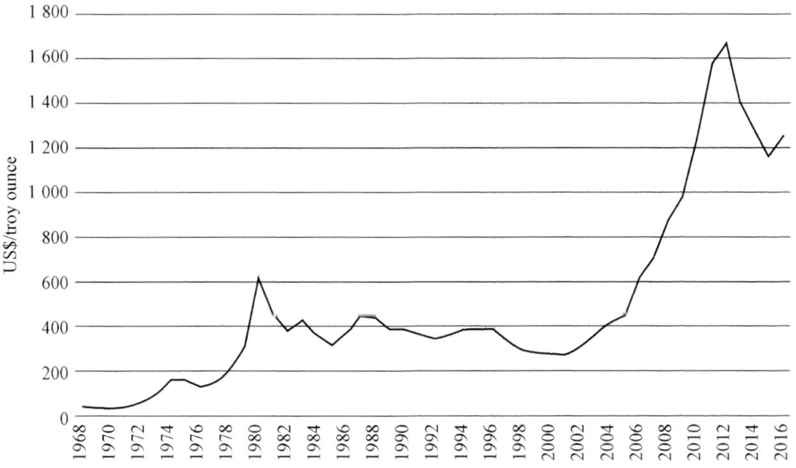

数表 5.2 世界黄金价格（美元/金衡盎司）1968—2016 年。价格基于 99.5%精粉，下午定价，伦敦

资料来源：联合国贸易与发展会议统计处（2017 年）。

第二个重要解释涉及跨国支持和思想的变化，世界银行和国际货币基金组织都公开支持政府的举措。正如能源和石油部主任在一次采访中告诉我们的那样，“……这一次，国际货币基金组织和世界银行实际上是站在政府一边的。”黄金价格飞涨，甚至促使自由化采矿制度的传统缔造者（即世界银行和国际货币基金组织）都呼吁政府提高某些税收，以最大限度地提高资源开采的效益（全国采矿联盟，2011 年）。2011 年，国际货币基金组织驻加纳代表团团长克里斯蒂娜·德斯金特别建议加纳当局探讨如何改善采矿部门的税收，指出国际货币基金组织“支持采取额外的税收政策措施，特别是在自然资源领域”（昆齐，2011 年）。[17]

还有证据表明，新的税收改革反映了加纳全国民主大会执政联盟的社会民主理念，以及该党承认“分配正义”是其治理方针的一项重要指导原则（加纳全国民主大会，2004 年）。早在 2008 年，该党还是反对党时，就强调必须重新界定采矿在国家发展议程中的作用。

具体来说，它的重点是需要“强化矿业财政制度并通过更大的国家附带利益、更高的特许权使用费和更切合实际的资源租金税收为国家和矿业社区获取更多的租金……”来“优化国家利益或保留在该国采矿投资的收益”（加纳全国民主大会，2008 年：58）。[18] 由于这些承诺是由反对党做出的，因此很难将这些声明解释为纯粹是为了获得更多采矿收入，以解决财政限制并获得连任。重要的是，这些承诺与当时更亲商的加纳新爱国党执政联盟的承诺大不相同，后者 2008 年的竞选宣言承诺进一步削减公司税，以“鼓励和支持企业”（加纳新爱国党，2008 年：6）。这一分析表明，对资源繁荣的反应不仅取决于执政联盟的稳定性/脆弱性（波特埃，2009 年），而且还取决于这些联盟中占主导地位的精英的意识形态取向。

尽管如此，大多数受访者认为，物质利益在推动新的税收改革方面所起的作用，比加纳全国民主大会执政联盟的意识形态导向更为重要。土地和自然资源部的一位受访者表示，在矿业繁荣的高峰期，“政府处于紧要关头，需要资金；他们需要找到解决财政缺口的办法。”随着采矿业日益取代可可成为历届执政精英的“摇钱树”，受访者声称“……除了关注自然资源行业，政府别无选择。”受访者还指出，正是由于对现金的这种压倒一切的需求，才解释了为什么改革是由财政部发起和倡导的，而不是由土地和自然资源部发起和倡导的，尽管土地和自然资源部对采矿活动负有直接的任务。

然而，政府提议的改革的实施情况却差强人意，暴利税根本没有实施，部分原因是来自矿业公司的巨大压力。[19]在 2014 年达沃斯世界经济论坛上，时任加纳总统约翰·德拉马尼·马哈马指出，加纳政府暂停征收暴利税的依据是，公司威胁要裁员，并将生产投资转移到其他国家：“他们威胁说，如果我们实施暴利税，他们就会裁员，而且因为我们需要工作，你不希望工人被解雇，你就被强迫接受他们的做法。”（《加纳纪事报》，2014 年）一些关键行业行为体还将暂停暴利税主要归因于“时机不佳”（阿里耶，2014 年），因为在政府开始实施这一税收时，金价开始下跌，削弱了政府对该税的主张（同上）。其他非洲国家（如马里）当时在降低税率的事实“对政府的改革方向施加了额外的限制压力”（同上）。

如表 5.3 所示，必须指出的是，自 2012 年以来，公司税率提高了 10%，特许权使用费提高了 5%，这有助于通过采矿改善政府的收入。然而，该表还显示，自 2013 年以来，随着黄金价格开始下跌，政府企业所得税收入以及采矿业对加纳税务局（GRA）收入的总体贡献也开始减少，尽管黄金产量仍然相当高，并持续增长到 2015 年。这突出表明，全球大宗商品价格波动可能给加纳等资源依赖国家的公共财政带来重大压力，并可能对统治精英的发展构想产生潜在影响。正如我们的一位受访者恰如其分地指出：“加纳非常依赖采矿行业，一旦矿物价格波动，我们的预算就必须波动。”[20]

表 5.3　黄金生产和政府采矿收入（单位：加纳赛地，2005—2015 年）

年份	黄金产量（盎司）	矿业权使用费	公司税	预扣所得税	采矿对加纳税务局的贡献总额	采矿贡献总额占加纳税务局的百分比
2005	2 149 372	23 595	26 988.96	19 405 894	72 285 749	11.21%
2006	2 244 680	31 625	40 436.18	21 652 578	74 822 760	10.20%
2007	2 486 821	40 882	47 415 690	34 587 597	123 021 866	14.42%
2008	2 585 993	59 005	73 554 697	47 139 242	179 978 383	15.32%
2009	2 930 328	90 416	124 600 880	103 061 985	319 022 676	18.21%
2010	2 970 080	144 697	241 578 780	132 469 710	519 682 174	21.29%
2011	2 924 385	222 024	649 902 536	161 822 107	1 034 221 712	27.61%
2012	3 166 483	359 392 853	893 773 828	207 495 934	1 461 202 977	27.04%
2013	3 192 648	364 673 038	518 545 259	220 131 571	1 104 047 315	18.71%
2014	3 167 755	470 356 949	441 235 059	259 459 815	1 172 117 330	15.38%
2015	2 848 574	485 632 657	463 128 598	404 743 477	1 354 379 971	14.90%

资料来源：来自阿克拉矿物委员会的数据；另见加纳矿业商会（2016 年）。

在繁荣时期，加纳政府采矿收入增加，贫穷和赤贫发生率显著下降。事实上，到2010年代初，采矿行业贡献了37%的出口收入和19%的直接税收，使之成为加纳经济中最大的纳税部门（加纳矿业商会和国际采矿与金属理事会，2015年）。同时，在2006年至2013年期间，估计全国贫困率从31.9%下降到24.2%，而同期极端贫困率从16.5%下降到8.4%。这些削减使加纳成为撒哈拉以南非洲第一个实现“千年发展目标”的国家，即到2015年赤贫人口减半。尤其是北部三个较贫穷的地区在减贫方面取得了重大进展，这体现为在此期间区域收入不平等现象的减少（见表5.4）。然而，不同的社会经济群体、农村和城市地区以及三个历史上较贫穷的北部地区和该国其他地区之间的贫困水平仍然存在显著差异。

表5.4　加纳北部较贫穷地区和整个国家的贫穷趋势，2005—2013年

	贫困发生率（占人口的百分比）		赤贫发生率（占人口的百分比）	
	2005/2006	2012/2013	2005/2006	2012/2013
北部	55.7	50.4	36.1	22.8
上东区	72.9	44.4	56.9	21.3
上西区	89.1	70.7	76.0	45.1
加纳	**31.9**	**24.2**	**16.5**	**8.4**

资料来源：加纳统计局（2014年）。

然而，矿业收入的增长是否促成了这一趋势，这是一个完全不同的问题。采矿与包容性发展之间的直接因果关系很难确定，因为加纳的采矿收入不是专门用于具体的发展投资，而是直接转入用于一般预算支助的综合基金。然而，现有的证据表明，随着2010年商业石油的生产，采矿收入的增加确实影响了统治精英阶层的发展想象。这体现在几项特别社会干预方案的实施上，这些方案旨在增加针对最贫穷和最弱势群体的举措的公共支出。加纳最近减贫的主要原因是国内生产总值增长率高，政府发展支出增加。特别是一些具体的干预措施，如2010年启动的“加纳萨凡纳加速发展管理局（SADA）”和加纳“增强生计消除贫困能力项目（LEAP）”，都有助于较贫穷的北部地区减贫。[21]为了在20年内将加纳北部居民的收入翻一番并将贫困率降低到20%（加纳政府，2010年），“加纳萨凡纳加速发展管理局”的启动被广泛认为是加纳历史上为缩小南北发展差距所作的最全面的努力。“加纳增强生计消除贫困能力项目”是加纳的旗舰现金转移方案，为极端贫困家庭提供两月一次的现金补贴，这些家庭至少有一名老年人（65岁以上）、残疾和无法工作的成员，或者是孤儿或弱势儿童（OVC）。数表5.3显示2010年至2016年期间的预算拨款。

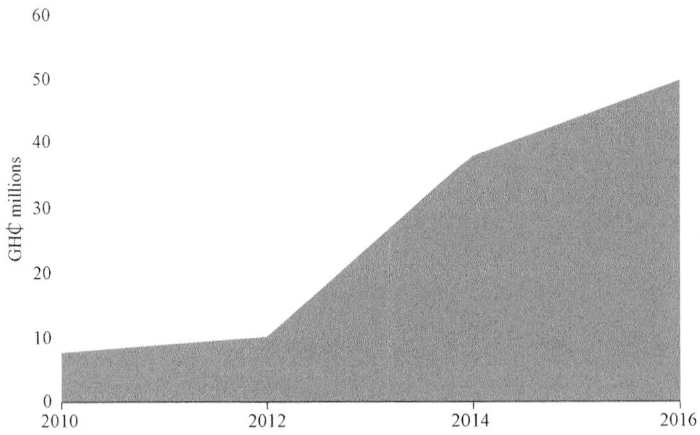

数表 5.3　对加纳增强生计消除贫困能力项目（LEAP）的预算拨款（百万加纳赛地），2010—2016 年

资料来源：加纳财政部（2017 年）；加纳国家发展规划委员会（2017 年）。

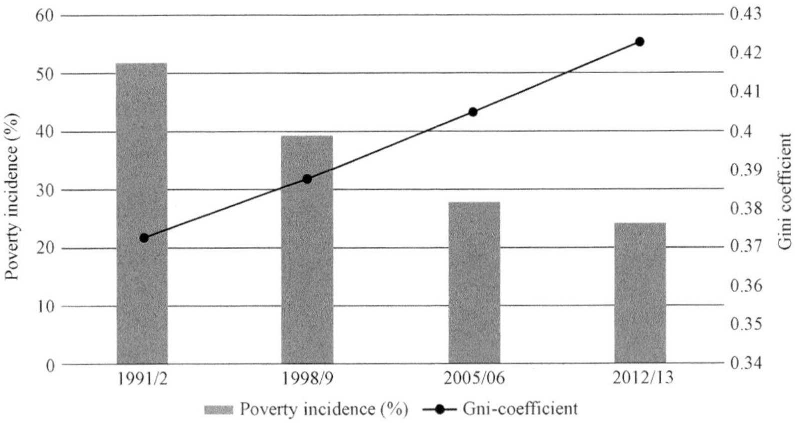

数表 5.4　贫困和不平等趋势，加纳，1991—2013 年

资料来源：加纳政府（2014 年：18）。

我们在此并不是说采矿收入总是以有助于减少加纳贫困和不平等的方式使用。相反，加纳社会的权力分配及其产生的竞争客户主义大大损害了对采矿收入在促进更大程度的包容性发展和更广泛追求国家利益方面的有效利用（另见下一节）。例如，虽然获得更多的矿产收入可能使政府能够启动若干社会干预方案，但其中大多数方案，包括“加纳增强生计消除贫困能力项目”，都受到了出于政治动机的不良目标的影响，境况较好的人甚至比最贫穷的人受益更多（琼斯等人，2009 年；沃顿，2012 年；德布拉，2013 年；阿卜杜来和休姆，2015 年；阿卜杜来和希基，2016 年）。如数表 5.4 所示，1991/1992 年至 2012/2013 年期间，加纳的总体贫困水平下降了 27.5 个百分点，而其基尼系数自 20 世纪 90 年代初以来一直在增加。加纳政府承认这些日益严重的不平等现象是一个主要问题，认为这是“一个危险的迹象，表明减贫努力没有适当针对最需要的人”（加纳政府，2012 年：22）。

第三节 竞争客户主义和采矿行业治理

大多数加纳学者认为，采矿对广义发展的影响较为有限，原因是缺乏指导有效利用矿物租金的长期计划。有人认为，政策改革几乎完全侧重于从采矿中创造收入，但“没有长期投资的政策”（阿伊等人，2011 年：36）。矿物租金的支出往往“没有认识到有必要将矿物收入转化为长期实物和人力资本”（加纳矿业商会和国际采矿与金属理事会，2015 年：51）。此外，正如一位受访者所指出的，政府经常以现金方式（收取）特许权费用……并把它（花）在下一个预算里。[22] 这使得采矿行业成为一个“经济飞地”（阿喀巴扎，2009 年：51；布洛赫和欧乌苏，2012 年）。这些动态表明了一个竞争客户主义解决方案的必要性，这一方案有助于解释加纳长期以来的自然资源治理问题。

精英们在长期发展中投资矿产财富的决心取决于执政联盟的稳定性/脆弱性（波特埃，2009 年）。在竞争客户主义的解决方案中，执政的政治精英们认为，他们不太可能长期掌权来从累积的投资中获益，因此他们的动机是利用矿物租金来获取短期政治利益。正如利维（2014 年：35）提醒我们的那样，竞争客户主义政治解决方案是建立在一个可接受的权力更迭前景之上的，即“无论哪个派别掌权，他们都可能只有一个短期的时间范围。”加纳政治已发展成为一种高度竞争性和对抗性的游戏，在每一轮选举中，两个占主导地位的政党之一“会被横向排除在权力之外”。因此，执政联盟往往面临被排除在权力之外的强大精英集团的高度横向对立。这种政治环境激励着政治精英们专注于提高其短期政治生存前景的相关举措。

惠特菲尔德（见惠特菲尔德等人，2015 年；惠特菲尔德，2011 年 a；2011 年 b；2018 年）表明，这种形式的政治是如何使加纳在过去几十年中难以实现结构转型的。她指出，政治生存战略包括分配和消费驱动的支出，旨在向执政联盟的高层和下层人员提供资源和经济机会，以及向尽可能多的民众提供有形商品和服务，以“左右”选民的方向。惠特菲尔德指出，这些支出耗尽了国家的财富，却没有用于再生产，更不用说扩大财富了。她还认为，这些行动的一个后果是缺乏对发展经济生产行业的持续政治承诺，而这些行业对于结构转型和广泛发展至关重要。

这些动态在没有长期发展计划的情况下尤为明显，无论是在采矿行业，还是在整个经济中。为本项目接受采访的一位关键行业观察员指出：

> 我们对整个国家有长远的愿景吗？没有。……在我们的政治中，“赢者通吃”的因素使得每个人都有必要考虑短期的政治利益——即他的政治生存、政党和他自身的利益——因此，他们的眼光不会超过竞选时期。

土地和自然资源部的另一位受访者解释了加纳由矿业主导的发展所面临的挑战，即与“政府关于采矿的短期观点与长期观点”有关的差异。他阐述了以下要点：

> 你有一座矿山，可能要运营20至50年……你有潜力确保它与经济的其他部门相结合，并创造出一种比矿山本身大得多的经济活动……然而，你选出的政府的任期最长为4至8年。如果你负责那个政府，你会怎么做？你正在寻找利益，以帮助管理你的政府；你并不是要为你的对手创造条件，让他们来获取政权和利益。

因此，虽然1994年起草了完整的国家采矿政策，但直到2016年才实际出台。受访者指出，精英阶层显然缺乏对采矿业长期发展愿景的承诺，这意味着行业内的监管框架很少伴随有指导日常实施的政策出台：

> 当你拥有自然资源时，你的长远愿景是很重要的。一旦你有了你的长期愿景，你现在就会看看将你带入长期愿景的政策。你的政策将有具体的目标。这些目标将由你们制定的法律来实现。然后，你就有了一些条例，详细说明了法律中的各项规定是如何解释和适用的。但实际情况是这样的：在采矿业，我们在2006年通过了一项《矿物和采矿法》。到了2014年，我们才有一个采矿政策草案。因此，在考虑政策之前，我们已先把这一法案付诸实施。那么，在这段时间里，法律一直追求的是什么政策目标呢？

油气部门的情况也类似。事实上，《石油收入管理法》（PRMA）要求石油收入的支出必须遵循与长期国家发展计划相一致的中期框架。然而，在七年的商业石油生产之后，这样的计划仍然没有出台，而是允许执政的政治精英继续随意使用石油收入。国家发展规划委员会（NDPC）最近和目前正在进行的发起具有法律约束力的四十年发展计划的尝试，最初遭到了两个主要政党的强烈反对，理由是这样的计划会限制他们履行政党宣言的能力。时任国家发展规划委员会主席的奎西·博奇韦回忆道，一份政府白皮书“试图搁置对长期发展规划的呼吁”，而马哈马总统随后坚称，任何这样的“长期发展计划……都必须具有适应政治和意识形态取向的灵活性”（欢乐在线，2015年）。

加纳政治家倾向于高度酌处权，这在采矿协定的谈判和采矿许可证的分配方面也很明显。根据加纳的采矿法，部长有权“谈判、授予、撤销、暂停或恢复矿业权”（2006年《矿产和采矿法》第5［1］节）。矿物许可证“将以部长确定的形式和条件”发给公司（同上，第6［3］节），部长也有权与矿业公司签订稳定协定。这类稳定协定的持有者将不受随后与支付关税或其他进口税、特许权使用费、税收、费用和其他财政进口有关的变化以及与外汇管制、资本转移和股息汇款有关的法律的影响，期限最长可达15年（同上，第48节）。

这些权力使这样的部长得以与矿业公司达成一些令人高度怀疑的协议，比如21世纪初与加纳纽蒙特公司和盎格鲁黄金阿散蒂公司签署的财政稳定协议，这两家公司（他们合计占黄金总产量的五分之二：博阿基耶等人，2012年：12）受到了税收优惠的保护。因此，尽管《采矿法》将特许权使用费的支付固定在3%～6%的浮动比例上，但纽蒙特公司的稳定协议将其黄金生产的总特许权使用费定为 3.0%的最低允许费率。[23] 没有稳定协议的公司，其公司税率为 35%，而纽蒙特公司与政府的协议规定的最高税率为 32.5%。该公司还免缴其所有进口物品的增值税，以及所有外国和当地购买的服务和供应品的增值税，只要这些服务和用品与业务有关。此外，与《采矿法》规定的加纳政府至少拥有 10% 的国家股权相反，加纳政府在纽蒙特公司的业务中没有任何股份。

现有证据还表明，此类保密稳定协定的签署往往发生在选举期间或选举之前。石油业的另一个例子是 2004 年与宇宙能源公司（Kosmos Energy）达成的"令人震惊的慷慨"交易（菲利普斯等人，2016 年：30），许多人认为这是为了给库福尔领导的加纳新爱国党执政联盟的盟友带来回扣。行业分析人士估计，宇宙能源公司的合同将使政府在"西开普省三点"石油区块的使用期内损失 38 亿美元的税收收入，与塔洛石油公司对毗邻的深水塔洛区块的条款形成了对比（伍德·麦肯齐，2012 年，引用自菲利普斯等人，2016 年）。阿伊等人（2011 年）还认为，给予一些矿业公司过大的特许权可能是"作为政治支持和财政回扣的奖励"（第 21 页）。这些情况需要在加纳竞争激烈的"赞助人——客户选举政治"的背景下才能理解，在加纳，"大的商业利益似乎特别强大，其影响力来自于个人关系和政治运动的资助"（世界银行，2009 年：28）。

国家机构与矿业公司之间关系的客户主义性质的最后一个迹象来自一个由阿基拉普卡·索耶教授主持的采矿审查委员会。由于一些矿业公司（特别是那些有稳定协议的公司）反对政府提高矿业税收的决定，政府成立了一个七人委员会。该委员会的任务是审查和重新谈判国家与矿业公司之间的稳定协议的任何部分，重新设计现有或起草的协议，以确保它们为国家带来更好的社会和经济回报。

2013 年，索耶暗示，由于所涉国家和矿业公司之间关系的性质，该委员会正面临重大困难。他指出，"委员会认识到，政府有时从一些矿业公司筹集资源"，这些关系"影响了他们的谈判"（《每日快报》，2013 年）。这些情况证实了一些人的怀疑，即竞争客户主义意味着，政治领导人为了达成政治上理想的决定而绕过矿物资源合同进程中官僚机构的趋势，以及执政党议员匆忙通过重大矿产资源协定的倾向，已成为采矿和石油行业的"规范做法"（第三世界网络－非洲，2016 年：2；另见希基等人，2015 年；莫汉和阿散蒂，2015 年）。因此，虽然加纳采矿业普遍"令人失望"的影响有时被归咎于诸如议会等监管机构的能力薄弱（阿伊等人，2011 年：6；另见阿塔－奎森，2012 年），但我们认为，这些弱点是执政党议员和行政部门相互利益权衡的直接结果。加纳议会的监督作用薄弱，与其说是技术性的，不如说是政治性的，这意味着这些弱点不太可能仅仅通过技术能力建设得到有效的解决。

第四节 加纳矿业治理中的中央—地方关系政治

加纳矿业治理的一项重大挑战一直是如何使国家愿望与地方当局政治上可行的目标保持一致。这一困境表现在几个方面，其中之一是手工和小规模矿业现象，这将在下一节讨论。本节围绕以下方面来讨论特别复杂的中央—地方政治：（1）国家当局和酋长在确定如何控制进入底土时的关系；以及（2）采矿产生的收入的分配和使用。正如我们将看到的那样，第一个问题影响到第二个问题。

4.1 从 19 世纪末到现在的酋长、政治家和土地问题

加纳社会权力的极端分散及其产生的竞争情况涉及整个加纳后殖民历史中的传统当局。在这一方面，对酋长和政治家之间关系的历史性理解，对于从长期的角度理解加纳自然资源治理的政治、特别是评估管理采矿经济的中央—地方关系至关重要。事实上，阿马诺（2008 年，2009 年）将如今加纳酋长的政治影响力追溯到英国殖民当局试图控制土地并将土地归属殖民地政府的失败尝试，以及以土著当局和酋长统治为基础的间接统治制度的最终建立。

英国殖民统治的早期担忧之一是如何最好地将所有未占用的土地归属英国王权。这种担忧主要是因为殖民地政府害怕外国公司通过投机和在采矿繁荣期间从当地酋长处购买特许权来收购土地。1894 年，殖民地政府试图颁布《王权土地条例》，该条例将“废弃土地、林地和矿产”置于英国官方之下，并使殖民地政府能够获得对特许权授予的控制权（奥莫西尼，1972 年；沃德尔，2006 年）。然而，在 1897 年成立土著权利保护协会（ARPS）时，遇到了相当大的阻力和反对。土著权利保护协会是在黄金海岸由酋长、商业精英和知识精英组成的联盟，旨在保卫非洲对土地的权利。

在经历了几十年试图控制土地的管理和分配权利同样失败的尝试之后，殖民管理最终是通过与传统统治者结成联盟并组成土著当局而建立的。[24]这种间接统治制度主要是将酋长家族纳入执政联盟，实际上是把他们作为能够维持对英国执政精英进行政治支持的低级派别。土著行政系统的建立导致在黄金海岸创建了“新传统精英”（惠特菲尔德，2018 年），据此，“酋长们负责为公共工程、森林储备、采矿和木材特许权占用土地，并将土地分配给农民用于出口作物生产”（阿马诺，2009 年：102；阿马诺，2008 年：60）。

然而，殖民列强与酋长们合作治理的间接统治政策将成为去殖民化进程中一些传统领导人和受过教育的精英之间竞争的主要来源。领导加纳独立的占主导地位的民族主义政党加纳公约人民党领导了一场反对酋长的运动——有些人甚至推动彻底废除酋长制——这一运动是通过获得当地青年团体的支持并不失时机地利用地方冲突的方式进行的（克鲁克，2005 年）。然而，1957 年独立后，恩克鲁玛采取了更为复杂的策略，向支持他的酋长们示好，同时惩罚他的对手（贝里，2008 年）。正如贝里所述，这种惩罚包括“剥夺他们的行政和司法权力，没收他们的传统领地，并将一些最直言不讳的反对者送进监狱”（同上：41）。

1966 年推翻恩克鲁玛的军事政权释放了被监禁的反对者，并恢复了被没收的土地，他们继任人的反应各有不同——从默许接受到公开支持酋长制作为一个由来已久的机制（贝里，2008 年）。随着酋长们成为每届新统治精英的政治支持和合法性的重要来源，1972 年掌权的加纳全国赎回委员会“建立了基于军事—官僚—酋长联盟的政治重心”（查赞，

1982 年：464）。实际上，独立后的政府保留了在殖民地时期建立的惯用的土地所有权和占有权制度，这给了酋长们和他们的传统理事会对使用土地的控制权，并增强了他们的管辖权。因此，重要的是要清楚地表明，酋长制不仅在这一时期存活了下来，而且在 1966 年的政变之后，它的实力还得到了加强。1969 年的宪法重申了酋长对土地的管辖权力，该宪法恢复了酋长分配土地和获得土地收益的权力。1979 年的宪法进一步强调，中央政府没有权利承认或拒绝承认酋长，因为这是当地社区的独有权利（惠特菲尔德等人，2015 年）。

恩克鲁玛被推翻后，所有随后的政治政权都具有普遍的脆弱性，历次选举为政治家与酋长达成新的协议提供了重要的时机，以扩大他们的选举联盟。一个很好的例子是 I. K. 阿昌邦军政府（1972—1978 年）在 20 世纪 70 年代末举行全民公投之前与北部和上层地区的酋长们达成的协议（查赞，1982 年）。另一个例子是杰里•罗林斯与酋长们的协议，当时该国正准备在 1992 年恢复多党民主。在 20 世纪 80 年代，罗林斯领导的加纳临时国防委员会政府最初挑战酋长对土地的权威，特别是在重要的可可种植区。但到了 20 世纪 90 年代初，当多党统治即将回归时，受影响的可可地区的酋长们和加纳临时国防委员会达成了一项协议：酋长们帮助调动了对该党的支持，政府允许酋长不受约束地控制土地（惠特菲尔德等人，2015 年：130）。酋长们的持续政治影响在围绕采矿特许权使用费分配的动态中也很明显，作为精英交易的一部分，他们直接从采矿特许权使用费的个人积累中受益。

4.2 地方各级政府的收入分配政治

任何由矿产主导的发展战略的成功主要取决于各国政府所占的收入份额以及各国政府在管理和分配这些收入时采取的方式（阿喀巴扎，2009 年）。加纳采矿部门的收入主要来自特许权使用费、公司和个人所得税以及分红和外国外包的预扣税。采矿税（公司和个人）和红利直接并完全由中央政府获得，而矿产使用费则在中央和地方当局之间分配。

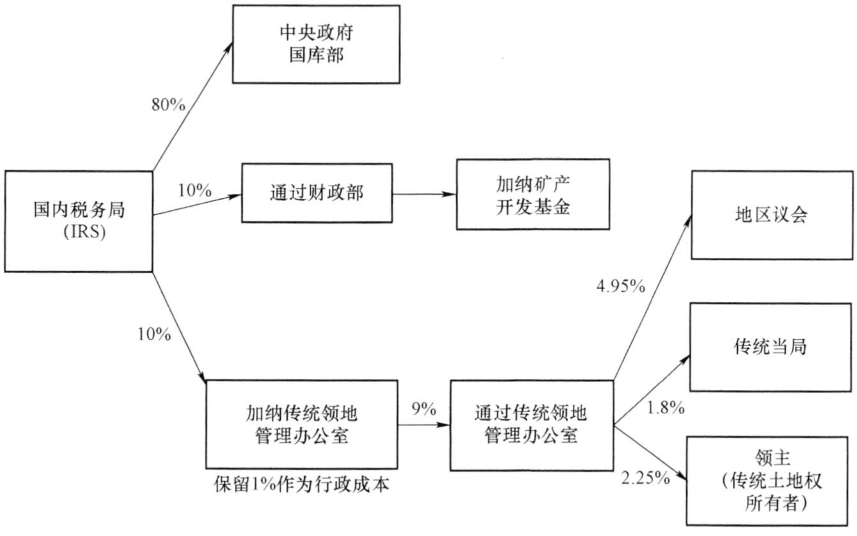

数表 5.5　加纳采矿收入分配情况

资料来源：改编自博安蓬（2012 年）。

数表 5.5 总结了加纳采矿收入的分配情况。采矿特许权使用费的收入由国内税务局（IRS）的大型税务单位收取，然后由国内税务局将资金分配到统一基金中。其中，80%由政府保留，用于一般预算支助，其余 20%用于矿产开发基金（MDF），该基金于 1992 年末通过“行政法令”设立（加纳共和国，2013 年：21）。[25] 分配给矿产开发基金的 20%进一步分为两部分：一半（占特许权使用费总额的 10%）分配给矿产委员会和矿产部，而传统领地管理办公室（OASL）则收到其余一半。传统领地管理办公室（OASL）负责监督传统领地。传统领地管理办公室根据 1992 年宪法概述并经 2006 年《矿产和采矿法》强化的公式，在地方一级直接向受益机构发放拨款。这一公式规定，管理办公室保留 10%的资金（或总版税的 1%）用于支付行政管理费用，其余 90%（占特许权使用费总额的 9%）分配如下：

1. 25%通过传统的权力结构拨付给首领，以“维护首领与其地位保持一致”；
2. 20%拨付给酋长或其他传统当局；
3. 55%拨付给传统领地范围内的地区议会（加纳共和国，1992 年）。

因此，由于所有税收和 90%的矿物特许权使用费都保留在国家一级，目前的程序都固有地偏向中央政府，而不是采矿社区。与秘鲁相比，这一点尤其明显（见本书，第二章，第 3.3.2.1 节），秘鲁中央政府将其采矿所得税收入的一半分配给采矿业务所在的地方区域。

长期以来，国家在特许权使用费中所占份额与矿业社区之间的差距构成了公众对矿业部门不满的基础。酋长和矿业公司一再要求增加流向当地社区的矿物使用费份额。2016 年 8 月，一位酋长甚至主张，在全国范围内，所有传统领地的份额都应由矿业公司直接支付给当地社区（就像殖民前的加纳那样），而不是通过中央政府（加纳通讯社，2015 年；斯旺齐，2016 年）。然而，这些要求一直没有成功，因为全国政治精英之间达成了一项全面解决方案，同意将采矿收入集中到中央政府，而且也有证据表明，地方政府也在滥用矿产特许权使用费。我们将在以下两个小节 4.2.1、4.2.2 中进一步讨论这一点。

4.2.1 矿业租金的思想、利益与集中

在加纳，政治精英对集中采矿收入的共识由来已久，[26] 这是出于中央精英对获得更大矿物租金份额的动机，以及关于主权和国家统一的思想。在加纳独立后的整个历史中，政治精英和公民所表达的主导思想是加纳作为一个统一国家的概念。就自然资源而言，这一想法体现在一种信念上，即国家最有能力开采矿物和油气，并与其公民和地区分享利益。在加纳接受采访的一位矿业治理专家将这一思想追溯到了 20 世纪 40 年代末和 50 年代初的民族主义运动，在这段时期，“对自然资源的控制被视为反殖民运动的一大收获”。他继续说：

> 在我们许多国家，殖民公司控制着资源。因此，[独立后]，现在能够宣称国家拥有资源是一项重要的政治声明，而且这些资源也将应用于国家发展。现在，如果存在国家所有权，并认为资源是由国家为人民托管的，你如何为特定地区的特殊待遇奠定基础？

在这一“国家所有权”的话语中，将不成比例的矿物租金分配给开采地区通常被视为有可能助长分裂倾向，并会因此破坏国家政治稳定。所以，虽然加纳的采矿活动长期以来一直集中在阿散蒂和西部地区，但采矿收入历来都用于直接预算支助，而且使用这些收入时不依赖其来源区域。在地方一级，这些思想也有助于解释为什么来自加纳矿产开发基金的收入——旨在帮助减轻受影响社区采矿的环境成本——有时会扩大到让非采矿社区获益（夸西，2015 年）。更广泛地说，也是基于这种关于民族团结的想法，石油资源丰富的西部地区的酋长们最近提出的要求，即石油收入的 10%专用于本地区的发展项目，通常被政治上有分歧的精英们拒绝。正如土地和自然资源部部长在一次采访中所解释的：

> 你能想象如果政府接受这个想法会发生什么吗？奥布阿西人会起来造反，阿基姆人（指新阿贝里姆的纽蒙特矿区）也会起来造反，问我们怎么回事？政府将忙着到处灭火！我坚信我们需要将收入集中到中央并进行分配。这是我们能确保我们作为一个国家团结在一起的唯一途径。我们能够把国家团结起来。

这种思想在加纳整个后殖民时期都持续存在，这在很大程度上是因为将收入集中起来也符合统治精英的物质利益，以便他们能够控制收入的分配和使用。在竞争客户主义的背景下，抑制地方各级政府关于如何分配采矿租金的挑战，也加强了通过赞助支出来维持执政联盟的前景。

4.2.2　地方当局滥用特许权使用费

有大量证据表明，矿产特许权使用费往往被酋长和社区议会（DAs）“滥用”，这为中央提供了继续把收入集中起来的理由。政府的官方消息来源表明，区议会收取的大部分特许权使用费经常用于支付分配计划未指定的费用（加纳共和国，2013 年：42）。[27]事实上，在 2004—2009 年期间，在三个受益最高的区议会收到的约 674 万加纳赛地特许权使用费中，只有 69 万加纳赛地（占 14.2%）用于保健、水和卫生以及废物管理、土地退化和替代生计来源——所有直接受采矿活动影响的地区。大多数受益的区议会被发现“全部或部分将矿产开发基金用于无法减轻采矿有害影响的各种项目”（加纳共和国，2013 年：第四章）。

此外，“这里有强有力的证据表明，向传统的理事会和首领支付的款项往往用于资助所涉地方社区以外的支出”（国际采矿与金属理事会，2007 年：77）。在某些情况下，酋长们“将部分采矿特许权使用费用于建造新宫殿”（博安蓬，2012 年：2）和为酋长购买仪式服装（人权和行政委员会，2008 年）。这里的部分问题与 1992 年宪法的规定有关，该宪法规定，从传统领地获得的收入“应该用来维持首领的地位”。在一次关于采矿的利益攸关方讲习班上，传统当局利用这一宪法规定，认为他们在矿物收入中所获取的份额“不是用于发展项目”（阿特基，2007 年：4）。此外，作为加纳《采掘业透明度倡议》（GHEITI）的一部分，矿物委员会起草了一个模板，试图帮助酋长们报告其采矿特许权使用费支出，但酋长们的反应如此严厉，以致委员会“不得不后退”。[28]

因此，重要的问题是：为什么加纳的政治精英愿意继续将采矿收入分配给当地酋长，即使在有明确证据表明这些资源无助于当地人民福祉的情况下，他们也这样做？一种解释是，在向加纳酋长分配采矿收入的“适当目的”方面存在“真正的不确定性”（国际采矿与金属理事会，2007年：77）。然而，我们认为，这背后有两个相关的因素，这两个因素都是由加纳竞争客户主义政治解决方案所支撑的：由于传统当局对矿产资源丰富的土地具有重大影响力因而需要维持社会秩序的逻辑，以及统治精英们希望通过酋长的支持赢得和维持政治权力的愿望。

由于自殖民时期以来政治家和酋长之间对矿物化土地的历史权力斗争，加纳的土地所有权仍然很复杂。今天有两大类土地所有权——国家土地，由政府通过援引适当立法强制取得；以及属于世俗权威（首领、族裔、宗族和家庭）的既得土地。既得利益意味着赋予最高酋长以完全保有土地所有权和使用者权利，他们代表社区控制土地的使用权。总之，加纳80%以上的土地由酋长控制（土地和自然资源部，2011年：1；世界银行，2013年：1），这意味着大多数采矿活动，无论是大型公司还是手工和小规模经营者，都是在传统领地上进行的（齐卡塔，1997年；尼亚美和布洛克，2010年）。

因此，虽然加纳的矿产资源由总统代表人民委托，但国家在获得土地方面主要依靠酋长，政府常常请求酋长释放土地用于发展项目。酋长们已经将他们对土地的控制转变为在地方和国家两级获得广泛且事实上的权力，有效地利用土地来从矿业公司和政府那里得到利益。因此，中央政府将矿业收入分配给传统领导人需要理解为一种合作战略，旨在加强传统当局与执政政治精英的合作，以维持执政联盟的稳定。换句话说，在历史上，主要是酋长们“制造麻烦”的能力使他们能够历史性地有权分享采矿收入。正如一位矿业活动人士在接受采访时所说：

> 如果你看看通过酋长给予当地社区的采矿特许权使用费如何使用的历史，你会发现这与社区利益毫无关系；酋长们把它作为他们的权利，国家也允许这样做，并作为妥协的一部分。因此，在某种程度上，这是精英内部对公共资源分配的斗争的延续。

一位受访者称，将采矿特许权使用费分配给传统当局，是“向酋长支付费用，以使他们保持沉默”，并进一步解释道，“这样做的目的是让他们闭嘴，因为酋长们可能是非常大的麻烦制造者……在黄金产区，酋长们继续行使一些权力，如果他们的问题得不到解决，他们可能会成为一个问题。”[29] 这些言论呼应了这样的建议，即在以“有限准入令”为特点的国家，执政联盟的稳定性要求将矿业租金分配给“主导联盟”的成员，以激励精英们相互合作而不是相互斗争（诺斯等人，2009年）。

在加纳，这种分配战略也受到前殖民时代历史记忆的影响，当时采矿特许权使用费是酋长们权力和地方控制的关键来源。正如杜梅特（1998年：45）提醒我们的那样，加纳前殖民时期的情况是，酋长对矿物化土地的权力如此之大，以至于“每当一位地方酋长授予陌生人在传统领地上开采黄金的权利，作为最高统治者的马曼内人就有权得到三分之一的收益，即分成（*abusa*）收益”。一位答复者对此表示赞同：

历史上，酋长们把特许权交给了黄金公司，同时收取了特许权使用费……所以，在传统精英们的记忆中，有一件事是关于他们从前是如何收取特许权使用费的。[30]

在这一方面，加纳的经验也说明了围绕自然资源治理的历史记忆的重要性，也就是说，“历史的叙述和记忆的方式可以是……构成思想如何左右采矿治理斗争的重要变量”（贝宾顿，2015年：107）。

中央政府维持向地方各级领导人支付报酬的第二个原因是酋长们对于赢得选举的重要性，以及政客们渴望得到传统当局的政治支持。虽然酋长在宪法上被禁止担任党派职位，但许多人继续无视这一点而不受惩罚，主要是因为他们有能力动员选民支持执政的政治精英（福克斯等人，2011年）。事实上，克鲁克（2005年）指出：“他们的权力和权威如此之大，往往比任何政治家更容易被人听取和接受。”（第4页）正如加纳传统领地管理办公室的一名政府雇员所说：

如果你是一个政府，而你不承认酋长，那你马上就要下台了……你知道，政客们去寻求酋长们的支持，因为不管你喜不喜欢，酋长们仍然对人民有影响力。如果你是个政客，你不承认和尊重酋长，那对你来说将是个很大、很大的麻烦！

这意味着，跨越政治分歧的政客们“准备通过给予当地传统领导人可以得到的恩惠来‘购买’他们的忠诚或利益……作为回报，这些传统领导人可以对当地投票施加影响”（科菲国际发展机构，2011年：30）。[31]采矿收入的分配是政治领导人和传统当局之间这种客户主义联盟的一个典型例子。此外，竞争客户主义意味着，两个占主导地位的政党都不准备采取一项代价高昂的政治改革，这种改革将不让酋长们直接受益于采矿特许权使用费。例如，当被问到加纳采掘业透明倡议组织为什么不要求酋长们在使用矿业租金方面提高透明度和问责程度时，财政部的一位官员回答说：“你知道我们政治的本质；他们（政客）会说上届政府都没有这么做，那为什么本届政府要……去推动它呢？他们将从政治角度看待这一问题。”[32,33]

在加纳的具体情况下，客户主义交易不仅存在于传统领导人和政治领导人之间，还存在于前者与矿业公司之间。除了他们在采矿特许权使用费中的份额外，传统当局一直是采矿公司各种形式转让的直接接受者，作为回报，他们将在缓和社区对公司的反对意见方面发挥作用。在一项对加纳西部地区三个采矿社区的研究中，布什（2010年）指出，“公司在发展‘惠顾—客户关系’时经常利用酋长，因为公司向他们分发了慷慨的资金，以鼓励传统当局控制他们的青年，并为例行但大多是偶尔的矿山维修完成一些雇佣劳工的任务（第108页）。”酋长和矿业公司之间这种形式的勾结往往导致失业青年感到被排斥，他们偶尔攻击当地酋长，并为报复而抢劫或毁坏他们的宫殿（世界银行，2003年；斯坦丁，2014年）。

总之，所有独立后的政治精英都向酋长们分配了一部分矿产特许权使用费，部分是为了换取政治支持或不反对他们的统治，使他们能够维持社会和政治秩序。在所有执政的政治精英高度脆弱的情况下，与传统当局的政治妥协对于确保酋长们不支持被排斥的政治派别来反对当权者是很重要的，因为酋长们继续对农村人口行使实质性控制。在这种情况下，忽视自然资源治理的政治经济动态的政策修正，不可能解决国家和地方精英行为体滥用自然资源租金的问题。在这里，就像麦科纳基等人（2015 年：16）注意到的那样，地方酋长们获得的租金往往“在确保政治合同方面发挥重要作用，在这些政治合同中，收入被用来加强与客户在惠顾制度下的关系”。

第五节　加纳的政治解决和非法采矿

本节探讨加纳政治解决动态对该国手工和小规模采矿行业治理的影响。尽管各届政府都高度重视跨国公司的大规模金矿开采（希尔森等人，2014 年：294），但近年来，小规模金矿部门的规模急剧扩大（见数表 5.6），并具有最大的农村减贫潜力。手工和小规模采矿占加纳矿业劳动力总数的 60%以上（希尔森和波特，2003 年；卡森等人，2005 年），为 100 多万人提供了直接和间接就业（阿非利等人，2016 年）。2013 年，手工和小规模采矿运营商的黄金出口占加纳黄金出口总额的 34%，相当于该国三大跨国公司的总份额（阿昌邦，2015 年）。[34]

虽然自 1989 年通过小规模采矿法以来，加纳已经有了小规模合法开采黄金的正式程序，但加纳仍有两种不同类型的小型矿山。第一类由已注册的手工和小规模采矿经营者组成，他们已获得国家颁发的在指定地区采矿的许可证。第二类包括未注册（因此是非法）的小规模经营者，通常被称为加兰西（*galamsey*）。[35] 据估计，加纳 85%的手工和小规模矿业运营商是加兰西（*galamsey*）（希尔森和波特，2003 年；奥福苏－门萨，2016 年），政府也正式承认“非法采矿活动正在增加”（土地和自然资源部，2013 年：3）。

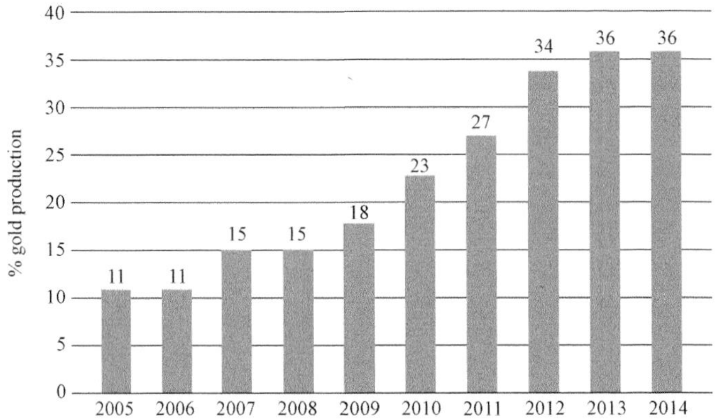

数表 5.6　个体和小规模采矿对黄金总产量的贡献（%），加纳，2005—2014 年

资料来源：根据阿克拉矿物委员会的原始数据。

大多数加兰西（*galamsey*）运营商选择不注册，往往会产生严重的不利影响。一些评论员对这一动态表示关切，认为加兰西（*galamsey*）运营商不向国家缴纳任何税款，而他们的活动继续“对其他土地使用者和环境构成严重威胁”（班萨等人，2016 年）。2017 年 3 月，加纳水务公司警告称，非法手工和小规模矿业运营商的大量水污染正逼近令人震惊的水平，除非遏制非法开采活动，否则该国将面临进口饮用水消费的风险（《快乐在线》，2017 年）。此外，关于加兰西（*galamsey*）矿坑倒塌以及非法手工和小规模矿业经营者与正规的大型矿业公司之间的暴力冲突造成的死亡的报道也很常见。为什么尽管政府努力通过各种政策和方案使该部门正规化，但非法采矿仍然继续增长？为什么大多数手工和小规模矿业运营商选择保持非法，尽管有机会得到国家支持使其活动正规化？除了关于土地和矿物所有权的含糊不清之外，我们还提出了两种解释，每一种解释都与加纳竞争客户主义产生的思想和激励有关：执法腐败、选举和党派分化。

5.1 执法腐败

研究加纳小规模采矿部门的学者们常常把加兰西（*galamsey*）运营商的增加归咎于政府缺乏有效的执法能力（希尔森和波特，2003 年；库马和延都，2010 年），他们认为加纳政府不能在发生非法采矿活动的农村地区有效地宣传其权力。其他人则将其归咎于“缺乏政治意愿”（奥宾，2009 年）或政治家和执法机构的“故意矛盾心态”（特施纳，2012 年）。

特施纳（2012 年）从西部地区的一个主要矿业城镇塔克瓦获得证据，将非法采矿活动的普遍性和开放性与警察经常在公共生活其他方面执法的“积极”作用作了对比。在这个方面，将加兰西（*galamsey*）运营商的增加归因于国家执法能力不足是不令人信服的。相反，由于“政治宽大和执法腐败”，非法采矿活动持续存在（同上）。土地和自然资源部的一位受访者将加兰西（*galamsey*）现象归咎于“完全缺乏政治意愿”。他认为，那些有责任遏制非法采矿活动的人往往会从中受益：“酋长们是有罪的，议会是有罪的，有些议员是有罪的，有些部长是罪魁祸首，这就是它为什么这么糟糕。”在这一点来说，非法采矿之所以继续蓬勃发展，是因为它符合各种行为体的利益，包括通过交换土地收取特许权使用费而得利的酋长；收入取决于加兰西（*galamsey*）工作未完成产品的政府中间商；拥有在合法采矿框架之外经营特许权的政治、商业和地方精英（另见苏玛，2010 年）。这表明，要求赋予安全机构权力作为解决非法采矿问题的方式（例如，库马和延都，2010 年：120）是错误的。答案也不完全在于技术官僚的做法，比如划分适合手工和小规模矿业活动的地块（例如希尔森和波特，2003 年）。在最近一项关于外国人涌入手工和小规模矿业部门的研究中，克劳福德和博奇威（2017 年）提出了类似的意见，指出尽管各个国家机构往往未能履行其监管职责，但“这并不是由于能力薄弱或缺乏能力造成的。相反，是公职人员对非法开采黄金‘视而不见’”导致的（第 2 页）。

他们的结论是，“在地方和国家一级，无论是在官方圈子还是在整个社会中，都发生了非法的合作甚至勾结”（2017 年：7）。他们指出，这一动态在 2012 年大选时尤为普遍，因为各级政治家都为非法移民提供保护，“以换取资助其竞选活动的财政支持”（2017 年：14）。

5.2 竞争性选举和党派分化

可汗（2010 年：68）提醒我们，由于执政精英的脆弱性，具有竞争客户主义特征的国家普遍存在“执行和执法能力薄弱”的问题，特别是在需要执政联盟内部几个“负责人”合作的改革方面。我们的证据表明，由于被排斥的精英和执政联盟较低层派别的力量，统治精英的脆弱性日益增加，在破坏有效执行手工和小规模矿业法律方面发挥了核心作用。在一个有超过 100 万人靠小规模采金为生、总统选举有时得票不足 5 万票的国家，人们很容易理解加兰西（*galamsey*）经营者对统治政治精英的政治意义，以及对更广泛地围绕采矿行业治理的政治解决方案的影响。

农村矿区的失业率极高，手工和小规模矿业业务“为当地居民提供的福利远远超过加纳政府支付的采矿特许权使用费或大型矿山提供的就业机会”（布什，2009 年：57）。年轻人不成比例地参与小规模的采矿活动，而且他们特别有影响力，因为他们容易发生暴力示威，这引起了大型公司、政府官员和传统领导人的注意。因此，支持小规模采矿是政客们同情农村失业青年和受财政支持的家庭的一种简单方式（特施纳，2012 年）。

奥宾（2009 年：66）指出，“自 1993 年开始宪政以来，该国缺乏控制非法采矿的政治意愿变得更加明显”。奥宾曾在加纳矿业商会担任首席执行官，目前担任加纳矿产委员会首席执行官，他提请人们注意，20 世纪 80 年代在主导领导人政治解决方案下遏制加兰西（*galamsey*）行动是相对成功的，在此期间，“警察对加兰西（*galamsey*）运营……的突击搜查已司空见惯，有时导致逮捕和起诉”（奥宾，2009 年）。

然而，在新的民主制度下，反对加兰西（*galamsey*）的斗争更具“政治敏感性”，因为加纳新爱国党和加纳全国民主大会都担心“任何试图阻止加兰西（*galamsey*）行动的企图……都冒着让更多人失业的危险，会造成自杀性的政治后果”（同上）。对奥宾来说，这解释了为什么手工和小规模矿业经营者的大多数示威，以及采矿公司和加兰西（*galamsey*）经营者之间的严重冲突，自 1996 年以来常常发生在选举前的几个月内（同上）。虽然这些言论直接提及到了 1996 年、2000 年和 2004 年的选举，但在 2016 年 12 月总统选举前的几个月里，加兰西（*galamsey*）活动的升级也表明了类似的情况。例如，在矿产委员会要求手工和小规模矿业运营商停止在盎格鲁黄金阿散蒂公司的奥布阿西特许权开采之后，加兰西（*galamsey*）矿商开始肆意破坏政党办公室，他们高呼“没有加兰西，就没有选票”（见《每日图讯》，2016 年；银色新闻在线，2016 年）。

任何遏制非法开采的可能性都将直接来自执政联盟的性质、执政精英们在多大程度上被充分隔离于“来自下层的压力”，以及来自不同党派精英之间达成的必要的协议。但这些条件尚未出现。2012—2016 年政府反加兰西（*galamsey*）特别工作组失败的部分原因是没有就其行动达成党派间协议。一开始，反对党分子指责工作组有选择地针对属于加纳新爱国党支持者的采矿特许权采取行动，而已知加纳全国民主大会成员的加兰西（*galamsey*）经营者则被排除在行动之外（《每日指南》，2013 年）。和 2008 年的加纳全国民主大会一样，加纳新爱国党 2016 年选举的竞选策略的表述语言表明它支持小规模采矿青年，其总统候选人一再提请人们注意马哈马领导的加纳全国民主大会政府“是如何指示士兵来驱逐所有参与加兰西（*galamsey*）的人的”（星空调频新闻，2016年）。因此，竞争客户主义在削弱就手工和小规模矿业部门执法达成党派间共识的前景方面发挥了核心作用——狄更斯在最近访问奥布阿西之后指出了这一点（2010年）：

> 看看……加兰西（*galamsey*）的总体成本！看到政治家把它添加到他们竞选纲领的承诺目录，真是相当难以置信……！政治就是不惜一切代价赢得权力；只要承诺任何能带来权力的东西就行了……。如果一个政客进入一个因犯罪行为而声名狼藉的社区，他所要做的就是承诺将这种行为合法化以赢得该社区的选票……。显然，由于选举热所引发的不道德言论，加纳人对“合法化”的加兰西（*galamsey*）进行了充分的抨击。加兰西（*galamsey*）……以前是一种秘密行动，现在竟然在光天化日之下运作！（狄更斯，2010年）。

事实上，即使在地方层面，加兰西（*galamsey*）运营商也倾向于“按党派–政治路线划分”（奥宾，2009年：66），这加剧了加兰西（*galamsey*）话语权在该国的党派性质。

第六节 结　　论

本章通过政治解决视角探讨了加纳政治和采矿之间的相互作用，这一视角关注权力和思想关系如何塑造精英们致力于分配矿产资源促进包容性发展的承诺水平。我们的分析表明，尽管政界人士普遍认为，矿业租金应该集中，但由于缺乏对矿业的长期发展愿景，使得执政精英们不得不将公共支出转向政治生存的短期目标，而不是为实现经济结构转型和促进更具包容性的发展形式所需的长期投资。对采矿业缺乏长期愿景本身就是加纳普遍存在的竞争客户主义政治解决方案的产物，这种政治解决方案激励政治精英优先制定在短期内提高他们政治生存前景的相关政策。

正是这种形式的政治考量塑造了矿产资源的分配方式，进而反过来塑造了采矿对国家和地方发展的影响。值得注意的是，将租金分配给传统当局和酋长似乎不是由社会经济发展问题推动的，而更多的是由以下因素推动的一种选择策略：（1）维持社会秩序的逻辑，这是由于传统权威对矿产丰富土地重要杠杆的作用；（2）统治精英希望通过酋长们的支持来赢得和维持政治权力，后者对农村选民具有实质性的协调作用。传统当局获得了大量的矿产租金，主要是因为执政的政治精英们希望避免激起农村地区从事经纪土地业务和具有投票权的社会团体的抵制。

这些调查结果对理论和政策都有重要影响，特别是事关目前关于包容性政治解决方案的辩论方面。尽管学者们日益强调包容性政治解决方案对于持续和平与发展的重要性，但对“如何”和“为什么”促进包容性发展往往没有多少思考（阿卜杜来，2017年）。例如，关于自然资源治理，迪·约翰和普泽尔（2009年：20）强调了包容性政治解决方案的重要性，指出“政治解决方案中广泛的精英包容是有效管理矿物租金的核心”。加纳的案例表明，虽然将精英包容纳入矿业租金分配可能有助于促进执政政治联盟的稳定，但如果以“买断”精英阶层为目标，而这些精英可能会削弱执政联盟的稳定性，就有可能削弱对用于长期发展的租金进行有效管理。在这种情况下，基础广泛的精英包容充其量只能导致“没有收益的和平”（林德曼，2011 年），因为大量的矿产资源被分享用于消费而不是发展。

附注

1. 在此期间，唯一值得注意的例外是 2004 年，当时可可部门超过了采矿业。

2. 她强调博茨瓦纳易受南非的影响，并加入南部非洲关税联盟，因为它在塑造其自然资源治理政治方面也发挥了重要作用。

3. 范蒂斯主要位于加纳南部沿海地区，特别是中部地区。

4. 库马西是阿散蒂地区的首府。

5. 这在一定程度上也是由于罗林斯被认为削弱了对军队的控制和外国援助捐助者要求民主化的压力。

6. 根据和司法部传统领地管理办公室以及司法部长的访谈。另见卡森等人，2005 年。

7. 这与殖民时期和后殖民时期玻利维亚蓬盖杰和米塔吉的强迫劳动安排有一些相似之处（见第 3 章脚注 5）。

8. 1878 年，在黄金海岸殖民地成立的第一家正式的欧洲黄金开采公司是非洲黄金海岸公司（希尔森，2002 年）。

9. 当时，资本主义特许公司活动的扩散不仅源于金矿开采的动力，也源于新兴的商业木材工业（杜梅特，1998 年：274）。

10. 关于这些要求和来自外籍公司的压力的性质和程度的详细情况，见杜梅特（1998 年），特别是题为《殖民政府和不断扩大的矿工边界：对矿区管理、保健服务和交通运输改善的压力》的第 6 章（第 163 – 204 页）。

11. 根据对一名前加纳临时国防委员会成员和加纳矿业行业一名活动分子的采访。

12. 这些言论是根据对一位采矿活动分子的采访得出的。

13. 请注意，在此之前，加纳的小规模采矿被国家认为是完全非法的。

14. 本质上是一种暴利税。

15. 根据对土地和自然资源部的一名高级官员和采矿审查委员会的一名成员以及司法部传统领地管理办公室的一名高级官员和司法部长的访谈。

16. 根据对土地和自然资源部高级官员和采矿审查委员会成员的采访。

17. 另见路透社。（2011 年 10 月 25 日）。“加纳应该从矿业行业寻求更多的收入：国际货币基金组织”。http://www.theafricareport.com/Reuters-Feed/Ghana-should-seek-more-revenues-from-mining-sector-IMF.html（2017 年 5 月 25 日查阅）。

18. 这些承诺在该党 2012 年的竞选宣言中再次重申：“加纳全国民主大会长期持有的立场是，必须重组矿业行业，让国家和矿业社区特别从他们的资源中受益（加纳全国民主大会，2012 年：40）。”

19. 根据对一位矿业活动分子及大学讲师的采访。

20. 土地和自然资源部访谈。

21. 见联合国开发署（未注明出版日期）。“联合国开发署在加纳。消除极端饥饿和贫困。联合国千年发展目标 1”。http://www.gh.undp.org/content/ghana/en/home/post-2015/mdgoverview/overview/mdg1.html（2017 年 5 月 25 日查阅）。

22. 采访矿业活动分子和加纳采掘业透明倡议的联合主席。

23. 最近对这些条款进行了重新谈判，但新协议的条款仍然没有公开。

24. 黄金海岸的土著当局/间接统治制度通常可以追溯到 1847 年，这是英国殖民主义正式开始的一年。

25. 千年发展基金的设立是为了：（1）通过向受采矿影响的社区重新分配采矿特许权使用费，促进当地采矿社区的发展；（2）补偿这些社区与采矿有关的费用；（3）支持采矿部门机构的业务预算（加纳共和国，2013 年）。

26. 它可以追溯到 20 世纪 50 年代和 60 年代的第一个后殖民政府（见阿里耶，2001 年）。

27. 根据对加纳采掘业透明度倡议组织的官员的采访，2017 年 1 月 20 日。

28. 根据对加纳采掘业透明度倡议组织的一名官员的采访。

29. 采访矿业积极分子和大学讲师。

30. 同上。

31. 一个具体的例子是，距离 2012 年总统选举前两周，马哈马总统向全国各地的酋长捐赠了 12 辆丰田越野车，这被广泛解释为一种收买选票的策略。

32. 根据对财政部的加纳采掘业透明度倡议组织的官员的采访。

33. 这些意见的相关性远远超出了加纳的背景，最近一项关于大约 19 个非洲国家政治家与传统领导人之间关系的研究表明了这一点（鲍德温，2014 年）。研究报告提请注意非洲政治家越来越倾向于将土地控制权让给酋长，并解释这一现象是精英“谈判”的一部分，通过这种交易，酋长们帮助政治家在竞争日益激烈的选举环境中动员选举支持。是“竞争性选举的前景”“引发了将权力让给酋长的决定”，这往往是克服“建立赢得选举联盟的挑战”的一种方式（鲍德温，2014 年：256）。

34. 这些公司是盎格鲁黄金奥布阿西公司、金田塔克瓦公司和加纳纽蒙特公司。2013 年，盎格鲁黄金奥布阿西公司占黄金出口的 6%，纽蒙特公司占 13%，金田塔克瓦公司占 15%，相当于 34%——与小规模矿商的贡献相同。

35. 加兰西（*Galamsey*）是“收集它们并出售”的英文短语（奥宾，2009 年）。

第六章

结论：解读自然资源开采的政治学

当我们正在准备这本书的最后阶段时，全球见证组织（Global Witness）发布了其报告《地球的捍卫者：全球土地杀戮和环境维护者》（全球见证，2017 年）。该报告记录了2016 年的 200 起谋杀事件，创下了新的记录，高于 2015 年的 185 起谋杀事件的记录。在非政府组织看来，“这股暴力浪潮是由争夺土地和自然资源的激烈斗争驱动的，因为采矿、伐木、水电和农业公司为了谋利而践踏人民和环境。”如果有人需要提醒，自然资源治理的驱动因素是深刻的政治因素，这就是一个特别令人心酸的问题。

令人震惊的现实，如全球见证报告所述的那样，要求有关自然资源治理的讨论具有实质性的政治内容。这并不意味着必须用政治术语来分析资源治理，但也不能不从政治角度进行分析。在第一章中，我们注意到，对采掘业治理中建立“更好的”机制的一些呼吁忽略了有关政治进程的讨论，通过这些政治进程，现有机制已变成主导的地位，或者如果出现新的安排时就需要对这些机制提出质疑。不过，我们也注意到，有一部重要的文献确实从政治角度解读了采掘业。这本书的任务之一已经展示，如果有必要，政治解决的方法可以增加到本书的工作中来。

现有的关于采掘业政治的文献遵循了不同的路线。例如，特里·卡尔的著作（1987 年；1997 年）探讨了采掘业与民主的可能性之间的关系。卡尔分析了与石油开发有关的政治契约是如何创造激励机制，从而使得民主制度保持弱势的，其中一段时期的协议限制了随后的政治选择。关于采掘业对民主之影响的这种兴趣，也是迈克尔·罗斯（2012 年）和詹姆斯·鲁滨逊等人（2006 年）在方法论上采用不同干预手段的特征。这些方法的核心是探讨底土自然资源如何影响政治精英所遇到的激励及其随后的行为。本书的大部分工作都聚焦于国家层面，尽管一些作者在分析资源开采对地方各级政治动态的影响和地方各级政府的对策时也提出了同样的关切（阿雷拉诺–扬瓜斯，2011 年；阿散蒂，2016 年）。

关于社会动员和对采掘业投资进行抵制的研究构成了资源治理政治的一种独特方法。在这一方面，重点是了解受影响人口和活动分子对采掘业的存在或期望作出反应的原因和方式。大部分研究都是对地方层面进行的，考察了特定社区层面的冲突（贝宾顿和布里，2013 年；吉尔伯索普和希尔森，2014 年；基尔希，2014 年）。这项研究做得不太完善的地方是，对国家政治和经济精英在国家内部的运作（基尔希，2012 年）和公司内部的运作（肯普，2014 年）的理解（不够充分）。

像卡尔和罗斯的工作主要是针对国家层面开展的，而有关大众代理和抵抗方面的工作则往往以地域和地方为重点。正如这些研究资源政治的方法优先考虑不同的分析尺度一样，它们也侧重于不同类型的行为体。虽然一些作者主要关注的是政治和经济精英，但另一些作者更感兴趣的是土著、非政府、社区和公民行为体的行动和动机，这些行为体的动员恰恰是因为他们感到被排斥在占主导地位的国家和战略决策范围之外。这些方法之间的另一个不同之处是，有些人含蓄地认为发展的理念是理所当然的，而另一些人则质疑占主导地位的发展模式。对一些分析人士来说，主要关系到的是利益政治，而另一些人则更关心贯穿于自然资源治理之中的有争议的思想政治。

从某种意义上说，全球见证组织的文件占据了这些不同的分析传统所能表达关切的空间。它所报告的悲剧性材料要求我们理解，对那些从资源开采中获益的人的激励，是如何推动通过政治和社会网络传播的决定、最终导致人们杀害那些抵抗者的。与此同时，当精英政治和契约制定与基层民众对资源开采的解释发生冲突时，有针对性的谋杀和民间冲突并不是唯一的结果。这些不同的结果要求解释为什么这种表述有时会产生暴力，而在其他时候则会产生妥协和制度创新。用“良好”自然资源治理的语言来说，问题是，如何才能理解、预期和促进更多“有效”和“包容性”制度出现的条件？面对这一分析性和政治性的问题，政治解决方案也不是灵丹妙药。然而，它们可能会在某种程度上帮助搭建这些不同的自然资源政治框架，并将精英政治、不同形式的政治代理和基层竞争纳入同一分析框架之内。

我们对玻利维亚、加纳、秘鲁和赞比亚的讨论已经说明了围绕采掘业治理的政治的长期历史变化。它们试图解释精英之间不断变化的契约以及他们与基层群众对采掘业投资的反应的互动，并从这些契约和互动的角度解释资源治理机制。同时，他们在这些互动中寻找合适的模式。其目的是表明，虽然总是有谈判和代理，但资源治理的政治并不是永久的变化的。相反，这种治理应该是以稳定时期（基本妥善解决）为主要特点的，当然会不时地出现不稳定和偶然事件的过渡。我们希望，通过一个共同和综合的概念视角讨论每个国家的资源治理历史，有助于确定推动概念性讨论方式的相似之处和不同之处。在本章中，我们着重于这些比较和对比，并利用它们重新讨论政治解决方案和更广泛的自然资源治理政治。

第一节　重新讨论政治解决方案和自然资源治理政治

这本书的基础工作是基于两个主要的主张。第一，政治解决理论可以帮助解释矿物和油气资源是如何随着时间的推移而治理，以补充采掘业治理政治的其他方法。第二，聚焦自然资源可以使我们突出一些重要的方式，这些方式使物质性、规模和思想在自然资源治理中影响精英和其他社会行为体之间的关系，并在政治解决方案的制定中发挥因果作用。在最后一章中，我们总结了秘鲁、玻利维亚、赞比亚和加纳的分析对这些主张的贡献。我们这样做的方法，是通过为贯穿于本书的以下三个主题找到答案进行的：（1）跨国因素如何影响采掘业治理的政治以及矿业经济与政治解决之间的关系？（2）有关思想的交流和资源的物质性如何影响自然资源政治以及政治解决与自然资源治理之间的关系？（3）政治解决的性质如何影响采掘业行业的治理以及采掘业与社会包容发展模式之间的关系，以及围绕资源开采的动态如何反过来影响这些政治解决的特征？最后，我们总结讨论了聚焦于自然资源如何能给政治解决思想带来新的见解。

第二节　自然资源开采政治中的跨国因素

在与同事讨论我们的结论的过程中，我们被告诫不要在我们的案例中看到有太多的一致性。虽然这是一个公平的警告，但毫无疑问的是，一系列跨国进程和共同的全球历史将我们分析过的四个国家的资源开采联系在一起（参见库珀等人，1993 年）。这些全球历史有些更笼统，有些更具体，但每一段历史都告诫我们在分析政治解决时不要把国家层面作为优先考虑事项。这些跨国联接的关键因素围绕着：殖民主义和后殖民主义；全球商品价格以及国内政治和经济动态；国家资本主义和新自由主义；以及企业战略和新投资者。

2.1　殖民主义和后殖民主义

虽然这四个国家在与资源开采有关的具体殖民权力以及这些权力行使直接统治的具体时期等方面存在明显差异，但采矿与殖民统治和被截断了的后殖民过渡时期的联系仍然是当代资源治理政治的一个重要因素。在四个国家中，资源开采仍然与行使殖民权力有关，一些行为体将无法成为完全的“后殖民”与继续管理底土资源的方式联系起来。这一叙述流传在通俗和新闻[1]文本（加里亚诺，1971 年）、学术分析（弗格森，2006 年）和联合国报告（姆贝基小组，2015 年）中。因此，围绕采掘业的讨论同时也是围绕主权和依赖的讨论，这意味着解除管制和重新调整资源开采的行动是通过这些语言和技术术语来解释的。正如在关于加纳的第五章中指出的，在 2014 年达沃斯举行的世界经济论坛年度会议上，总统约翰·马哈马提到了这种持续依赖的感觉，他哀叹道：“（矿业公司）威胁说，如果我们征收暴利税，他们就会裁员，而且因为我们需要（为工人保留这些）工作，你不希望工人被解雇，你就被迫接受他们的做法。”

在后殖民时代，这种被截断的过渡历史也继续影响着赞比亚和玻利维亚的资源治理思想。此外，秘鲁的经验表明，国家精英对矿产资源的控制可被地方各级行为体视为一种持续的“内部殖民主义”形式，这本身就是种族主义、殖民势力和政治权力集中的遗产。

2.2　全球商品价格与国内政治和经济动态

全球大宗商品市场以重要的方式将这些国家的资源行业联系在一起。最重要的是，所有国家都是这些市场的价格接受者。虽然在某种程度上，这种对全球价格的依赖在任何地方都是如此，但在国内需求有限和经济多样化程度不高的情况下，影响更为重大。其结果是，随着全球价格的变化，向国家精英开放的政策空间也会有所不同。在 21 世纪头 15 年，这四个国家都可以选择解决贫困问题，这是商品繁荣的直接作用，特别是黄金、铜、天然气、石油和白银价格的大幅上涨。同样，到 2010 年中期，每个国家都在根据大宗商品超级周期的结束，重新评估减贫融资。由于政府没有其他收入来源，选择范围从削减社会政策支出到有利于扩大开采的政策，以通过增加产量来努力抵消价格下降的影响，例如玻利维亚扩大其天然气边界的做法。[2]

全球商品市场还牵涉到每个国家政治行为体的组成和解散，以及他们在主要解决方案中掌权和包容的相对程度。对于有组织的劳工和小型矿工来说，这一点尤为明显。在赞比亚和玻利维亚，工会化的矿业工人分别在 20 世纪 80 年代中后期成为政治格局中的一个关键部分，他们最初作为政治行为体的出现是由于国有化的工业与合理的铜和锡价格相结合的结果。他们作为强大力量的出现意味着，他们在很大程度上被纳入了各自的国家政治解决方案，并能够以社会服务和工资的形式获取向矿区和工会成员提供的重大利益。这反过来又导致了对贫穷和包容性的地理和部门集中影响。正如赞比亚这一章所指出的，在这些联合强度大的时期，"'铜带省' 在许多方面就像一个小型的发展型国家……"。但当价格暴跌、劳动力被解雇和工业私有化时，这些行为体的凝聚力和相关的包容机制便迅速瓦解。

相反，在 21 世纪初，随着全球大宗商品价格再度上涨，出现了一批与个体和小规模采矿有关的新政治行为体。这种现象在加纳和玻利维亚尤其严重，但在秘鲁也很严重。在每一种情况下，个体和小规模采矿都已成为比大规模采矿更重要的就业来源（例如，秘鲁的卡诺，2015 年 a；加纳的希尔森，2009 年，希尔森和加福德，2013 年）。此外，个体和小规模采矿组织和网络已成为通过街头抗议和暴力（玻利维亚）、地方选举成功（秘鲁）、游说（所有三个国家）以及在国家采矿政策的辩论中作为直接代表（玻利维亚）来实现政治包容的工具。虽然国家因素可能有助于通过有意识的政策促进个体和小规模采矿的出现，如 20 世纪 80 年代的玻利维亚和 20 世纪 70 年代的秘鲁，[3] 但正是由于价格形成的跨国过程，才使得这些行业成为矿物经济中的重要经济包容模式。这些进程还促使个体和小规模采矿经营者成为国家重要的政治行为体，能够对立法施加直接影响，并迫使他们自己参与国家政治解决方案，尤其是在玻利维亚。

2.3 国家资本主义与新自由主义

这四个国家的另一个共同经验是工业国有化和私有化之间的来回过渡。这种振荡的程度因国家而异，但在玻利维亚油气治理方面最为明显，在 20 世纪中，玻利维亚已三次被国有化。不同所有权形式之间的振荡，部分是由国家解决方案的变化造成的，同时也影响到后来的解决方案，因为国有化和私有化对不同行为体的相对权力产生了影响。然而，玻利维亚、加纳、秘鲁和赞比亚的情况也有一个共同的跨国因素。所有权的变化反映了全球价格的变化、对国家主导投资优点的全球思维变化、国有企业获得领先技术和信息（从而降低了他们的竞争力）的能力不足，以及国际金融机构、尤其是世界银行的影响。显然，从 20 世纪 80 年代中期到 90 年代末，这四个国家都从国有工业转移到了由私营部门主导的工业——尤其是采矿业。因此，玻利维亚矿业公司（该国国有矿业公司，COMIBOL）在 1986 年结束了它的使命和目的，加纳国家黄金矿业公司（SGMC）在 20 世纪 80 年代中期、秘鲁的各种国有矿业资产在 20 世纪 90 年代上半期、赞比亚联合铜业公司（ZCCM）

在2000年都结束了它们的使命和目的。自这些时期以来，每个国家的采矿行业都以私人投资为主，[4]而且几乎完全是国际性的。[5]国际金融机构和许多国内精英推动的新自由主义政策都明确地鼓励了这种私人投资。

这些转变在"全球时间"上的相对巧合，证明了在全球范围内传播关于国家主导的经济管理思想的重要性，例如20世纪中期联合国有影响力的拉丁美洲和加勒比经济委员会（拉加经委会，ECLAC）提出的想法（芬尼奥尔，1997年），以及后来根据芝加哥学派经济学家的思想政府从经济中退出的想法，这一想法随后在20世纪70年代和80年代通过标志性案例在全球扩散，例如在智利、新西兰和英国（斯通，2004年；麦克斯韦和斯通，2004年）。然而，国家政治的性质也很重要。在每个国家，资源民族主义只在主导政党/主导领导人解决方案下以国家所有权或提高税收的形式被制度化。这表明（索弗，2015年，为19世纪的拉丁美洲争论），以国家为中心的发展主义思想往往在精英凝聚力很强的情况下扎根，而且精英们将国家视为实现他们发展愿景的工具。相反，在精英们相互竞争的情况下，人们更倾向于一个较弱的国家，以免它被一个或另一个团体所控制（索弗，2015年；冯豪和希基，2016年）。

2.4 企业战略与新投资者

由于每个国家的矿物和油气行业已成为跨国资本投资的主导行业，它们也受到业界内部全球动态的影响。因此，公司在任何特定国家进行投资和投资组合的决定并不独立于他们在其他国家作出的决定。此外，尽管公司显然调整其实践和要求的要素以适应某一特定国家，但全球商品和资本市场的约束效应，以及企业信息共享和自我组织的俱乐部效应——例如，以国际采矿和金属理事会（ICMM）的形式——意味着思想和实践会进行跨国传播。企业社会责任（CSR）的兴起就是一个很好的例子。虽然企业社会责任在每个国家中的实施方式受到冲突程度、财政政策和政府权力下放形式的影响，但其核心做法遍及全球，对地方形式的爱国主义和精英关注程度，以及当地发展产生了影响（弗雷德里克森，2017年）。

所有四个国家的第二种模式是采掘业投资构成的变化。中国的资本变得越来越重要，特别是在秘鲁和赞比亚的采矿行业，但在玻利维亚的油气方面也是如此（另见桑伯恩和托雷斯，2009年；莫汉等人，2012年；布劳提甘和加拉赫，2014年；加拉赫，2016年）。然而，与资源民族主义不同的是，中国和其他"非传统"投资来源的接触似乎是在完全不同的政治解决方案之间发生的。虽然并非所有中国公司都有类似的做法，但他们对发展的影响可能是重大的，至少他们的普遍存在确实意味着中国大使馆、中国外交政策和新的企业行为体参与到采掘业政策的讨论中，以挑战在与中国资本谈判方面相对缺乏经验的国家精英（公司、公众和公民）。在评论秘鲁采矿行业时，桑伯恩和乔恩（2015年）指出，到2015年，中国国有企业已占秘鲁项目投资组合的三分之一以上，在作者看来，与西方和秘鲁同行相比，他们似乎不太愿意与不同的行为体沟通或参与地方权力斗争。在每个国家增加新形式的资本也受到国内精英努力寻求投资来源的影响，这包括规定了较少的政治条件。

因此，从殖民时代到现在，从全球价格到国际公司做法的跨国因素都影响到了政治解决的性质和自然资源的治理。因此，不能离开国家动态所处的更广泛的背景来看待这些动态。这些跨国因素反过来又是相关思想在全球范围内传播的结果，我们将在下一节中讨论这个话题。

第三节　采掘业治理的物质性、思想与政治

玻利维亚、加纳、秘鲁和赞比亚自然资源政治的历史表明，对这些政治最好的理解不仅要根据各方在谈判资源使用和控制时涉及的利益，而且也要根据这类资源本身的基本性质和关于该资源的相关思想。虽然这些思想可能是为了追求特定的利益而产生的，但它们存在于这些利益之外，往往起源于其他地方和不同规模，而且产生的影响不能仅从基于利益的政治角度来解释。所涉资源的性质——其位置、质量、开采的方便程度等——都产生了政治影响。从这个意义上讲，关于资源的思想和资源的物质性都影响到资源治理和政治解决的形成。

3.1　物质性

矿产和油气资源的地理位置参差不齐，与政治权威、种族和族裔、土地和领土主张以及其他自然资源的地理位置相互重叠。在我们所研究的每一个国家中，相对长期、历史上相对稳定的资源开采地理位置在最近几十年中都受到了干扰，影响了采掘业治理的政治。在赞比亚，随着铜矿开采进入西北部省份，作为铜带省主要特征的采矿概念现在已经被颠覆。在加纳，由于矿产特许权扩散到其他地区，以及近海石油的出现，与阿散蒂和西部地区的资源开采相关联系现已开始瓦解（库巴等人，2014 年）。在玻利维亚，圣克鲁斯东部低地省是油气经济中心的概念被 20 世纪 90 年代塔里哈巨大天然气储量的发现迅速颠覆（汉弗莱斯・贝宾顿，2010 年）。在秘鲁，该国北部新的采矿边界的开放挑战了硬岩采矿与中部安第斯山脉和南部海岸的传统联系。

这些新的边界不仅仅是由全球价格和需求变化以及国家政策激励的混合因素所驱动的地理现象（布里奇，2004 年）——它们也产生了政治变化。秘鲁北部采矿活动的扩大产生了具有相当大权力的政治行为体。这些行为体包括极其盈利的新矿山所有者，以及对这种采矿形式提出异议的区域政治和民间行为体。[6]塔里哈天然气经济的增长和从中获取的收入，帮助产生了区域政治精英，他们有能力使自己成为国家精英的重要意识形态盟友，或与他们意见相左的其他精英的强大反对者。天然气还为传统上处于社会边缘地位的瓜拉尼社区提供了新的政治杠杆来源，新发现的矿藏位于瓜拉尼社区（奥斯皮纳等人，2015 年）。在其他情况下，这一不断扩大的边界已经导致个体和小规模采矿者获得了政治影响力。这种情况往往发生在可以用相对较低技术含量获得矿产品的地区，如秘鲁马德雷德迪奥斯的冲积金，加纳部分地区的近地表黄金，或玻利维亚高地废弃的地下矿山。

虽然铜在赞比亚西北部省份的扩张尚未创造出有能力打破国家解决方案的区域性政

治行为体，但它很可能在将来也会这样做，而且这种扩张至少增加了地方酋长对土地和进入底土的影响力。采矿和石油在加纳非传统地区的扩大使地方各级政治行为体（酋长和其他人）有能力直接与中央政府接触（另见阿散蒂，2016 年）。在加强新行为体的同时，这些进程也削弱了传统采掘领域行为体的相对权力——如赞比亚铜带省的政治当局和劳工就是这样。因此，由于全球需求和价格的原因，底土资源物质性与边界扩大交集，成为曾经被排除在国家解决方案之外的行为体如何获得掌握权力的部分原因，从而使他们能够影响关于资源治理的国家辩论。这些进程也有助于解释为什么一度纵向参与政治解决方案的派别——或许特别是那些传统生产地区的有组织劳工——在主导联盟中慢慢失去了影响力。

此外，这些进程和权力平衡的变化也是对资源租金分配和支出的新规则的出现和斗争的部分解释。在这四个国家中，虽然秘鲁和玻利维亚的情况可能更为明显，但采掘边界扩大到没有采矿或油气生产传统的地区，其特点体现为冲突和抵抗。这就产生了大量的文献，表明这种冲突有时反映了（对领土、水、自治等进行）保护或主张权利的努力，有时则被用作获得就业、租金、分包合同和其他福利或补偿的工具（阿雷拉诺－扬瓜斯，2011 年；贝宾顿，2012 年）。不管这些不同阻力（其中一些基于利益，另一些基于思想）的驱动因素，这四个国家的一个共同反应是让国家精英与区域和地方当局分享资源租金，希望这将消除冲突、买断阻力、并创造条件允许获取地下资源。

每个国家都有这样一种机制，那就是利用企业社会责任（CSR）作为一种方式来迎合当地精英（弗雷德里克森，2017 年）。在其中三个国家（秘鲁、玻利维亚和加纳），第二个在财政上更重要的机制，是将税收和特许权使用费转移到资源开采地区的制度。其中最慷慨的转让是秘鲁所谓的矿业税收（*canon minero*），即把从矿业公司征收的所有税金的50%退还给开采地区的当局。最不慷慨的是加纳，它只将 10%的特许权使用费退还给地区议会、传统当局和传统领地。[7]玻利维亚介于这两者之间，更多的油气税转移到天然气和石油产区，而矿业税则更少地转移到矿区。秘鲁似乎特别慷慨，因为围绕资源开采的地方冲突程度很高。政府和企业精英们错误地认为，将资源转移到这些地区将减少冲突（阿雷拉诺－扬瓜斯，2011 年；庞塞和麦克林托克，2014 年）。在秘鲁和玻利维亚，当中央当局后来设法减少这种转移时，由于当地强烈的抵抗程度，他们基本上无法这样做。在习惯接受这些转让的行为体的推动下，这种抵制反映了一种进一步的意识，即资源开采的地理位置有助于产生拥有权力的地方各级选区。

能够产生这种政治影响的不仅仅是资源的物理位置。资源的质量有助于决定它是否可行，如何开采，在开采过程中将使用多少水，等等。例如，矿床的集中程度决定了它们是采用露天开采技术还是地下采矿技术开采。露天矿技术涉及更多的土壤移动，影响更多的地表产权，并要求更多的用水。这种技术通常比地下采矿更具冲突性。秘鲁北部的高度冲突对地区和国家政治产生了重大影响，这在很大程度上是基于矿藏需要进行露天开采这一事实。

3.2 思想：资源民族主义、国家与技术统治

与资源开采有关的不同思想影响了国家政治解决的方案构成和治理安排。围绕领土、权利、环境影响和种族认同的思想对地方各级行为体的出现发挥了重要作用，这些行为体争夺资源开采和矿物及油气租金的分配。虽然玻利维亚、加纳、秘鲁和赞比亚的经验表明，在许多方面，思想是重要的，但在这里，我们特别侧重于分析资源民族主义、民族团结和国家等思想的影响，以及技术官僚作为客观和高于特殊利益的群体，因而能够比政治家更能有效地进行治理这一思想的影响。

资源民族主义是一种观念，认为自然资源首先要为“民族”的需要而管理，因此应由国家为了“人民”而控制。这一思想与殖民主义的历史经验、依赖发展和外国资本攫取资源租金密切相关。它在许多国家也有宪法基础，因为国家宪法将国家界定为底土矿物资源的所有者。这一论述之所以重要，是因为全球业界通常会消极地谈论资源民族主义，认为这是一种未经授权、效率低下的国家权力运作方式，破坏了市场功能。但这一种认识低估了许多国家管理其底土资源财富的宪法义务，以及这一思想与广大国民的共鸣。

在四个国家中，民族–民粹主义的资源治理思想很重要。这些思想是在不同的历史时刻出现的，通常与占主导地位政党/占主导地位领导人的解决方案有关。20 世纪 60 年代末和 20 世纪 70 年代初，赞比亚独立后的第一任总统肯尼思·卡翁达领导的赞比亚联合民族独立党（UNIP）实行的国有化，就是这一思想的体现。这些思想还体现在加纳 1957 年独立后的第一任总统和总理夸梅·恩克鲁玛的自然资源治理方法。在 1969 年至 1974 年秘鲁军队革命政府（GRFA）期间，这些思想的力量特别强大。在玻利维亚，这些思想是 1952 年玻利维亚民族革命运动（MNR）政府议程的核心，最近又成为自 2006 年埃沃·莫拉莱斯玻利维亚社会主义运动（MAS）选举本土主义—社会主义政府以来的核心。

在每一种情况下，以采矿和石油行业的组织劳工为基础的资源民族主义思想、政党知识分子和其他派别都为采掘业的国家所有权概念提供了意识形态上的支持。在最近几个时期里，这种思想在玻利维亚得到了最有力的实践，而且在其他三个国家的矿产税辩论中也很明显，每一次都为在大宗商品繁荣时期增加税收的努力提供了信息（通常是短暂的）。[8] 令人感兴趣的是，有一些迹象表明，玻利维亚的例子已成为一些寻求此类选择的非洲国家的参照点。一个突出的例子是反贫困政策工具可以直接由矿产和油气部门的税收提供资金（莫斯利，2017 年）。在这里，重要的是要认识到，这些思想的产生只是因为资源开采与殖民和后殖民时期剥削的长期结合。因此，如何记住和解释历史很重要。自然资源在这些历史中的意识形态意义，为资源民族主义思想创造了思想空间。

国家、国家统一和主权等思想还以其他方式影响采掘业的治理。如果资源开采的本土化性质可能引发地方各级的运动，他们要求在自然资源治理方面有更大的自主权，或对特许权使用费和采掘业征税所产生的收入来源提出更大的要求，那么，围绕资源开采的政治动态总是会对国家统一提出挑战。的确，加纳和玻利维亚国家当局在将收入转移到矿产和

油气产区的同时，还动员了民族团结（加纳）和民族平等/和谐（玻利维亚）的思想，作为增加中央控制的资源租金比例的理由，以期按照国家政策，以不把财政转移集中在开采地区的方式来使用这些资金。在加纳，人们一再承诺在不考虑开采地区的情况下分配租金。即使是来自“矿产开发基金”的资源，理论上也是为了减轻采矿所在社区的环境和社会成本，也是以“团结”的名义分配给非采矿社区的。在玻利维亚，玻利维亚社会主义运动政府将国家思想作为改变财政政策的理由，这些政策试图降低东部低地那些批评玻利维亚社会主义运动政府的地区的租金比例。尽管这些举措也是有意识的一部分，目的是减少地方派别此前通过更慷慨的财政转移获得的权力，但它们都是以“国家”和“人民”的名义来精心制定的。

秘鲁对治理思想的重要性提供了进一步的见解。在这种情况下，技术统治作为合法政府的思想在影响采掘业的治理和发展方面发挥了重要作用。宏观经济政策的相对稳定，以及鼓励全国采掘业投资的一系列激励措施，即使在相对不稳定的政府和持续的社会资源开采冲突面前，也被一些学者视为反映了关键部委内技术官僚在制定国家政策方面的相对权力（达金特，2015 年）。在过去 20 年中，这些技术官僚一直重视自由市场的思想，对规划持怀疑态度，并深度怀疑国家是否有能力成为一个高效和有效的经济行为体。这种官僚主义思想和小圈子与技术官僚能力之间的关系在秘鲁的其他地区也很明显，这些地方在过去 20 年里通过“人权监察员办公室”巩固了强有力的、以权利为导向的法律技术统治，同时也通过环境部和文化间事务部巩固了统治，虽然这两个部门的自主权较小一些（最近的情况）。[9] 这些不同的技术官僚力量集中在一起，在决定如何设计资源治理制度以管理促进投资和如何权衡保护公民权利与自然资源治理之间的关系方面发挥了重要作用。

引用本书第二章的论点，这里的论点是，在“‘分裂政治’的背景下（克拉布特里，2011 年），技术官僚仍然是秘鲁中央国家运作的根本，这使得宏观经济决策的稳定性和责任感高于以往时代（达金特，2015 年）”。当然，这也是有可能的，因为技术官僚的想法和国家商业精英的想法是一致的，但似乎也是技术而不是政治的思想，正是以保护这种所谓的“技术－政治”空间的方式被动员起来的。

作为治理形式的技术统治或资源民族主义所体现的思想，以及激发动员和抗议的思想，已经以一种对资源政治和更广泛的国家政治产生明显影响的方式，与底土资源的物质性质相互作用。虽然这些思想和物质性不能被解释为利益和激励政治的产物，但它们所产生的影响来自它们与这些利益之间的特殊互动方式。我们现在就这些利益及其对矿物治理的影响进行最后的讨论。

第四节 政治解决、采掘业和包容性发展

特里·卡尔曾评论说，“‘资源诅咒’主要是一种政治现象，而不是一种经济现象”，“如果没有所有利益攸关方的巨大协调努力，就无法消除”阻碍经济多样化和包容性发展的制度扭曲现象（卡尔，2007 年：256，258）。在介绍本章时，我们注意到学者们和活动

家的工作都强调了政治和权力在资源开采中的重要性。然而，问题在于如何以一种既结合精英政治又结合基层政治的正式的、分析的方式谈论这种权力。我们的论点是，政治解决方法对这项任务作出了富有成效的反应。

政治解决框架关注的重点是在一个占主导地位联盟内的精英与基层之间的纵向权力的关系，以及主导联盟的精英与不享有该联盟所给予利益的被排斥派别之间的横向权力（可汗，2010 年）。利维和沃尔顿（2013 年）和利维（2014 年）对这一框架进行了补充，认为主导联盟中的精英如何管理这些关系和处理发展问题是取决于以领导人和党派之间的竞争为特点的更广泛的政治制度，还是取决于某一特定领导人或政党的主导地位。政治竞争将导致精英招募各类客户加入联合政府，以此作为保住权力的手段（他们称这种政治解决为“竞争客户主义”），因此倾向于在选举周期之前以招募客户为导向的较短时间范围内运作。相反，占主导地位的领导人和政党能够减少对客户招聘的担忧，并根据特定的发展或个人利益思想，将资源用于长期的政治项目，这种解决方法被称为主导政党/主导领导人解决方法。这种占主导地位的政党/领导人解决方法可以从发展中国家的威权现代化项目到个人化的盗贼统治主义项目，也可以涉及专制或民选的领导，但在任何一种情况下都是占主导地位的。

这些框架在多大程度上有助于解释玻利维亚、加纳、秘鲁和赞比亚是如何管理采掘业的？反过来，采掘业在这些经济体中的突出地位在多大程度上有助于解释这些纵向和横向关系，以及政治安排具有竞争或威权主义的特点？在国家分析中出现了几个主题，我们在本节中将讨论这些主题。前两个主题涉及更广泛政治制度的性质、采掘业治理和包容发展模式之间的关系。后两个主题涉及精英、被排斥的派系和“低级群体”之间的横向和纵向权力分配之间的关系，以及制度变迁。最后一个问题是从有关这些关系的长期观点中得出的特别见解。

4.1 竞争客户主义、经济转型和包容发展模式

在一些政治解决文献中，竞争客户主义制度往往与投资于经济结构转型的资源承诺较弱有关，因为领导人首要关切的是利用资源招募选举支持，以便继续执政（希基等人，2015 年；惠特菲尔德等人，2015 年）。正如第一章所指出的，这一概念中的客户主义观点不是传统“惠顾—客户关系”的支配和依赖，而是竞争政治权力的精英需要招募和维持那些帮助他们既获得统治权力、然后又保持这些统治权力的支持者。因此，“竞争客户主义”中的“客户”本身就拥有很大的权力，他们可以利用这些力量，通过交换他们对统治精英的支持，以换取不同类型的利益。这就激励精英将资源输送给不同的群体，而不是将这些资源投资于一项或另一项发展战略。这种关于竞争性政治制度可能产生资源浪费的说法导致了对发展型国家的争论，并形成了这样的概念，即威权统治与官僚能力相结合可以使国家能够采用协调一致的经济和制度现代化方案，而不必削弱改革来适应那些在这类进程中落败的人提出的选举和政治主张（奥唐纳，1973；1988 年；埃文斯，1995 年；戈洛巴－穆特比，2013 年）。

有一种说法认为，竞争客户主义的发展效力有限，这一点似乎得到了四个国家历史的证实。第五章中关于加纳采矿治理的讨论最有力地说明了这一论点，该章认为，竞争性的客户主义制度为执政党创造了激励措施，促使其利用从采掘业获取的租金主要作为培养客户的工具，以期在下一次竞选活动之前获得他们的效忠。这里值得重复该章的案文：

> 正是这种形式的政治考量决定了矿产资源的分配方式，进而反过来又决定了采矿对国家和地方发展的影响。值得注意的是，将租金分配给传统当局和酋长似乎不是由社会经济发展问题推动的，而更多的是由以下因素推动的一种选择策略：（1）维持社会秩序的逻辑，这是由于传统权威对矿产丰富土地重要杠杆的作用；和（2）统治精英希望通过酋长们的支持来赢得和维持政治权力，后者对农村选民具有实质性的协调作用。传统当局获得了大量的矿产租金，主要是因为执政的政治精英们希望避免激起在农村地区从事经纪土地业务和具有投票权的社会团体的抵制。

我们在关于玻利维亚的第三章中也提出了类似的论点，尽管在这种情况下，重点不在于利用资源租金来培养客户，而更多的是建立政治联盟：

> ……对精英阶层的激励一贯是控制资源的收入流，以便将资金用于管理政治联盟，而不是投资于经济和社会发展。

然而，如果仔细观察采掘业，就会发现，尽管竞争性的客户主义体系可能在强有力的国家导向的经济多样化和转型方式中体现不足，但它们已经与采掘业和整个经济的转型政策联系在一起。实行彻底的新自由主义改革，以打破国有采掘企业格局，鼓励外国直接投资，这是在民主时期进行的，其特点就是竞争客户主义的做法。这在 20 世纪 80 年代末到 90 年代中期的玻利维亚和赞比亚特别明显，在某种程度上，秘鲁也是如此。[10]

在四个国家中，竞争客户主义占统治的时期都没有成功地利用资源租金来促进任何实质性的经济多样化。在秘鲁，采矿公司按矿业税收（*canon minero*）缴纳 50%税款的承诺，以及将所有特许权使用费返还生产地区并将中央政府积累的部分租金用于国家社会方案的做法，都具有减少用于经济结构转型投资的资源供应的连锁效应，即使决策者已确定这是一项关键需求（盖齐和加拉多，2013 年）。在安第斯地区，有人认为，出于明显的政治原因，各届政府对研究和开发的投资与其在转移支付上的支出相比一贯不足，而创新方面的支出不足则阻碍了经济变革。加纳的第五章认为，强调向客户提供租金意味着不能将这些资金用于替代经济发展形式的投资，并且已经促进了基础更广泛的民族资本主义阶级的形成。还有这样的可能性，即荷兰病效应、全球竞争和以及阻碍国内工业优惠待遇的自由贸易协定，无论有没有定向投资，都不太可能实现多元化。

这样做的一个后果是，在这些制度下，大规模采掘业至少通过缴纳税收和特许权使用费促进了社会包容发展，这些税收和特许权使用费被用于有针对性的社会保护和其他转移方案，就像通过劳动力市场一样。这一模式因国家而异，秘鲁和玻利维亚在减贫方面取得了更大的成功，这可以说反映了转让方案与由采矿和油气行业推动的经济快速增长的涓滴效应的结合（莫斯利，2017 年）。如果商品价格继续下跌，或者投资者选择不推进新的项目而导致作为社会保护方案财政基础的税收和特许权使用费减少，那这种减贫努力能够持续多久，仍然是一个悬而未决的问题。

最后，秘鲁和玻利维亚在过去十年中在减贫方面都取得了重大成功，这对关于政治解决与包容性发展之间关系的争论提出了挑战。虽然这两种情况的特点都是具有广泛的竞争客户主义政治逻辑，但玻利维亚社会主义运动政府掌权已有十年，并开始表现出更具有主导性政党特色的特征。它还支持对社会主义的意识形态承诺。秘鲁看起来很不一样。在同一时期，执政党经常更替，从右派向中右派的转变，以及对市场或多或少持续的意识形态承诺，是资源和投资最有效的配置者。此外，这两个截然不同的案例在减贫和资源开采协商形式方面都有相似的包容模式，每个国家的证据表明，在采矿和油气的可行性、设计和治理方面，社区一级的声音受到极大的限制（汉弗莱斯·贝宾顿和贝宾顿，2012 年；古斯塔夫松，2017 年；施林·瓦卡福勒，2017 年）。其含义是，在结构不同的政治解决方案下，包容性发展与自然资源开采之间的关系可能是相似的。这可能意味着“同样结果”，即不同类型的政治解决方法的运作最终以不同的方式取得类似的结果，或者它可能建议不同的解决方案遵循最终类似的战略：促进采掘投资的迅速增长，再加上共同努力重新分配这种增长带来的利益。

4.2 优势和包容方式

在对四个国家的“长时段”研究中，有几个时期或多或少是专制和个人化占主导地位的领导人/政党进行统治的。其中最明显的是 1968 年至 1980 年的秘鲁军政府统治时期和 1964 年至 1991 年肯尼斯·卡翁达在赞比亚的统治时期。[11] 正如刚才所指出的，埃沃·莫拉莱斯在玻利维亚的社会主义运动政府也可能逐渐成为主导性的领导人/政党统治模式。这些时期涉及国家对采掘业的所有权（玻利维亚社会主义运动政府已经重新提升并重新加强了国有采矿和石油公司的地位）[12] 和工会化的劳动力，福利主要流向工会和矿区周围的人类住区。

卡翁达和秘鲁的军事政权确实寻求过国家主导的经济转型模式，但最终收效甚微——无论是在经济多样化方面还是在持续减贫方面。通过就业或工会（但不是政治参与）促进包容发展的努力也失败了。因此，虽然可以证明，这些威权性或主导性的政党制度确实鼓励了发展政策，且这种发展政策超越了为选举成功招聘客户的短期需要（玻利维亚社会主义运动政府是一个例外，因为它仍然受制于选举纪律），但他们并没有成功地将这些愿景转化为可持续的社会包容发展形式。这是因为治理能力和技术能力有限，以及是因为商品价格下跌（赞比亚的例子）。因此，虽然利维和沃尔顿（2013 年）的分析框架可能在一定程度上解释了某些关于发展和包容的思想是如何和为什么在这些威权制度下出现的，但该框架也存在这些思想是以它们自己的方式失败的情况。

4.3 横向和纵向权力关系和零碎的制度改革

在这四个国家中，1995 年以后的大规模采掘业很大一部分扩张都发生在采矿和油气的非传统地区。[13]在大多数情况下，这些地区也是资源贫乏和被政治排斥的人口所占领。例子包括：赞比亚西北省长期被排除在铜带—卢萨卡权力轴心之外的种族多元社区；玻利维亚资源贫乏的城市以及人口稀少且干旱、历史上被边缘化的瓜拉尼人和韦恩哈耶克人所在的查科地区；秘鲁安第斯山脉长期贫穷的农民和土著社区；加纳的资源贫乏社区。用可汗（2010 年）的话说，扩张主要发生在较低派别占领的地区，其中一些表面上属于占主导地位的联盟，另一些则不是——但在所有情况下，这些都是相对排斥在权力中心之外的群体。

然而，如前所述，这种自我扩张增加了这些被排除在外的群体的潜在政治影响力，因为他们能够使公司进入底土资源变得很复杂。随着关注权利、环境影响和正义的跨国和国家城市行为体向这些派别伸出援手，这种影响力进一步增强。统治联盟中精英们的反应往往是尝试并选择这些新授权的行为体，这有时是成功的。然而，与此同时，这些派别的动员（或威胁动员）也引发了一系列制度改革。这一点在秘鲁或许最为明显，在那里，面对冲突，各届政府出台了关于环境影响、事先协商、收入分享和地方土地利用规划等方面的新法律和条例。然而，采用这些条例是为了应对横向压力，而不是因为精英阶层和占主导地位的联盟内部的发展思想发生了根本变化。因此，这些改革也是以零敲碎打的方式进行的，而且是脆弱的，可能还会发生逆转。这种利用制度变革来应对具体诉求和可能紧急情况的做法，往往会产生缺乏战略一致性的治理安排。

4.4 个体和小规模采矿作为水平权力的一种约束形式

在玻利维亚、加纳和秘鲁，以及一定程度上的赞比亚，过去三十年都与手工和中小规模采矿行业的持续和大幅度增长有关。这一行业主要由贫穷的农村和城市人口中未就业或就业不足的部分组成，他们来自长期被排除在正规经济之外的派别，如上文提到的受开采业扩张影响的社区。这一趋势有两个重要的例外。第一，该行业还吸纳了相对重要的资本所有者。这些企业家向矿工提供更大规模的机器，组织工作团伙，控制营销，有时还参与非法获取投资资本和/或非法开采黄金的洗钱活动。第二，在玻利维亚的具体案例中，其中一些矿工是 1985 年之前的矿工工会的前成员。当工会工人作为结构调整方案的一部分被解雇时，有些人获得采矿许可证作为补偿。这些权利已成为日益增长的非正规行业的基础。重要的是，这种资源权也是这些矿工寻求与有兴趣开采的大型公司谈判的一项关键资产，以前被解雇的矿工现在拥有这些矿业权。

由于这些不同的原因，个体和小规模采矿行业已成为一个特别强大的派别。它的影响在于，它不仅控制着大规模采矿扩张活动所寻求的同一底土的进入，而且在加纳、秘鲁和玻利维亚，它还要为离开该国所有黄金的相当比例负非常大的责任。此外，个体和小规模采矿技术含量低和劳动密集型的特点意味着，该行业创造的就业岗位比大规模采矿要多得多。这些因素结合在一起，意味着这些行业比分散的社区、市政当局、环保主义者和其他有具体诉求的人有潜力以更重要的方式影响主导联盟。在玻利维亚，合作联盟的动员力量意味着他们能够在 2014 年对新的采矿立法施加重大影响。在秘鲁和玻利维亚，有证据表明，该行业（或至少是该行业内的重要行为体）能够利用其资源去影响地方和国家一级代表的选举。在加纳，个体和小规模采矿行业为 100 多万人提供生计，生产大约三分之一的黄金出口。如此庞大的规模，再加上该行业与当地酋长和商界精英的联系，赋予了该行业很大的权力。正如我们在关于加纳的第五章中所指出的，“支持小型采矿是……政治家们对农村失业青年以及他们在经济上支持的家庭表现出同情的一种简单方式”（特施纳，2012 年）；以及“在一个国家……总统选举有时以不到 5 万票获胜，人们很容易理解加兰西（*galamsey*）经营者在政治上与执政的政治精英之间的相关性，以及在更广泛地围绕采矿行业治理形成政治解决方案方面的重要性”。

4.5 长时段的警示见解

我们在国家研究中采取的长时段视角是令人清醒的。尽管记录了许多具体的监管变化，以及主要政治联盟之间的许多往复变换，但人们的印象是，基本的生产结构相对来说是不可改变的。在本书所述期间开始时，这四个经济体依赖资源开采（至少在外国直接投资、财政收入和出口收入方面如此），而到了 2015 年，它们仍然依赖资源开采，尽管有时依赖不同的自然资源。虽然随着时间的推移，出现了更为复杂的城市服务业和非正规经济，或者是适度多样化的出口农业和农业工业，但这四个国家并没有远远超越依赖初级产业的经济体。他们在发展制造业并使其多样化方面没有取得真正的成功，他们的公共预算仍然取决于商品价格的涨跌。换句话说，他们在通过劳动力市场或公共支出来发展稳定、持久和多样化的包容渠道方面并不十分成功。

这带来了一个令人略显困惑的两难境地，即如何描述一幅不断变化的政治解决方案的图景，而不是一个变化不大但富有成效的结构。即使从更长远的历史角度来看，我们可以超越占据许多评论员头脑的短期政治动荡，但在过去的一个世纪里，我们确实发现了每一个被研究的国家的政治解决方案之间的一些变化。简单地说，如果我们的自变量在变化，而我们的因变量是稳定的，这是否意味着两者之间没有关系？

我们解决这一困境的办法一直是讨论“元解决”。这一想法最初是从我们对赞比亚的分析中产生的，目的是将从殖民时代到现在的五个不同的政治解决方案结合起来。最后，我们确定了在不同解决方案中都持续存在的两个关键现象：威权主义和狭隘（且脆弱）精英。引用第四章的话，第一个现象表现在“……将权力集中在行政部门手中，削弱包括议会和司法机构在内的问责机构”。即使在多党选举出现之后，这种威权主义依然存在。关于第二个现象，赞比亚的领导层往往在相对较少的人之间交替，即使这种权力的转变经常发生，就像最近几年一样。这种“元解决”的概念对于观察这四个国家政治关系中的持久趋势变得非常有用。这些持久现象的例子包括：加纳酋长和中央政府之间长期争夺自然资源控制权的历史拉锯战；玻利维亚地区精英之间不断发生的争夺政治控制的斗争，这些地区精英是由目前最有利可图的底土资源资助的；或者秘鲁持续集中控制资源租金，直到最近十年。

这一观察提出了一个后续的问题：如果某些特征已经如此有弹性地改变，为什么会这样呢？玻利维亚、加纳、秘鲁和赞比亚的经验表明，这一问题的部分答案可能与自然资源依赖本身有关。第一，通过创造大量租金的现实或前景，底土资源带来的财富遐想创造了激励措施，鼓励政治和经济精英专注于获取这些租金，而不是寻求可能创造新价值的经济和政治创新。第二，通过产生高度不平衡的累积和剥夺的地理区域，并鼓励特定地区增加获取租金，自然资源经济为建立具有共同国家发展想象的广泛联盟制造了严重障碍（沃茨，2004 年 a，2004 年 b）。依赖自然资源的经济体可能会助长政治分裂，而非结盟。

尽管如此，重要的是不要夸大潜在的连续性和有限的变革这一思想。强大行动体的出现，加上基本思想的改变，已经以加强包容发展的方式改变了四个国家政治解决办法的要素：殖民主体已经成为所有四个国家的公民，拥有权利和投票权；进入统治层的机会已经较少由种族或家庭来决定；经济精英之间的竞争程度已经有所增加。一般而言，竞争客户主义解决方案与公民权利的持续扩大相联系的程度超过了占主导地位的政党/占主导地位的领导人解决方案。竞争客户主义解决方案虽然肯定不是没有腐败，但其特点是在使用资源租金方面的政治问责程度相对较高。因此，解决方案的性质对依赖资源的经济体与社会包容的性质和程度之间的关系具有重要意义。凡是解决方案的性质似乎影响较小的地方，都能够较为成功地促进经济的多样化和减少资源租金在国民经济中的比重。

第五节　政治解决的长期自然资源治理视角

矿产资源和油气资源具有强烈的地域性。即使在采掘边界似乎无处不在（特别是通过勘探许可证地图表示）的情况下，这些资源的商业数量仍位于相对较少的地方，而且开采这些资源所产生的许多环境和社会后果相对集中在一定空间。[14] 与此同时，矿产资源已成为日益全球化和一体化的国际价值链的一部分，至少自伊比利亚人掠夺拉丁美洲以来就如此。在过去的一个世纪里，这些商品市场进一步国际化，价格在全球范围内确定，越来越多的跨国行为体对获取资源感兴趣。在这两种情况之间，底土资源也是有深刻的国别属性的。它们的商品化往往是国民经济的主要支柱之一（如果不是唯一支柱），是财政收入和外汇的重要来源，也是国家投资和通过获取资源租金形成精英的动力。底土资源也常常成为国家的象征。安第斯特性的历史不能不提及金和银，采矿和天然气对玻利维亚民族主义的核心作用是显而易见的，赞比亚“对现代化的期望”（弗格森，1999 年）是继续通过铜来传递的。在我们本书研究的国家之外，石油也是尼日利亚国家和地方特征的一部分（沃茨，2004 年 a），而在英国，1984—1985 年的矿工罢工意义深远，不仅因为煤炭是创造就业机会的宝贵商品，而且也是因为煤炭是民族和阶级身份的一部分。

这些底土资源的性质对任何有关采掘业治理和依赖自然资源经济体之政治解决的政治讨论主题都有影响。我们总结了在本章和整个各国章节中提出的具有特殊意义的六个主题的关键论点：（1）国家解决方案与政策领域解决方案之间的区别；（2）各政治解决方案内部的标量关系；（3）自然资源租金对解决方案的影响；（4）开发矿物和油气矿床所需的投资规模；（5）底土资源的象征力量；（6）资源开采的“长时段”。在下面的段落中，我们将对其中每一段进行详细阐述。

第一，虽然有些方法（希基和森，2016 年；利维和凯索尔，2016 年）区分了总体国家政治解决方案和更具体的解决方案，特别是政策领域（如教育、卫生或社会保护），但这种区别可能并不总是与自然资源开采相关。在采矿、石油和天然气行业成为国家政治经济、身份形成和国家政治行为体组成之核心的情况下，暗示在总体政治解决方案和自然资源政策领域之间作出明确区分可能是无益的。相反，这两个“空间”的构成可能是相互的。玻利维亚、加纳、秘鲁和赞比亚的历史经验表明，采矿和油气是如何成为国家政治辩论的中心的。长期以来，采矿和油气“政策领域”一直是每个国家的关键政治领域。

第二，资源开采的地方、国家和全球维度也意味着，对采掘业治理政治的分析和政治解决方案构成的分析必须跨界面进行工作。跨国行为体进入的形式有：全球投资资本和实践经验、跨国公司、全球商品市场监管、全球价格趋势、国际金融机构、跨国民间社会以及全球环境和人权框架等。同样，矿物和油气的本土化性质意味着，矿物和油气的开采始终将地方各级的行为体纳入国家和国际动态。由于地方行为体对公司和国家获取这些自然资源的能力有重大影响，国家和国际精英往往不得不与他们谈判，有时还必须让他们参与更广泛的政治解决方案，以便能够开采矿物和油气。从这个意义上说，特定地理位置的资源常常会产生新的地方各级精英，他们有实质性的力量来影响采掘业的发展进程。

第三，底土资源的特点是有能力产生巨大的租金，特别是在商品繁荣时期。相对容易获得的“超级租金”和地方行为体限制进入底土的潜在力量相结合，意味着围绕资源开采的政治尤其容易发生暴力和腐败。此外，获取此类租金的潜力可使这些资源对寻求实现和资助广泛的其他政治项目的行为体具有极大的吸引力。从第二章到第五章，我们都看到了由这些资源资助的不同项目。在玻利维亚，玻利维亚社会主义运动政府增加了中央政府对油气租金的征收，为基础广泛的社会再分配提供资金。加纳的酋长们寻求通过自然资源租金巩固领土和政治权威的手段。铜的收入是赞比亚民族主义后殖民项目的核心，而在秘鲁，采矿行业的发展对于内部冲突后成立的不同政府在高地建立政治秩序的努力至关重要。因此，采掘业治理政治也是不同类型精英明确的政治和意识形态战略的核心筹资机制的政治。政治解决分析将重点放在与“被排斥派别”有关的精英战略上，对于提请人们注意这些类型的关系特别有用。

第四，与前一点相关的是，大规模的自然资源开采项目通常需要大量的前期投资，然后成为固定资本。这也适用于许多经常伴随资源开采的基础设施项目，如水坝、港口、主干道和铁路线。这类投资需要政府作出重大的“可信承诺”（森，2013 年），为投资者提供他们为推进这些项目所需的金融、法律和实物安全。为了实施这种规模的投资，公司寻求大幅度的赋税优惠期或减税，以及法律和合同担保。由于投资的固化使他们更容易受到国家征收以及局部抗议和社会冲突所提出要求的冲击，投资者也寻求国家方面的人身和司法保障，这可以转化成为反对抗议以及法律例外和担保要求而使用公共力量的保障。就油气而言，必要投资的规模也使其成为一个由大规模资本所有权主导的行业。因此，该行业的特点是权力、知识和专门技能的不对称，而这种不对称往往只能被社会冲突、公共辩论或国家内部相对自主并有抗衡能力的监管机构所抵消（尽管只是部分）。这种模式的例外是个体和小规模开采矿业——这种活动的地理本身与矿藏的性质有关，只有一些矿藏是可以被个体和小规模开采矿业利用的。在这些不同的方面，矿藏、石油、管道或资源储藏的物质性对资源政治都有影响，并导致经济和政治精英达成能够在民众抗议面前具有复原力的协议。就公民运动相对于解决方案中其他行为体和执政联盟拥有的权力而言，政治解决分析有助于描述和界定一些更有希望和民粹主义的情绪，这些情绪可以为只关注基层反抗的研究提供依据。

第五，底土资源的象征意义意味着"思想"具有潜在的因果力量。其含义是，政治解决的性质不仅必须从利益的角度来理解，而且要从思想的政治角度来理解，其中一些思想具有相当大的政治价值和动员抵抗的能力（霍尔，2010 年；希基，2012 年；希基等人，2015 年）。在这四个国家中，"资源民粹主义"和"正义"一直是并继续是影响自然资源治理和社会动员的重要思想。在秘鲁和玻利维亚的具体案例中，围绕土著人民协商权利的思想也影响了关于采矿和油气投资的谈判。这些思想的文化意义和历史共鸣——以及它们在多大程度上是由没有从中明显获益的行为体动员起来的——表明，这显然是一种思想不能陷入利益的情况，它们对解决方案的构成和在这些解决方案下推行的治理安排具有因果影响。采掘业治理政治清楚地说明了霍尔的主张，即"思想政治是支持制度变革的联盟在形成过程中具有的内在而非表象之特征"（2010 年：212）。

第六，在本研究项目中采取的"长时段"观点使政治解决思维中使用的一些范畴框架复杂化。特别是，"竞争客户主义"与"主导的领导人–政党"这些解决方式之间的区别，失去了这种区别的部分说服力（参见可汗，2010 年；利维和沃尔顿，2013 年）。竞争客户主义是指精英需要与支持者竞争才能获得或保持权力的制度，而在主导的领导人–政党制度中，精英能够相对无争议地行使权力（利维和沃尔顿，2013 年；利维，2014 年），这就形成了对比。至少，我们的分析使这两种类型的解决方法之间的区别看起来是描述性的，而不是解释性的，因为它回避了为什么首先出现更具主导性或更具竞争性的规则模式的问题。一些人认为，政治解决理论的目的恰恰是要理解特定形式的"解决"关系是如何影响发展进程和结果的，因而从"长时段"角度来看待政治，就要求解释解决方案是如何变化、为什么变化的，并解释这些变化在多大程度上与发展动态有关。

在第二章至第五章中的国家分析中，"长时段"的观点也使我们能够更明确地描绘不同政治行为体的崛起和消亡，以此解释某些统治时期是如何出现的。在这一方面，这项研究的长期历史方法更多地利用了可汗（2010 年）强调如何谈判横向和纵向排斥的边界，以及这些边界对主导联盟形成和瓦解的方式以及如何管理资源的影响。国家分析还明确了理解因果进程的重要性，这些进程解释了某些行为体如何以影响其在政治解决中地位的方式获得或失去权力[15]。特别是，资源的物质性、跨国联系和某些思想往往是这些相对权力关系的核心，先前的政治解决方案所释放出来的积累和剥夺模式也是如此。

采取长期观点有助于防止将政治解决方案与政权联系在一起。换句话说，大多数情况下，政治解决方案的持续时间要比各届政府长得多。例如，就秘鲁而言，1895年至2016年期间只确定了三个政治解决方案或不稳定时期，尽管我们在第二章导言中指出了这一点。“……自1821年独立以来，该国已有12部宪法和100多个政府，而其经济体系则从极端自由主义到中央集权再回到以前。”这些政治解决方案按时间顺序与下列时期联系在一起：寡头统治和外国资本统治；国家集权主义和加速的社会变革；新自由主义，其特点是具有竞争性的威权主义和多党民主。这些对政治解决方案的长期解读清楚地表明，某些与关键组织思想相关的精英协定（例如，外国资本主导地位、新自由主义、公民权利的削减）远远超出了特定政府的范围。因此，尽管政府和政府之间的情况可能会发生变化，但这不应转移人们对“元解决”的持续存在的关注，这些“元解决”随着时间的推移变得更加稳定，涉及类似的精英和基本思想。

第六节　最后的话

政治解决与自然资源开采之间存在着相互构成的关系，它们是无法逃避这种关系的。政治解决的性质对如何管理采掘业以及如何理解它们在国家和地方发展中的作用具有重大影响。政治解决不仅界定了那些自身利益对资源开采影响最大的精英，而且也界定了精英要想维持这种政治解决就必须通过使用资源租金来融资的公司关系和客户关系。相反，能够产生巨额租金的大量底土资源的存在决定了政治解决的构成、谈判和争议所处的基本态势。从某种意义上说，这些资源租金成为城镇的主要故事之一，这是政治行为体试图获取这些租金的一个叙事轴，无论是为了个人利益还是为特定的社会愿景融资。这并不意味着自然资源或资源租金决定了政治解决的实际性质——这还存在很大的创造力和变革空间；然而，这确实意味着，无论在这种变革过程中可能出现何种政治创新，这些创新都永远逃不出自然资源财富带来的激励和思想。

思想和物质性对于创造新的政治行为体至关重要。在自然资源政治中，在很大程度上，利益和动机的调动和汇集取决于明确行动的共同思想，也取决于所涉资源的物质性质和地理位置所产生的真正和可感知的共同机会和损失。思想也是至关重要的，因为它们构成了辩论的框架，并限制了可想象的限度：因此，它们可以限制政治行动和想象力，同时也成为旨在挑战和重组这些主导思想的行动的目标。

最后，对我们研究过的四个国家来说，自殖民时代以来，跨国因素一直是自然资源治理政治的核心。黄金、铜、锡、银和油气（我们讨论过的主要资源）的全球估值一直是使这四个国家的底土资源进入全球金融回路的主要因素。这些估值带来了跨国需求、探险者和利益，在殖民时代和现在都一样。如果不关注这些全球行为体和因素，就不可能理解国家资源政治的性质。

无论人们是否认为政治解决的语言有用，玻利维亚、加纳、秘鲁和赞比亚的悠久历史清楚地表明，契约的订立、争论、谈判和暴力一直是自然资源开采治理的重要组成部分。从来没有、也永远不会有关于什么思想能够构成“良好”自然资源治理的全国集体会议：在同意、异议和强加之间只有某种程度的平衡（“政治解决”）。同样，很少（如果有的话）就那种“包容性发展”达成充分的集体协议，而这种“良好”的资源治理应该以这种包容性发展为导向。一些声音、一些兴趣和一些思想总是比其他的更受排斥和不那么有力。从分析上讲，重要的是了解某些声音、利益和思想如何在资源治理中占有支配地位，以及它们如何能够稳定这一优势。在政治上，重要的是利用这样的分析来追求权力、利益和思想的平衡，而这正是相关行为体正在努力寻求的。至少在这里研究的国家中，资源治理从来不是一个让制度正确的问题。它只是政治战略的一部分，而反过来政治战略又有其自身的政治影响。

附注

1. 这个术语不是贬义的，而是指文本的风格和更广泛的传播和认可。

2. 这条道路的另一个例子是巴西特梅尔政府，它正积极寻求增加采矿和其他形式的资源开采，以帮助填补其他行业和宏观经济危机造成的预算缺口。

3. 用以抵消小规模农业停滞的政策缺失或失败是年轻的成年人（大多数是男性）进入个体和小规模矿业的另一个因素。

4. 2006 年之后，玻利维亚在某种程度上偏离了这一模式。尽管玻利维亚社会主义运动（MAS）政府已经重新启动了玻利维亚矿业公司，作为其资源民粹主义努力的一部分，但大规模采矿的投资仍然是由国际公司主导的。值得注意的是，对小规模采矿的投资是由国内合法和非法私营部门主导的，这种投资对非常不同的经济和社会动态作出了反应，而且不那么正规化。

5. 秘鲁是一个例外，在国际投资者占主导地位的同时，也有一个主要投资于中型矿山的国家矿业资本家阶层。

6. 例如，其中两个行为者是 2016 年全国总统和国会选举中的重要人物。

7. 传统领地管理是加纳地方当局的一种形式。还请注意，这 10%中的十分之一可由传统领地管理办公室保留，作为行政费用。

8. 2009 年在加纳；2011 年在秘鲁；2008 年在赞比亚。

9. 尽管自 2016 年末以来，这些办公室变得更加脆弱。

10. 这三个国家的确切时间略有不同。秘鲁是一个例外，因为专制的藤森政权（1990—2000 年）实行了许多这样的改革。然而，在 1981—1985 年和 1985—1990 年以前的竞争制度下，实行了早期的冲击和新自由主义改革（尽管与采矿行业无关）。此外，2000 年之后，当选政府维持了藤森的改革。

11. 特别是他从 1973 年开始的一党统治时期。

12. 秘鲁，一家美国矿业公司在国有化中幸存下来。

13. 还扩大了对传统领域的投资。

14. 当然，还有许多其他后果影响更深：石油泄漏或尾矿大坝故障的下游影响；油气燃烧对气候的影响；严重的地方资源冲突对国家治理的影响等。

15. 可汗的“掌握权力”概念指的是行为者保持其立场并削弱其他行为者强加他们利益之能力的权力。

参考文献

Abdulai, A.-G. 2012. 'State Elites and the Politics of Regional Inequality in Ghana'. Unpublished PhD thesis, The University of Manchester, Manchester.

Abdulai, A.-G. 2017. 'The political economy of regional inequality in Ghana: Do political settlements matter?'. *European Journal of Development Research* 29(1): 213 – 229.

Abdulai, A.-G. and S. Hickey. 2016. 'The politics of development under competitive clientelism: Insights from Ghana's education sector'. *African Affairs* 115(458): 44 – 72.

Abdulai, A.-G. and D. Hulme. 2015. 'The politics of regional inequality in Ghana: State elites, donors and PRSPs'. *Development Policy Review* 33(5): 529 – 553.

Abusada, R., F. Du Bois, E. Morón, and J. Valderrama. 2000. *La Reforma Incompleta*. Lima: Instituto Peruano de Economía, Universidad del Pacífico.

Acemoglu, D., S. Johnson, and J. A. Robinson. 2001. 'The colonial origins of comparative development: An empirical investigation'. *American Economic Review,* 91: 1369 – 1401.

Acemoglu, D., S. Johnson, and J. A. Robinson. 2002. 'Reversal of fortune: Geography and institutions in the making of the modern world income distribution'. *Quarterly Journal of Economics*, 117: 1231 – 1294.

Acemoglu, D. and J. A. Robinson. 2012. *Why Nations Fail: The Origins of Power, Prosperity and Poverty*. New York: Crown.

Acheampong, J. 2015. 'Small-scale gold exports on the rise'. Graphic online, 14 April. http://www.graphic.com.gh/business/business-news/small-scale-goldexports-on-the-rise.html, (accessed 26 May 2017).

Addy, S. N. 1998. 'Ghana: Revival of the mineral sector'. *Resources Policy* 24(4): 229 – 239.

Afryie, K., J. K. Ganle, and A. A. Adomako. 2016. 'The good in evil: A discourse analysis of the galamsey industry in Ghana'. *Oxford Development Studies* 44(4): 493 – 508.

Akabzaa, T. 2009. 'Mining in Ghana: Implications for national economic development and poverty reduction'. In *Mining and Development in Africa,* edited by B. Campbell, pp. 25 – 65. Montreal: Pluto Publishers.

Akabzaa, T. and A. Darimani. 2001. 'A study of impacts of mining sector investment in Ghana on mining communities'. Report prepared for the Technical Committee on Structural Adjustment Participatory Review Initiative (SAPRI) on Ghana.

Almaraz, S. 1990. *Petróleo en Bolivia.* La Paz: Editorial Juventud.

Amanor, K. S. 2006. 'Customary land, mobile labor and alienation in the Eastern region of Ghana'. In *Land and the Politics of Belonging in West Africa,* edited by R. Cuba and C. Lentz, pp. 137–159. Leiden and Boston.

Amanor, K. S. 2008. 'The changing face of customary land tenure'. In *Contesting Land and Custom in Ghana: State, Chief and the Citizen*, edited by J. M. Ubink and K. S. Amanor, pp. 55–81. Amsterdam: Leiden University Press.

Amanor, K. S. 2009. 'Securing land rights in Ghana'. In *Legalising Land Rights Local Practices, State Responses and Tenure Security in Africa, Asia and Latin America,* edited by J. M. Ubink, A. J. Hoekema and W. J. Assies, pp. 97–131. Leiden: Leiden University Press.

Amnesty International. 2014. *Peru: Five Years on from Bagua Violence and Still No Justice for Victims.* Lima: Amnesty International.

Anin, T. E. 1994. *Gold in Ghana.* Fourth Edition. Accra: Selwyn Publshers.

Arellano-Yanguas, 2008. J. 2011. *¿Minería sin fronteras? Conflicto y desarrollo en regiones mineras del Perú*. Lima: Instituto de Estudios Peruanos.

Arellano-Yanguas, J. 2014. 'Industrias extractivas, descentralización y desarrollo local: Economía poltíca de políticas fiscales y redistributivas en Perú y Bolivia'. Reporte Annual de Industrias Extractivas II. La Paz, Bolivia: CEDLA.

Arellano-Yanguas, J. 2016. 'Mining policies in Humala's Peru. A patchwork of improvised nationalism and corporate interests.' In *The Political Economy of Natural Resources and Development: From Neoliberalism to Resource Nationalism*, edited by Paul A. Haslam and Pablo Heidrich, pp. 174–190. New York: Routledge.

Arhin, K. 1965. 'Market settlements in the Ashanti Northwest – Kintampo'. Supplement No. 1, Research Review, IAS, Legon, Ghana.

Arhin, K. 1967. 'The financing of the Ashanti expansion (1700–1820)'. *Africa* 37(3): 283–291.

Arhin, K. 1978. 'Gold-mining and trading among the Ashanti of Ghana'. *Journal desafricanistes* 48(1): 89–100.

Armstrong, A. T. 2008. 'Gold strike in the bread basket: Indigenous livelihoods, the World Bank, and territorial restructuring in Western Ghana'. Development Report No.18, Institute for Food and Development Policy, Oakland, CA.

Aryee, B. N. A. 2001. 'Ghana's mining sector: Its contribution to the national economy'. *Resources Policy* 27: 61–75.

Aryee, B. N. A. 2014. 'Recent trends and developments in Ghana's mining fiscal regime'. PowerPoint presentation at the workshop for ECOWAS public officials on the implementation of the African Mining Vision (AMV) and the ECOWAS Minerals

Development Policy (EMDP), 3 – 4 November, Accra.

Aryeetey, E. and A. McKay. 2007. 'Ghana: The challenge of translating sustained growth into poverty reduction'. In *Delivering on the Promise of Pro-poor Growth: Insights and Lessons from Country Experiences*, edited by T. Basely and L. J. Cord, pp. 147 – 168. New York and Washington, DC. Palgrave Macmillan and the World Bank.

Asante, E. P. 2016. 'Pathway/s to Inclusive Development in Ghana: Oil, Subnational – National Power Relations and Ideas'. Thesis submitted to the University of Manchester for the degree of Doctor of Philosophy in the Faculty of Humanities. Manchester: University of Manchester.

Assies, W. 2004. 'Bolivia: A gasified democracy'. *Revista Europea de Estudios Latinoamericanos del Caribe*76: 25 – 43.

Aste, J. 1986. *Minería Peruana: Empresas Estatales y Generación de Divisas, 1970 – 1984.* Lima: Fundación Friedrich Ebert.

Aterkyi II, O. K. 2007. 'Statement on behalf of the Traditional Authorities in Ghana through the National House of Chiefs for Successful Implementation of the EITI'. Accra, Ghana, 15 January. http://www.gheiti.gov.gh/site/index.php?option=com_phocadownload&view=category&download=16:statement-of-behalf-of-traditional-authories-in-ghana-through-national-house-of-chiefs&id=11:speeches&Itemid=54&start=40, accessed 25 May 2017.

Atta-Quayson, A. 2012. 'Analysis: Can government of Ghana implement proposed mining taxes?' https://www.ghanabusinessnews.com/2012/01/31/cangovernment-of-ghana-implement-proposed-mining-taxes/, accessed 26 May 2017.

Aubynn, A. 2009. 'Sustainable solution or a marriage of inconvenience? The coexistence of large-scale mining and artisanal and small-scale mining on the Abosso Goldfields concession in Western Ghana'. *Resources Policy*, 34(1): 64 – 70.

Austin, D. 1964. *Politics in Ghana, 1946 – 1960.* London: Oxford University Press.

Auty, R. 1993. *Sustaining Development in Mineral Economies: The Resource Curse Thesis.* London: Routledge.

Ayee, J., T. Søreide, G. P. Shukla, and T. M. Le. 2011. 'Political economy of the mining sector in Ghana', Policy Research Working Paper 5730. Washington DC: The World Bank.

Bakker, K. and G. Bridge. 2006. 'Material worlds? Resource geographies and the matter of nature'. *Progress in Human Geography* 30(1): 5 – 27.

Baldwin, K. 2014. 'When politicians cede control of resources: Land, chiefs and coalition-building in Africa'. *Comparative Politics* 46(3): 253 – 271.

Ballantyne, Janet Bansah, K. J., A. B. Yalley, and N. Dumakor-Dupey. 2016. 'The hazardous nature of small-scale underground mining in Ghana'. *Journal of Sustainable Mining* 15(1): 8 – 25.

Barandarián, Gomez. A. 2008. *Análisis de la Institucionalidad Ambiental en los Decretos Legislativos de la Implementación del TLC Perú-EE.UU.* Lima: CEPES, Cooperacción.

Barragán, R. 2008. 'Oppressed or privileged regions? Some historical reflections on the use of state resources'. In *Unresolved Tensions: Bolivia Past and Present,* edited by J. Crabtreeand and L. Whitehead, pp. 83 – 104. Pittsburgh, PA: University of Pittsburgh Press.

Barragán, R. 2011. 'Riqueza, industria y desarrollo: Exploraciones a través de la historia'. In *Desarrollo en cuestión: reflexiones desde América Latina,* edited by F. Wanderley, pp. 57 – 98. La Paz: CIDES-UMSA and Plural.

Barrera-Hernández, L. 2009. 'Peruvian Indigenous Land Conflict Explained'. *Americas Quarterly*. June 12.

Barton, S. J. 2016. *Policy Signals and Market Responses: A 50 Year History of Zambia's Relationship with Foreign Capital.* Basingstoke: Palgrave Macmillan.

BCRP (Banco Central de Reserva del Perú). 2016. 'Series Estadísticas'. https://estadisticas.bcrp.gob.pe/estadisticas/sries/, accessed 20 February 2018.

BCRP (Banco Central de Reserva del Perú). 2017. 'Series Estadísticas'. https://estadisticas.bcrp.gob.pe/estadisticas/series/buscador, accessed 20 February 2018.

Bebbington, A. (ed.) 2012. *Social Conflict, Economic Development and Extractive Industry: Evidence from South America.* London: Routledge.

Bebbington, A. 2013a. *Industrias extractivas, conflicto social y dinámicas institucionales en la región andina.* Lima: Instituto de Estudios Peruanos.

Bebbington, A. 2013b. 'Natural resource extraction and the possibilities of inclusive development: Politics across space and time'. ESID Working Paper No. 21. Manchester: Effective States and Inclusive Development Research Centre, The University of Manchester.

Bebbington, A. 2015. 'Governing natural resources for inclusive development'. In *The Politics of Inclusive Development: Interrogating the Evidence*, edited by S. Hickey, K. Sen, and B. Bukenya, pp. 86-115. Oxford: Oxford University Press.

Bebbington, A., A.-G. Abdulai, M. Hinfelaar, D. Humphreys Bebbington, and C. Sanborn. 2018. *Natural Resource Extraction and National Politics: The Challenge of Inclusive Development.* Oxford: Oxford University Press.

Bebbington, A., E. Arond, and J. Dammert. 2017. 'Explaining Diverse National Responses to the Extractive Industries Transparency Initiative in the Andes: What Sort of Politics Matters?' *Extractive Industries and Society.*

Bebbington, A. and J. Bury. (eds.). 2013. *Subterranean Struggles: New Dynamics of Mining, Oil and Gas in Latin America.* Austin: TX: University of Texas Press.

Bebbington, A., A. Dani, A. de Haan, M. Walton. 2008. 'Inequalities and development: dysfunctions, traps and transitions'. In *Institutional pathways to equity: addressing inequality traps*', edited by A. Bebbington, A. Dani, A de Haan, M. Walton (eds.). Washington DC: World Bank.

Bebbington, A., A. Dani, A. de Haan, and M. Walton (eds.). 2008. *Institutional Pathways to Equity: Addressing Inequality Traps*. Washington, DC: World Bank.

Bebbington, A., L. Hinojosa, D. Humphreys Bebbington, M. L. Burneo, X. Warnaars. 2008. 'Contention and ambiguity: Mining and the possibilities of development'. *Development and Change* 39(6): pp. 887–914.

Bebbington, A., D. Humphreys Bebbington, J. Bury, J. Lingan, J.P. Muñoz, and M. Scurrah. 2008. 'Mining and social movements: struggles over livelihood and rural territorial development in the Andes'. *World Development* 36(12): 2888–2905

Bebbington, A., M. Scurrah, and A. Chaparro. 2013. 'Las industrias extractivas y los procesos de cambio en la institucionalidad ambiental'. Proyecto Industrias Extractivas, Conflictos Sociales e Innovaciones Institucionales en la Región Andino-Amazónica. Documento de Trabajo No. 6. Lima: Ford Foundation.

Bebbington, A., M. Scurrah, and A. Chaparro. 2014. 'El Estado Compensador peruano y la persistencia del modelo neo–extractivista: seis hipótesis sobre el (no-) cambio institucional'. *Debate Agrario* 46: 29-50.

Bebbington, A., E. 2017 Becker, D. 1983. *The New Bourgeoisie and the Limits of Dependency: Mining, Class and Power in 'Revolutionary' Peru*. Princeton, NJ: Princeton University Press.

Berdegué, J., A. Bebbington, and A., Escobar, J. 2015. 'Conceptualizing spatial diversity in Latin American rural development: tructures, institutions and coalitions'. *World Development 73*: 1–10.

Berry, S. 2008. 'Ancestral property: Land, politics and "the deeds of the ancestors" in Ghana and Côte d'Ivoire'. In *Contesting Land and Custom in Ghana: State, Chief and the Citizen*, edited by J. M. Ubink and K. S. Amanor, pp. 27–53. Leiden: Leiden University Press.

Bielich, C. 2009. 'La guerra del centavo. Una mirada actual al transporte público en Lima Metropolitana'. Lima: CIES, IEP. http://archivo.iep.pe/textos/DDT/ddt155.pdf.

Bloch, R., and G. Owusu. 2012. 'Linkages in Ghana's gold mining industry: Challenging the enclave thesis'. Resources Policy, 37 (4): 434–442.

Boakye, D., S. Dessus, Y. Foday, and F. Oppong. 2012. 'Investing the mineral wealth in development assets: Ghana, Liberia and Sierra Leone'. Policy Research Working Paper. Washington, DC: The World Bank.

Boampong, O. 2012. 'Ghana's golden opportunity: A district struggles with striking it rich'.

Revenue Watch Institute, New York.

Bob-Milliar, G. M. 2012. 'Political party activism in Ghana: Factors influencing the decision of the politically active to join a political party'. *Democratization* 19(4): 668–68.

Boix, C. 2008. 'Spain: development, democracy, and equity'. In *Institutional Pathways to Equity: addressing inequality traps*, edited by A. Bebbington, A. Dani, A de Haan and M. Walton, pp. 217–244. Washington D.C.: World Bank.

Booth, D. 2015 'What next for political settlements theory and African development?' Paper submitted to the ESID Synthesis workshop, Dunford House, Midford, UK, 8–11 November.

Bornschlegl, T. 2017. 'Three snapshots into complexity. A political ecological analysis of the regulatory enforcement of environmental laws in the oil and gas sector in Ecuador'. Dissertation submitted in partial fulfilment of the PhD. Worcester, MA: Graduate School of Geography, Clark University.

Brautigam, D. and K. Gallagher. 2014. 'Bartering Globalization: China's Commodity-backed Finance in Africa and Latin America'. *Global Policy* 5(3): 346–352.

Bridge, G. 2004. 'Contested terrain: mining and the environment'. *Annual Review of Environment and Resources* 29: 205–59

Brown, K. 2012. *A History of Mining in Latin America: From the Colonial Era to the Present.* Albuquerque, NM: University of New Mexico Press.

Brunnschweiler, C., and E. Bulte. 2008. 'Linking natural resources to slow growth and more conflict.' *Science 320* (2 May): pp. 616–617.

Burga, M. y A. F. Galindo. 1979. *Apogeo y crisis de la República Aristocrática: oligarquía, aprismo y comunismo en el Perú 1895–1932*. Lima: Rikchay Perú.

Bury, J. 2011. 'Neoliberalismo, minería y cambios rurales en Cajamarca'. In *Minería, movimientos sociales y respuestas campesinas: una ecología política de las transformaciones territoriales*, edited by Anthony Bebbington. Lima: Instituto de Estudios Peruanos.

Bush, R. 2009. '"Soon there will be no-one left to take the corpses to the morgue": Accumulation and abjection in Ghana's mining communities'. *Resources Policy* 34: 57–63.

Bush, R. 2010. 'Mining and improvement: Beyond foreign direct investment?' In *Enclaves of Wealth and Hinterlands of Discontent: Foreign Mining Companies in Africa's Development*, edited by G. Hilson, pp. 102–116. Accra: TWN-Africa.

Cameron, M. 1997. 'Political and Economic Origins of Regime Change: The Eighteenth Brumaire of Alberto Fujimori'. In *The Peruvian Labyrinth: Polity, Society, Economy*, edited by Maxwell Cameron and Philip Mauceri. Pennsylvania: Penn State Press.

Campbell, B. 1998. 'Liberalisation, Deregulation, State Promoted Investment: Canadian Mining Interests in Africa'. *Journal of Mineral Policy, Business and Environment*/Raw Materials Report, 13(4).

Cano, Á. 2015a. 'Minería Artesanal y en Pequeña Escala: Explorando los Vínculos entre la política nacional y el desarrollo inclusivo'. Lima, CIUP Draft Working Paper.

Cano, A. 2015b. *Small-scale Curse or Possibility of Inclusive Development? Researching the Politics of Artisanal, Informal and Illegal Mining in Peru (1930–2015)*. Mimeo, Universidad del Pacífico, Lima.

Capriles Villazon, O. 1977. *Historía de la minería boliviana*. La Paz: Banco Minero de Bolivia.

Carson, M., S. Cottrell, J. Dickman, E. Gummerson, T. L. Yanliang, M. Noriko, T. Catarina, and T. C. Uregian. 2005. *Managing mineral resources through public-private partnerships: Mitigating conflict in Ghanaian gold mining*. Woodrow Wilson School of Public and International Affairs, Princeton University, Princeton, NJ.

Castro, J. F., G. Yamada, and N. Oviedo. 2016. 'Revisitando el coeficiente de Gini en el Perú: el rol de las políticas públicas en la evolución de la desigualdad'. Lima: Documento de Trabajo, CIUP.

CEDIB (Centro de Documentación e Información Bolivia). 2013. 'Minería en Bolivia' (PowerPoint slides). http://www.somossur.net/documentos/Mineria_Bolivia_CEDIB2013.pdf

CEDLA (Centro de Estudios de Desarrollo Laboral). 2014. *Reporte Anual de Industrias Extractivas II*. La Paz: CEDLA.

Charpentier, S. and J. Hidalgo. 1999. *Las políticas ambientales en el Perú*. Lima: AGENDA PERU.

Chazan, N. 1982. 'Ethnicity and politics in Ghana'. Political Science Quarterly 97(3): 461–485.

Cheelo, K. H. 2008. 'Behind the economic figures: Large-scale mining and rural poverty reduction in Zambia, the case of Kansanshi copper mine in Solwezi'. MA dissertation, Massey University, Palmerston North, New Zealand. http://mro.massey.ac.nz/xmlui/handle/10179/10515 (accessed 23 March 2017).

Chong, A., J. Galdo, and J. Saavedra. 2007. 'Informality and productivity in the labor market: Peru 1986–2001'. Research Department Working Paper Series. Washington: Inter-American Development Bank.

CHRAJ (Commission on Human Rights and Administrative Justice). 2008. 'The State of Human Rights in Mining Communities'. CHRAJ: Accra.

Cleaves, P. and M. Scurrah. 1980. *Agriculture, Bureaucracy, and Military Government in Peru*. Ithaca: Cornell University Press.

Coffey International Development. 2011. 'Political economy of Ghana and thematic strategy development for STAR-Ghana'. Inception Report for DFID STAR-Ghana, DfIDGhana, Accra.

Collier, P., A. Hoeffler, and D. Rohner. 2009. 'Beyond greed and grievance: feasibility and civil war'. *Oxford Economic Papers 61*: 1–27.

Conaghan, Catherine and James Malloy. 1994. *Unsettling Statecraft: Democracy and Neoliberalism in the Central Andes*. Pittsburg: Pitt Latin American Series.

Conrad, R. F. 2014. 'Mineral taxation in Zambia'. In *Zambia: Building Prosperity from Mineral Wealth,* edited by C.S. Adam, P. Collier, and M. Gondwe, pp. 82–109. Oxford: Oxford University Press.

Contreras, C. and M. Cueto. 2009. *Historia del Perú Contemporáneo*. Lima: Instituto de Estudios Peruanos.

Contreras, M. 1993. 'The Bolivian tin mining industry in the first half of the twentieth century'. *Institute of Latin American Studies (ILAS) Research Papers,* 32. London: University of London.

Cooper, F., A. Isaacman, F. Mallon, W. Roseberry, and S. Stern. 1993. *Confronting Historical Paradigms: Peasants, Labor, and the Capitalist World System in Africa and Latin America*. Madison: University of Wisconsin Press.

Cord, L., M. E. Genoni, and C. R. Castelan. 2015. *Shared Prosperity and Poverty Eradication in Latin America and the Caribbean*. Washington, DC: World Bank.

Cotler, J. 1995. 'Political Parties and the Problems of Democratic Consolidation in Peru'. In *Building Democratic Institutions: Party Systems in Latin America*, edited by Scott Mainwaring and Timothy R. Scully. Stanford: Stanford University Press.

Coumans, C. 2011. 'Occupying spaces created by conflict: anthropologists, development NGOs, responsible investment, and mining'. *Current Anthropology 52*: S29–S40.

Crabtree, J. (ed.). 2011. *Fractured Politics: Peruvian Democracy Past and Present*. London: Institute of Latin American Studies.

Crabtree, J. and L. Whitehead. (eds.). 2008. *Unresolved Tensions: Bolivia Past and Present.* Pittsburgh, PA: University of Pittsburgh Press.

Craig, J. R. 1999. 'State enterprise and privatisation in Zambia, 1968–1998'. PhD dissertation, University of Leeds.

Crawford, G. and G. Botchwey. 2017. 'Conflict, collusion and corruption in small-scale gold mining: Chinese miners and the state in Ghana'. *Commonwealth and Comparative Politics* February 9: pp. 1–28. doi: 10.1080/14662043.2017.1283479.

Crook, R. 2005. 'The role of traditional institutions in political change and development', CDD/ODI Policy Brief No. 4, November.

Cuba, N., A. Bebbington, J. Rogan, and M. Millones. 2014. 'Extractive industries, livelihoods and natural resource competition: Mapping overlapping claims in Peru and Ghana'. *Applied Geography* 54: 250 – 61.

CVR (Comisión de la Verdad y Reconciliación). 2003. Informe final. Lima: CVR, 2003.

Daily Express. (2013, March 21). 'Review of mining stability agreements on course'. http://dailyexpressonline.com/review-of-mining-stability-agreements-on-course-2013-03-21/ (accessed 2 January 2015).

Daily Graphic. 2016. 'Obuasi: Galamsey operators on rampage'. 19 October. http://www.graphic.com.gh/news/general-news/obuasi-galamsey-operators-onrampage.html (accessed 11 May 2017).

Daily Guide. 2013. 'NPP scribe blasts Mahama over galamsey'. 7 June. https://www.modernghana.com/news/467577/2122/npp-scribe-blasts-mahama-overgalamsey.html (accessed 11 May 2017).

Dargent, E. 2015. *Technocracy and Democracy in Latin America: The Experts Running Government*. Cambridge: Cambridge University Press.

Dargent E. y P. Muñoz. 2012. 'Perú 2011: Continuidades y cambios en la política sin partidos'. *Revista de Ciencia Política* 32(1): 245 – 268.

Dargent, E., J. C. Orihuela, M. Paredes, and E.M. Ulfe (eds.). 2017. *Resource Booms and Institutional Pathways: The Case of the Extractive Industry in Peru*. London: Palgrave Macmillan.

Davis, G. A. 1995. 'Learning to love the Dutch Disease: evidence from the mineral economies'. *World Development 23* (10): 1765 – 79.

Davis, G. A. 2009. 'Extractive Economies, Growth and the Poor'. In *Mining, Society and a Sustainable World,* edited by J.P. Richards, pp. 37 – 60. Berlin Heidelberg: Springer – Verlag.

Davis, G. A. and J. Tilton. 2005. 'The Resource Curse'. *Natural Resources Forum 29*(3): 233 – 242.

De Echave, J. and A. Diez. 2013. *Más allá de Conga*. Lima: RedGE, Cooperacción.

de la Cadena, M. 2015. *Earth Beings: Ecologies of Practice Across Andean Worlds*. Durham: Duke University Press.

Debrah, E. 2013. 'Alleviating poverty in Ghana: The case of Livelihood Empowerment against Poverty (LEAP)'. *Africa Today* 59(4): 41 – 67.

Defensoría del Pueblo. 2017. Reportes mensuales conflictos sociales, 2005 – 2016. https://www.defensoria.gob.pe/temas.php?des=3#r

Degregori, C. I. and C. R. Paz. 1993. *Perú 1980 – 1993: Fuerzas Armadas, Subversión y Democracia. Redefinición del papel militar en un contexto de violencia subversiva y colapso del régimen democrático*. Lima: Instituto de Estudios Peruanos.

Dell, M. 2010. 'The persistent effects of Mita'. *Econometrica* 78: 1863 – 903.

Descola, P. 1996. *La Selva Culta: simbolismo y praxis en la ecología de los Achuar.* Quito: Abya Yala.

Deustua, J. 1995. '"¡Campesino, el patrón no comerá más de tu pobreza!" Economía, mercado y campesinos en los Andes: el caso de la minería peruana en el siglo XIX'. Documento de Trabajo 70, Serie Historia 13. Lima: Instituto de Estudios Peruanos.

Di John, J. 2010. 'The political economy of taxation and state resilience in Zambia since 1990'. http://www.lse.ac.uk/internationalDevelopment/research/crisisStates/download/wp/wpSeries2/WP842.pdf (accessed 25 March 2017).

Di John, J. and J. Putzel. 2009. 'Political settlements'. Issues paper, June. Governance and Social Development Resource Centre, Birmingham. http://core.ac.uk/download/files/119/103642.pdf.

Dickens, T. 2010. 'Legalising "galamsey" in Ghana'. Feature Article. *Ghana Web.* http://www.ghanaweb.com/GhanaHomePage/NewsArchive/Legalising-Galamsey-inGhana-180922.

Donkor, K. 1997. *Structural adjustment and mass poverty in Ghana.* London: Ashgate.

Donkor, K. B. 2016. '"Galamseyers" on rampage in Obuasi'. *Graphic Online.* http://www.graphic.com.gh/news/general-news/galamseyers-on-rampage-inobuasi.html (accessed 11 May 2017).

Dore, Elizabeth. 1986. *Acumulación y crisis en la minería peruana, 1900 – 1977.* Lima: UNMSM.

Dummet, R. E. 1998. *El Dorado in West Africa: The Gold-Mining Frontier, African Labor, and Colonial Capitalism on the Gold Coast, 1875-1900.* Athens OH: Heinemann.

Dunkerley, J. 2007. 'Evo Morales, the "two Bolivias" and the third Bolivian revolution'. *Journal of Latin American Studies,* 39(1): 133 – 166.

Eifert, B., A. Gelb, and N. Tallroth. 2003. 'The political economy of fiscal policy and economic management in oil-exporting countries'. In *Fiscal Policy Formulation and Implementation in Oil Producing Countries*, edited by J. M. Davis, R. Ossowski and A. Fedelino. Washington, DC: IMF.

Englund, H. (ed.). 2002. *A Democracy of Chameleons: Politics and Culture in the New Malawi.* Zomba: Kachere Books.

Espinoza Morales, J. 2010. *Minería boliviana: su realidad.* Plural: La Paz, Bolivia.

Evans, P. 1995. *Embedded Autonomy: States and Industrial Transformation*. Princeton, NJ: Princeton University Press.

EY. 2014. *Peru's mining & metals investment guide 2014/2015*. Lima: EY.

EY. 2017. *Peru's Mining and Metals Investment Guide 2017/2018*. Lima: EY.

Faguet, J.-P. 2012. *Decentralization and Popular Democracy: Governance from below in*

Bolivia. Ann Arbor, MI: University of Michigan Press.

Farthing, L. and B. Kohl. 2005. 'Conflicting agendas: The politics of development aid in drug-producing areas'. *Development Policy Review,* 23: 183–198.

Farthing, L. and B. Kohl. 2014. *Evo's Bolivia: Continuity and Change.* Austin, TX: University of Texas Press

Ferguson, J. 1999. *Expectations of Modernity: Myths and Meanings of Urban Life on the Zambian Copperbelt.* Berkeley, CA: University of California Press.

Ferguson, J. 2006. *Global Shadows: Africa in the Neoliberal Order.* Durham: Duke University Press.

Finnemore, M. 1997. 'Redefining development at the World Bank'. In *International Development and the Social Sciences*, edited by F. Cooper and R. Packard, pp. 203–227. Berkeley, CA: University of California Press.

Fitzgerald, E. V. K. 1979. *La economía política del Perú. 1956–1978. Desarrollo económico y reestructuración del capital.* Lima: Instituto de Estudios Peruanos.

Fox, L., B. Hoffman, A. Anyimadu, and M. Keshishian. 2011. 'Ghana democracy and governance assessment'. Report submitted to USAID/Ghana. Final report, August.

Francescone, K and V. Díaz. 2014. 'Cooperativas mineras bolivianas: Entre socios, patrones y peones'. CEDIB. http://www.cedib.org/petropress/cooperativas-mineras-entre-socias-patrones-y-peones-petropress-30-1-13/ (accessed 29 May 2014).

Francescone, K. 2015. 'Cooperative miners and the politics of abandonment in Bolivia'. *Extractive Industries and Society,* 2: 746–755.

Fraser, A. 2010. 'Prefab politics: Poverty Reduction Strategies and the limits of donor-built civil society in Zambia, 1999–2009'. PhD dissertation, Oxford University.

Fraser, A. and M. Larmer. (eds.). 2011. *Zambia, Mining and Neoliberalism: Boom and Bust on the Globalized Copperbelt.* New York: Palgrave Macmillan.

Fraser, A. and J. Lungu. 2007. *For Whom the Windfalls? Winners and Losers in the Privatization of Zambia's Copper Mines.* Lusaka: Minewatch Zambia. http://www.sarpn.org/documents/d0002403/Zambia_coppermines_Lungu_Fraser.pdf (accessed 27 March 2017).

Frederiksen, T. 2017. 'Corporate Social Responsibility and Political Settlements in the Mining Sector in Ghana, Peru and Zambia'. ESID Working Paper 74. Manchester: Effective States and Inclusive Development Centre.

Fundación Unir. 2014. *La veta del conflicto. Ocho miradas sobre conflictividad minera en Bolivia (2010–2014).* Santa Cruz: Fundación Unir.

Galeano, E. 1971. *The Open Veins of Latin America. Five Centuries of the Pillage of a Continent.* New York: Monthly Review Press.

Gallagher, K. 2016. *The China Triangle: Latin America's China Boom and the Fate of the Washington Consensus*. New York: Oxford University Press.

Gallo, C. 1991. *Taxes and State Power: Political Instability in Bolivia, 1900–1950.* Philadelphia, PA: Temple University Press.

García Linera, A. 2008. 'Empate catastrófico y su punto de bifurcación'. *Crítica y Emancipación,* 1(1): 23–33.

García Linera, A. n.d. 'El Nuevo Modelo Económico Nacional Productivo'. *Revista de Análisis.* Presidencia del H. Congreso Nacional Vicepresidencia del Estado Plurinacional, Año 2, número 2.

Gelb, A. 1988. *Oil Windfalls: Blessing or Curse?* New York: Oxford University Press.

Ghana Chamber of Mines. 2013. 'Performance of the mining industry in 2012'. Accra: Ghana Chamber of Mines.

Ghana Chamber of Mines. 2016. 'The Ghana Chamber of Mines Factoid 2015'. Accra: Ghana Chamber of Mines.

Ghana Chamber of Mines and ICCM. 2015. 'Mining in Ghana-What future can we expect?' Accra: Ghana Chamber of Mines.

Ghana News Agency. 2015. 'Current mining royalties not enough-Chamber of Mines'. 21 September. https://www.ghanabusinessnews.com/2015/09/21/currentmining-royalties-not-enough-chamber-of-mines/ (accessed 11 May 2017).

Ghana Statistical Service. 2007. 'Pattern and Trends of Poverty in Ghana 1991–2006'. Accra: Ghana Statistical Service.

Ghana Statistical Service. 2014. Poverty Profile in Ghana: 2005–2013. Accra: Ghana Statistical Service.

Ghanaian Chronicle. 2014, 24 January, 2014. 'Presidency succumbs to mining blackmail?' Available at: http://www.modernghana.com/news/517845/1/presidency-succumbs-to-mining-blackmail.html

Ghezzi, P. 2015, October 29. 'La falsa dicotomía'. El Comercio. Lima: El Comercio. http://elcomercio.pe/opinion/colaboradores/falsa-dicotomia-piero-ghezzi-solis-noticia–1851717.

Ghezzi, P. and J. Gallardo. 2013. *Que se puede hacer con el Perú? Ideas para sostener el crecimiento en el largo plazo.* Lima: Fondo Editorial de la Universidad del Pacífico.

Gilberthorpe, E. and G. Hilson. (eds.). 2014. *Natural Resource Extraction and Indigenous Livelihoods*. London: Routledge.

Glave, M. and J. Kuramoto. 2007. *La minería peruana: lo que sabemos y lo que aún nos falta por saber.* Lima: GRADE.

Global Witness. 2016. 'New data on the murder rate of environmental and land activists in

Honduras, the highest in the world', 4 March. https://www.globalwitness.org/en-gb/press-releases/global-witness-releasesnew-data-murder-rate-environmental-and-land-activists-honduras-highestworld/ (accessed 23 March 2017).

Global Witness. 2017. 'Defenders of the Earth: Global Killings of Land and Environmental Defenders in 2016'. London: Global Witness.

Golooba-Mutebi, F. 2013. 'Politics, political settlements and social change in postcolonial Rwanda'. ESID Working Paper No. 24. Manchester: Effective States and Inclusive Development Research Centre, The University of Manchester.

Gonzales de Olarte, E. y L. Samamé. 1991. *El Péndulo Peruano: políticas económicas, gobernabilidad y subdesarrollo, 1963–1990*. Lima: Instituto de Estudios Peruanos.

Gotkowitz, L. 2008. *A Revolution for Our Rights: Indigenous Struggles for Land and Justice in Bolivia, 1880–1952*. Durham, NC: Duke University Press.

Gould, J. 2010. *Left Behind: Rural Zambia in the Third Republic*. Lusaka: The Lembani Trust.

Government of Ghana. 2010. 'The Savannah Accelerated Development Authority (SADA): Synopsis of development strategy (2010–2030)'. Accra: Policy Unit, Office of the Vice-President.

Government of Ghana. 2012. 'Ghana National Social Protection Strategy'. Accra: Ministry of Gender, Children and Social Protection.

Government of Ghana. 2014. 'Ghana Shared Growth and Development Agenda (GSGDA) II'. Accra: National Development Planning Commission.

Granados, O. 2015. 'Bankers, entrepreneurs and Bolivian tin in international economy, 1900–1932'. In *Tin and Global Capitalism, A History of the Devil's Metal,* edited by M. Ingusltad, A. Perchard, and E. Storli, pp. 46–73. New York: Routledge.

Guasti, L. 1985. 'El Gobierno Militar Peruano y las corporaciones internacionales'. In *El Gobierno Militar: una experiencia peruana 1968–1980*. Lima: Instituto de Estudios Peruanos.

Gudynas, E. 2012. 'Estado compensador y nuevos extractivismos. Las ambivalencias del progresismo sudamericano'. *Nueva Sociedad 237*: 128–46.

Gustafsson, M-T. 2017. 'The Struggles surrounding Ecological and Economic Zoning in Peru'. *Third World Quarterly 38*(5): 1146–63.

Gyimah-Boadi, E. and H. K. Prempeh. 2012. 'Oil, politics, and Ghana's democracy'. *Journal of Democracy* 23(3): 94–107.

Haas, P. 1992. *Epistemic Communities and International Policy Coordination*. Cambridge: The MIT Press.

Hall, P. 2010. 'Historical institutionalism in rationalist and sociological perspective'. In *Explaining Institutional Change: Ambiguity, Agency, and Power*, edited by J. Mahoney and K. Thelen, pp. 204–224. Cambridge: Cambridge University Press.

Hern, E. and J. Achberger. 2014. 'Imagining development, confronting reality: Domestic and international constraints on Zambia's First and Second National Development Plans'. SAIPAR Working Paper.

Herranz-Loncán, A. and J.-A. Peres-Cajías. 2016. 'Tracing the reversal of fortune in the Americas. Bolivian GDP per capita since the mid-nineteenth century'. *Cliometrica,* 10(1): 99–128.

Hickey, S. 2012. 'Thinking about the politics of inclusive development: Towards a relational approach'. ESID Working Paper No. 1. Manchester: Effective States and Inclusive Development Research Centre, The University of Manchester.

Hickey, S. 2013. 'Thinking about the politics of inclusive development: Towards a relational approach'. ESID Working Paper No. 1. Manchester: Effective States and Inclusive Development Research Centre, The University of Manchester.

Hickey, S., A.-G. Abdulai, A. Izama, and G. Mohan. 2015. 'The politics of governing oil effectively: A comparative study of two new oil-rich states in Africa'. ESID Working Paper No. 54. Manchester: Effective States and Inclusive Development Research Centre, The University of Manchester.

Hickey, S. and A. Izama. 2017. 'The politics of governing oil in Uganda: going against the grain?' *African Affairs 116*(463): 163–185.

Hickey, S. and K. Sen. 2016. 'ESID overview paper for Bellagio'. Unpublished paper prepared for the Effective States and Inclusive Development (ESID) Research Centre. Manchester: ESID, The University of Manchester.

Hickey, S., K. Sen, and B. Bukenya. 2015. 'Introduction: The politics of inclusive development'. In *The Politics of Inclusive Development: Interrogating the Evidence,* edited by S. Hickey, K. Sen and B. Bukenya, pp. 1–39. Oxford: Oxford University Press.

Hilson, G. 2002. 'Harvesting mineral riches: 1000 years of gold mining in Ghana'. *Resources Policy* 28(1): 13–26.

Hilson, G. 2009. 'Small–Scale Mining, Poverty and Economic Development in Sub–Saharan Africa: An Overview.' *Resources Policy 34* (1–2): 1–5.

Hilson G. and C. Garforth. 2013. '"Everyone Now is Concentrating on the Mining": Drivers and Implications of Rural Economic Transition in the Eastern Region of Ghana'. *The Journal of Development Studies 49* (3): 348–64.

Hilson G., A. Hilson, and E. Adu-Darko. 2014. 'Chinese participation in Ghana's informal gold mining economy: Drivers, implications and clarifications'. *Journal of Rural Studies* 34: 292–303.

Hilson, G. and C. Potter. 2003. 'Why is illegal gold mining activity so ubiquitous in rural

Ghana?' African Development Bank, Blackwell Publishing.

Hindery, D. 2013. *From Enron to Evo: Pipeline Politics, Global Environmentalism and Indigenous Rights in Bolivia.* Tucson, AZ: The University of Arizona Press.

Hinfelaar, M. and J. Achberger. 2017. 'The politics of natural resource extraction in Zambia'. ESID Working Paper No. 80. Manchester: Effective States and Inclusive Development Research Centre, The University of Manchester.

Holloway, J. 2010. *Crack Capitalism*. London: Pluto Press.

Humphreys, M., J. Sachs, and J. Stiglitz (eds.). 2007. *Escaping the Resource Curse*. New York: Initiative for Policy Dialogue, Columbia University Press.

Humphreys Bebbington, D. 2010. 'The political ecology of natural gas extraction in Southern Bolivia'. Doctoral thesis, The University of Manchester. Manchester, UK.

Humphreys Bebbington, D. and A. Bebbington. 2010. 'Extraction, territory and inequalities: gas in the Bolivian Chaco'. *Canadian Journal of Development Studies 30*(1 – 2): 259 – 80.

Humphreys Bebbington, D. and A. Bebbington. 2012. 'Post-what? Extractive industries, narratives of development and socio-environmental disputes across the (ostensibly changing) Andean region'. In *New Political Spaces in Latin American Natural Resource Governance*, edited by H. Haarstad, pp. 17 – 37. Oxford. Palgrave Macmillan.

Humphreys Bebbington, D. and C. Grisi. 2014. *Arreglos institucionales en el Cerro Rico de Potosí: ¿una nueva estrategia para acceder a recursos?* Mimeo, Clark University, Worcester and La Paz.

Hunt, S. 2011. *La formación de la economía peruana: distribución y crecimiento en la historia económica del Perú y América Latina*. Lima: BCRP, IEP, PUCP.

Hutchful, E. 2002. *Ghana's Adjustment Experience: The Paradox of Reform.* Geneva and Oxford: UNRISD and James Currey.

Hylton, F. and S. Thomson. 2005. 'The chequered rainbow'. *New Left Review,* 35: 40 – 64.

ICMM (International Council on Mining and Metals). 2006. 'Resource endowment initiative: Synthesis of four country case studies'. London: International Council on Mining and Metals (ICCM).

ICMM (International Council on Mining and Metals). 2007. 'Ghana country case study-The challenge of mineral wealth: using resource endowments to foster sustainable development'. July. London: ICMM.

ICMM (International Council on Mining and Metals). 2014. Press information sheet 1. 'ICMM assesses mining's contribution to Zambia's national and local economy'. http://www.eisourcebook.org/cms/April%202014/Zambia,%20macroeconomic%20contributions%20of%20mining.pdf (accessed 23 March 2017).

Inchauste, G., J. Azevedo, S. Olivieri, J. Saavedra, and H. Winkler. 2012. *When Job Earnings*

Are Behind Poverty Reduction. Economic Premise, 97. Washington, DC: The World Bank.

INEI (Instituto Nacional de Estadística e Informática). 2007. XI Censo Nacional de Población y VI de Vivienda. Sistema de Consulta de Datos. Lima: INEI. http://censos.inei.gob.pe/Censos2007/redatam/#.

INEI (Instituto Nacional de Estadística e Informática). 2016. *Producción y empleo informal en el Perú. Cuenta satélite de la economía informal 2007–2012.* Lima.

INGEMMET. 2017. 'Estadísticas de Gestión Mensual y Anual. Totalidad de Derechos Mineros Vigentes a nivel nacional'. http://ecatastro.ingemmet.gob.pe:83/PresentacionDatos/ReporteDMTodos.aspx.

IPE (Instituto Peruano de Economía). 2013. *Efecto de la minería sobre el empleo, el producto y la recaudación en el Perú.* Lima: SNMPE.

Jones, N., W. Ahadzie, and D. Doh. 2009. 'Social Protection and Children: Opportunities and Challenges in Ghana'. Accra: UNICEF.

Jordan, R. 2012. 'Análisis y visiones del cooperativismo minero boliviano, un poder politico y social intocable'. *La Razon*, 2 July. http://www.plataformaenergetica.org/content/29693 (accessed 7 July 2012).

Joy Online. 2015, August 10. '40-year dev't plan will be legally binding but flexible –Kwesi Botchwey'.
http://www.myjoyonline.com/news/2015/August-10th/40-year-devt-plan-will-be-legally-binding-but-flexible-kwesi-botchwey.php (accessed 25 May 2017).

Joy Online. 2017, March 22. 'World Water Day: Ghana risks importing water – experts'. http://www.myjoyonline.com/news/2017/March-22nd/world-water-day-ghana-risks-importing-water-experts.php (accessed 25 May 2017).

Kapsten, E. B. and R. Kim. 2011. 'The Socio-Economic Impact of Newmont Ghana Gold Limited'. Haarlem: Stratcomm Africa.

Karl, T. 1986. 'Petroleum and Political Pacts: The Transition to Democracy in Venezuela'. In *Transitions from Authoritarian Rule,* edited by Guillermo O′Donnell, Philippe C. Schmitter, and Laurence Whitehead. Baltimore: Johns Hopkins Press, pp. 196–219.

Karl, T. 1987. 'Petroleum and political pacts: the transition to democracy in Venezuela'. *Latin American Research Review 22*(1): 63–94.

Karl, T. 1997. *The Paradox of Plenty: Oil Booms and Petro States.* California: University of California University Press.

Karl, T. 2007. 'Ensuring fairness: The case for a transparent fiscal contract'. In *Escaping the Resource Curse*, edited by M. Humphreys, J. Sachs, and J. Stiglitz, pp. 256–285. New York: Columbia University Press.

Kaup, B. 2013. *Market Justice: Political Economic Struggle in Bolivia.*New York: Cambridge

University Press.

Kemp, D. 2014. Review of 'Subterranean struggles: new dynamics of mining, oil and gas in Latin America, by Anthony Bebbington and Jeffrey Bury'. *Journal of Development Studies,50*(5): 770 – 71

Khan, M. 2010. 'Political settlements and the governance of growth-enhancing institutions'. *Mimeo.* London: School of Oriental and African Studies, University of London.

Kirsch, S. 2012. 'Afterword: Extractive conflicts compared'. In *Social conflict, economic development and extractive industries: evidence from South America*, edited by A. Bebbington, pp. 201 – 213. London: Routledge.

Kirsch, S. 2014. *Mining Capitalism: the relationship between corporations and their critics.* Berkeley: University of California Press.

Klaren, P. 2004. *Nación y sociedad en la historia del Perú.* Lima: Instituto de Estudios Peruanos.

Klein, H. 2011. *A Concise History of Bolivia.* Cambridge: Cambridge University Press.

Klein, H. and J. Pere-Caijías. 2014. 'Bolivian oil and natural gas under state and private control, 1910 – 2010'. *Bolivian Studies Journal,* 20: 141 – 164.

Kohl, B. 2002. 'Stabilising neoliberalism in Bolivia: Popular participation and privatization'. *Political Geography* 21(4): 449 – 72.

Kruijt, M. and D. Vellinga. 1983. *Estado, clase obrera y empresa transnacional. El caso de la mineria peruana, 1900 – 1980.* México: Siglo XXI Editores.

Kuma, J. S. and J. A. Yendaw. 2010. 'The need to regularise activities of illegal small-scale mining in Ghana: A focus on the Tarkwa – Dunkwa Highway'. *International Journal of Geosciences* 1(3): 113 – 120.

Ladouceur, P. A. 1979. Chiefs and Politicians: The Politics of Regionalism in Northern Ghana. London and New York: Longman Group.

Lanegra, I. 2015, March 22. 'El largo nacimiento de Senace', *OjoPúblico*, Opinion. http://ojo-publico.com/41/el-largo-nacimiento-del-senace.

Larmer, M. 2006. '"The hour has come at the pit": The Mineworkers' Union of Zambia and the Movement for Multiparty Democracy, 1982 – 1991', *Journal of Southern African Studies* (32)2: 293 – 312.

Larmer, M. 2008. 'Enemies within? Opposition to the Zambian one-party state, 1972- 1980'. In *One Zambia, Many Histories. Towards a Post-Colonial History of Zambia*, edited by J. B. Gewald, M. Hinfelaar and G. Macola. Leiden: Brill.

Larmer, M. (ed.). 2010. *The Musakanya Papers. The Autobiographical Writings of Valentine Musakanya*. Lusaka: Lembani Trust.

Larmer, M. 2011. 'Historical perspectives on Zambia's mining booms and busts'. In *Zambia,*

Mining and Neoliberalism: Boom and Bust on the Globalized Copperbelt, edited by A. Fraser and M. Larmer, pp. 31 – 58. New York: Palgrave Macmillan.

Larmer, M. and Macola, G. 2007. 'The origins, context and political significance of the Mushala Rebellion against the Zambian one-party state'. *International Journal of African Historical Studies*, 40(3): 471 – 496.

Le Billon, P. 2005. *Fuelling War: natural resources and armed conflicts*. New York: Routledge.

Lee, C. K. 2014. 'China on the Copperbelt'. *New Left Review* (89): 29 – 66, Sept/Oct.

Lee, C. K. 2017. *The Specter of Global China: Politics, Labor, and Foreign Investment in Africa.* Chicago: University of Chicago Press.

Leith, D. 2003. *The Politics of Power: Freeport in Suharto's Indonesia*. Honolulu: University of Hawai'i Press.

Levitsky, S. and L. A. Way. 2010. *Competitive Authoritarianism: Hybrid Regimes after the Cold War*. Cambridge: Cambridge University Press.

Levy, B. 2012. *Working with the Grain: Integrating Governance and Growth in Development Strategies*. Oxford: Oxford University Press.

Levy, B. 2014. *Working with the Grain: Integrating governance and growth in development strategies.* Oxford: Oxford University Press.

Levy, B. and T. Kelsall, T. 2016. 'Working contextually: What works in different types of political settlement'. Unpublished paper prepared for ESID. Manchester: Effective States and Inclusive Development Research Centre, The University of Manchester.

Levy, B. and M. Walton. 2013. 'Institutions, incentives and service provision: Bringing politics back in'. ESID Working Paper No. 18. Manchester: Effective States and Inclusive Development Research Centre, The University of Manchester.

Li, F. 2015. *Unearthing Conflict: corporate mining, activism and expertise in Peru.* Durham: Duke University Press.

Lindemann, S. 2011. 'Inclusive elite bargains and the dilemma of unproductive peace: A Zambian case study'. *Third World Quarterly* 32(10): 1843 – 1869.

Loayza, N. 2007. 'The causes and consequences of informality in Peru'. Working Paper series. DT. N° 2007 – 018. Washington, DC: World Bank.

Loews, E. 2012. 'Political Settlements, Elite Pacts, and Governments of National Unity. A Conceptual Study'. Background Paper 10. Birmingham: Developmental Leadership Program.

Lynch, N. 2009. *El Argumento Democrático sobre América Latina. La excepcionalidad peruana en perspectiva comparada.* Lima: Universidad Nacional Mayor de San Marcos.

Macola, G. 2006. '"It means as if we are excluded from the good freedom": Thwarted expectations of independence in the Luapula Province of Zambia, 1964 – 6'. *The Journal of African History*, 47(1): 43 – 56.

Macola, G. 2008. 'Harry Mwaanga Nkumbula, UNIP and the roots of authoritarianism in nationalist Zambia'. *One Zambia, Many Histories. Towards a History of Post-colonial Zambia*, edited by J. B. Gewald, M. Hinfelaar and G. Macola. Leiden: Brill.

Macola, G. 2010. *Liberal Nationalism in Central Africa: A Biography of Harry Mwaanga Nkumbula*. New York: Palgrave Macmillan US.

Maconachie, R., R. Srinivasan, and N. Menzies. 2015. 'Responding to the challenge of fragility and security in West Africa: Natural resources, extractive industry investment, and social conflict'. Washington, DC: The World Bank.

Macuane, J. J., L. Buur, and C. M. Monjane. 2017. 'Power, Conflict and Natural Resources: the Mozambican Crisis Revisited'. *African Affairs* (September 2016): 1 – 24. https://doi.org/10.1093/afraf/adx029

Mahoney, J. and K. Thelen (eds.). 2010. *Explaining Institutional Change: Ambiguity, Agency, and Power*. Cambridge: Cambridge University Press.

Malloy, J. 1992. 'El Problema de la Gobernabilidad en Bolivia, Perú, y Ecuador'. In *Democracia y Gobernabilidad: América Latina*, edited by René Mayorga. Caracas: Nueva Sociedad.

Mann, M. 2006 (1986). 'El poder autónomo del Estado: sus orígenes, mecanismos y resultados'. *Revista Académica de Relaciones Internacionales*, Núm. 5, November 2006, UAM-AEDRI.

Maplecroft. 2013. Maplecroft Risk Index, Bolivia 2013. http://maplecroft.com/about/news/pra_2013.html (accessed 13 August 2013)

Maxwell, S. and D. Stone (eds.). 2004. *Global Knowledge Networks and International Development: Bridge across Boundaries*. London: Routledge.

Mbeki Panel. 2015. 'Illicit Financial Flow. Report of the High Level Panel on Illicit Financial Flows from Africa'. Commissioned by the AU/ECA Conference of Ministers of Finance, Planning and Economic Development.

McClintock, C. and A. Lowenthal. 1983. *The Peruvian Experiment Reconsidered*. Princeton: Princeton University Press.

McKinsey & Company. 2013. An Assessment of the Competitiveness and Health of Peru's Mining Industry. http://www.mckinsey.com/~/media/mckinsey/dotcom/client_service/Metals%20and%20Mining/PDFs/Competitiveness%20and%20health%20of%20the%20Peruvian%20Mining%20Sector-vf.ashx.

Medina, G. 2014. *Formalización de la minería en pequeña escala ¿por qué?... Y cómo*. Lima: Better Gold Initiative.

MEF (Ministry of Economy and Finance). 2016a. Consulta Amigable. Consulta de Ejecución del Gasto.

MEF (Ministry of Economy and Finance). 2016b. 'Estadísticas: Política Económica y Social'. https://www.mef.gob.pe/es/sistema-nacional-de-contabilidad-sp-9060/politica-economica-y-social

Mesa, J., T. Gisbert, and C. D. Mesa. 1998. *Historia de Bolivia.*La Paz, Bolivia: Editorial Gisbert.

Migdal, J. S. 1988. *Strong Societies and Weak States: State-Society Relations and State Capabilities in the Third World.* Princeton, NJ: Princeton University Press.

Miller, R. 2011. *Empresas británicas, economía y política en el Perú, 1850 – 1934.* Lima: BCRP, IEP.

MINEM (Ministry of Energy and Mines). 2011. 'Programa Minero de Solidaridad con el Pueblo Informe Nº 040'.

MINEM (Ministry of Energy and Mines). 2016. Anuario Minero 2015.

http://www.minem.gob.pe/_publicacion.php?idSector=1&idPublicacion=524

Minerals and Mining Act. 2006. Act 703, Parliament of the Republic of Ghana.

Ministerio de Cultura. 2014. 'Ministerio de Cultura y JNE fortalecen participación de la población indígena para representantes de pueblos originarios en Elecciones 2014'. http://www.cultura.gob.pe/es/comunicacion/noticia/ministerio-de-cultura-y-jne-fortalecen-participacion-de-la-poblacion-indigena.

Ministry of Finance. 2015. 'GHEITI Report on the Mining Sector 2014'. Accra.

Ministry of Lands and Natural Resources. 2011. 'Land Administration Project Phase Two: Project implementation manual'. Accra.

Ministry of Lands and Natural Resources. 2013. 'Statement by the Hon. Minister of Lands and Natural Resources Relating to Gov'ts Position on Small Scale Mining (SSM)'. Accra.

Mitchell, T. 2011. *Carbon Democracy: Political Power in the Age of Oil.* New York: Verso.

Mkandawire, T. 2006. 'Disempowering new democracies and the persistence of poverty'. UNSRID Democracy, Governance and Human Rights Programme Paper No. 21, January. http://www.unrisd.org/unrisd/website/document.nsf/(httpPublications)/6602342 31C9D6710C125717800248890?OpenDocument (accessed 25 March 2017).

MOFEP. 2017. 'Budget Statements'. *Ministry of Finance.* Retrieved from http://www.mofep.gov.gh/?q=budget-statements

Mohan, G. and K. P. Asante. 2015. 'Transnational capital and the political settlement of Ghana's oil economy'. ESID Working Paper No. 49. Manchester: Effective States and Inclusive Development Research Centre, The University of Manchester.

Mohan, G., K. P. Asante, and A.-G. Abdulai. 2017. 'Party Politics and the Political Economy of Ghana's Oil'. *New Political Economy.* https://doi.org/10.1080/13563467.2017.1349087

Mohan, G., M. Power, and M. Tan-Mullins, 2012. *China's Resource Diplomacy in Africa: Powering Development?* London: Palgrave Macmillan.

Molina, F. 2008. 'Bolivia: La geografía de un conflicto'. *Nueva Sociedad,*218: 4 – 13.

Molina, F. 2011. *El pensamiento boliviano sobre los recursos nacionales.* Second edition. La Paz: Fundación Vicente Pazos Kanki.

Morales, J. A. 1992. 'Bolivia's tin and natural gas crises of 1985 – 1989'. Instituto de Investigaciones Socio-Economicas Working Paper No. 04/92. La Paz: Universidad Catolica Boliviana.

Morón, E. A. and C. Sanborn. 2007. 'Los desafíos del *policymaking* en Perú: actors, instituciones y reglas de juego'. Lima: CIUP, Documento de Trabajo 77.

Mosley, P. 2014. 'Progressive export taxation as the solution to "the natural resource curse" problem: The case of Zambia'. Draft report for ESID. Manchester: Effective States and Inclusive Development Research Centre, The University of Manchester.

Mosley, P. 2017. *Fiscal Policy and the Natural Resource Curse: Escaping from the Poverty Trap.* London: Routledge

Munck, G. L. and R. Snyder. 2007. *Passion, Craft, and Method in Comparative Politics.* Baltimore: The Johns Hopkins University Press.

Muñoz Chirinos, P. 2010. '¿Consistencia política regional o frágiles alianzas electorales? El escenario electoral cuzqueño actual'. *Revista Argumentos* 4(3).

Muñoz, I. y M. Vega. 2000. 'El fomento de la inversión privada'. In *La reforma incompleta,* edited by Roberto Abusada et al., Lima: Instituto Peruano de Economía, Universidad del Pacífico.

Nash, J. C. 1993. *We Eat the Mines and the Mines Eat Us: Dependency and Exploitation in Bolivian Tin Mines.* New York: Columbia University Press.

NCOM (National Coalition on Mining). 2011. 'Statement by National Coalition on Mining on 2012 Budget: Proceed with further reforms in the mining sector'. 21 November. Accra.

NDC (National Democratic Congress). 2004. 'National Democratic Congress Manifesto 2004: A better Ghana'. Accra.

NDC (National Democratic Congress). 2008. 'Manifesto for a better Ghana 2008'. Accra.

NDC (National Democratic Congress). 2012. '2012 manifesto: Advancing the Better Ghana agenda'. Accra.

NDPC. 2017. 'Budgets (National)'. *National Development Planning Commission.* Retrieved from http://www.ndpc.gov.gh/downloads/8/

Negi, R. 2011. 'The micropolitics of Mining and Development in Zambia: Insights from the Northwestern Province'. *African Studies Quarterly*, 12 (2): 27 – 44.

Negi, R. 2014. '"Solwezi Mabanga": Ambivalent developments on Zambia's new mining frontier'. *Journal of Southern African Studies*, 40(5): 999 – 1013.

North, D. C., J. J. Wallis, S. B. Webb, and B. R. Weingast. 2007. 'Limited access orders in the developing world: A new approach to the problems of development', Policy Research Working Paper 4359. World Bank: Washington, DC.

North, D. C., J. J. Wallis, and B. R. Weingast. 2009. *Violence and Social Orders: A Conceptual Framework for Interpreting Recorded Human History*. Cambridge and New York: Cambridge University Press.

NPP (New Patriotic Party). 2008. 'New Patriotic Party manifesto 2008'. Accra.

NPP (New Patriotic Party). 2012. 'Transforming lives, transforming Ghana: Building a free, fair and prosperous society'. Manifesto for election 2012. Accra.

NRGI (National Resource Governance Institute). 2017. '2017 Resource Governance Index'. https://resourcegovernance.org/analysis-tools/publications/2017-resource-governance-index

Nyame, F. K. and J. Blocher. 2010. 'Influence of land tenure practices on artisanal mining activity in Ghana'. *Resources Policy* 35(1): 47 – 53.

O'Donnell, G. 1973. *Modernization and Bureaucratic-Authoritarianism: Studies in South American Politics*. Berkeley, CA: Institute of International Studies, University of California.

O'Donnell, G. 1988. *Bureaucratic Authoritarianism: Argentina (1966 – 73) in Comparative Perspective*. Berkeley, CA: University of California Press.

Oduro, F., M. Awal, and M. A. Ashon. 2014. 'A dynamic mapping of the political settlement in Ghana'. ESID Working Paper No. 28. Manchester: Effective States and Inclusive Development Research Centre, The University of Manchester.

Oelbaum, J. 2007. 'Liberalisation or liberation? Economic reform, spatial poverty, and the irony of conflict in Ghana's Northern Region'. A paper prepared for the international workshop 'Understanding and addressing spatial poverty traps: an international workshop', 29 March, Stellenbosch, South Africa. Chronic Poverty Research Centre and the Overseas Development Institute.

Ofosu-Mensah, E. A. 2016. 'Mining in colonial Ghana: Extractive capitalism and its social benefits in Akyem Abuakwa under Nana Ofori Atta I'. *Africa Today*, 63(1): 23 – 55.

Omosini, O. 1972. 'The Gold Coast Land Question, 1894 – 1900: Some Issues Raised on West Africa's Economic Development'. *The International Journal of African Historical Studies,* 5(3): 453 – 469.

ONAMIAP. 2014. 'Lideresas indígenas de ONAMIAP se pronuncian sobre la cuota indígena'. Lima, Peru. http://www.onamiap.org/2014/05/lideresas-indigenas-de-onamiap-se.html

Oporto, H. 2012. *Los dilemas de la minería.* La Paz: Fundación Vicente Pazos Kanki.

Orihuela, J. C. 2013. 'Instituciones y cambio institucional: Repensando la maldición de los recursos desde los nuevos institucionalismos y la experiencia peruana'. *Revista Politai*, Vol. 6: 47 – 62.

Orihuela, J. C. and R. Thorp. 2012. 'Political economy of extractive industries in Bolivia, Ecuador and Peru'. In *Social Conflict, Economic Development and the Extractive Industry: Evidence from South America,* Edited by A. Bebbington, pp. 27 – 45. London: Routledge.

Orrego, J. L. 2012. 'Breve historia de la banca en Lima hasta 1950.' Lima: Blog de Juan Luis Orrego Penagos, Historia del Perú, América y el Mundo, Siglos XIX y XX. http://blog.pucp.edu.pe/blog/juanluisorrego/2012/01/01/breve-historia-de-la-banca-en-lima-hasta-1950/.

Osei-Hwedie, B. 2003. 'Development policy and economic change in Zambia: A reassessment'. *DPMN Bulletin*, X(2), April. http://dpmf.org/images/zambia-devt-policy-bertha.html (accessed 9 May 2015).

Ospina, A., A. J. Bebbington, P. Hollenstein, I. Nussbaum, and E. Ramírez. 2015. 'Extraterritorial investments, environmental crisis and collective action in Latin America'. *World Development* 73: 32 – 43.

Oxfam America. 2014. 'Geographies of Conflict. Mapping Overlaps between Extractive Industries and Agricultural Land Uses in Ghana and Peru'. Washington: Oxfam America.

Pachas, V. 2012. *El sueño del corredor minero. Cómo aprender a vivir contigo y sin ti.* Lima: CBC, GOMIAN.

Página Siete. 2013. 'Investigación indaga sobre los préstamos de Patiño al Estado'. *Página Siete,* 16 October. http://www.paginasiete.bo/cultura/2013/10/16/investigacion-indaga-sobre-prestamos-patino-estado-3308.html (accessed 16 October 2013).

Página Siete. 2016. 'Campamento petrolero de Lliquimuni en retira, pozo de hidrocarburos dio negativo', 21 March. Retrieved from http://www.paginasiete.bo/economia/2016/3/21/campamento-petrolero-lliquimuni-retirada-pozo-hidrocarburos-negativo-90558.html (accessed 30 March 2016).

Panfichi, A. 2011. 'Contentious representation and its impact in contemporary Peru'. In *Fractured Politics: Peruvian Democracy Past and Present*, edited by J. Crabtree. London: Institute for the Study of the Americas, University of London.

Paredes, M. 2013. *Shaping State Capacity: A Comparative Historical Analysis of Mining Dependence in the Andes, 1840 – 1920*. Oxford: University of Oxford.

Paredes, M., J. C. Orihuela, and C. Huaroto. 2013. *Escapando de la maldición de los recursos local: conflictos socioambientales y salidas institucionales.* Lima: CIES, PUCP.

Parks, T. and W. Cole. 2010. 'Political Settlements: Implications for International Development Policy and Practice'. The Asia Foundation. Occasional Paper, No. 2, July 2010.

Parodi, C. 2002. *Perú 1960–2000: Política Económica y Entornos Cambiantes*. Lima: Universidad del Pacífico.

Pascó-Font, A. 2000. *The social impact of privatization and regulation of utilities in urban Peru*. Helsinki: World Bank.

Peet, R. and E. Hartwick. 2015. *Theories of development. Contentions, arguments, alternatives*. New York: Guilford Press.

Peet, R. and M. Watts. (eds.). 1996. *Liberation Ecologies: environment, development, social movements*. London: Routledge.

Peres-Cajías, J. 2011. 'Repensando el desarrollo desde la historia económica: crecimiento y lucha de débiles'. In *Desarrollo en Cuestión: reflexiones desde América Latina,* edited by F. Wanderley, pp. 99–131. La Paz: CIDES-UMSA and Plural.

Peres-Cajías, J. 2014. 'Bolivian public finances, 1882–2010: The challenge to make social spending sustainable'. *Journal of Iberian and Latin American Economic History* 32(1): 77–117.

Perla, C. 2012. 'Extracting from the Extractors: The Politics of Private Welfare in the Peruvian Mining Industry'. Unpublished doctoral dissertation, Brown University.

Perreault, T. 2006. 'From the Guerra del Agua to the Guerra del Gas: Resource governance, neoliberalism and popular protest in Bolivia'. *Antipode*, *38*(1): 150–172.

Perreault, T. 2013. 'Nature and nation: Hydrocarbons, governance, and the territorial logics of resource nationalism in Bolivia'. In *Subterranean Struggles: New Geographies of Extractive Industries in Latin America,* edited by A. Bebbington, and J. Bury, pp. 67–90. Austin, TX: University of Texas Press.

Pesa, I. 2014. 'Moving along the roadside. A social history of Mwinilunga District, 1870s–1970s'. PhD dissertation, University of Leiden.

Phillips, J., E. Hailwood, and A. Brooks. 2016. 'Sovereignty, the "resource curse" and the limits of good governance: Apolitical economy of oil in Ghana'. *Review of African Political Economy* 43(47): 26–42.

Phimister, I. 2011. 'Proletarians in paradise: The historiography and historical sociology of white miners on the Copperbelt'. In Living the End of Empire. Politics and Society in Late Colonial Zambia, edited by J. B. Gewald, M. Hinfelaar and G. Macola, pp. 141–160. Leiden: Brill.

Plange, Nii-K. 1979. 'Underdevelopment in Northern Ghana: Natural causes or colonial capitalism?' *Review of African Political Economy* 6(15–16): 4–14.

Ponce, A. and C. McClintock. 2014. 'The explosive combination of inefficient local bureaucracies and mining production: Evidence from localized societal protests in Peru'. *Latin American Politics and Society* 56(3): 118–140.

Portocarrero M., Gonzalo. 1983. 'Ideologías, funciones del estado y políticas económicas Perú: 1900 – 1980.' Lima: Debates en sociología, No. 9: 7 – 30.

Portocarrero S., Felipe. 2013. *Grandes fortunas en el Perú: 1916 – 1960*. Fondo Editorial de la Universidad del Pacífico. Lima, Perú.

Poteete, A. 2009. 'Is development path dependent or political? A reinterpretation of mineral-dependent development in Botswana'. *Journal of Development Studies* 45(4): 544 – 571.

Poveda, P. 2012. *Diagnóstico del Sector Minero*. La Paz: Fundación Jublileo.

Poveda, R. 2007. 'Capítulo 20. Minería'. In *Perú: La oportunidad de un país en diferente. Próspero, equitativo y gobernable,* edited by Marcelo Giugale, Vicente Fretes-Cibilis, and John Newman. Lima: World Bank.

PRODUCE (Ministerio de la Producción). 2014. 'Plan nacional de diversificación productiva'. http://sinia.minam.gob.pe/documentos/plan-nacional-diversificacion-productiva

Pulgar-Vidal, M. 2008. 'Ministerio del ambiente: un largo proceso de construcción de la institucionalidad ambiental en el Perú'. In: THEMIS. N°56. Lima: Tarea.

Quandzie, E. 2011, 17 November. 'Ghana bows to IMF by hiking mining taxes to 35% from 25%'. *Ghana Business News*. https://www.ghanabusinessnews.com/2011/11/17/ghana-bows-to-imf-by-hiking-mining-taxes-to-35-from-25/ (accessed 25 May 2017).

Quarshie, A. N. K. 2015. 'Mining and development in Ghana: A case study of the Mineral Development Fund in the Obuasi municipal assembly'. Unpublished Masters dissertation, University of Ghana.

Raftopoulos, B. 2014. 'Zimbabwean Politics in the Post-2013 Election Period'. *Africa Spectrum*, 49(2): 91-103.

Rajan, S.C. 2011. 'Poor little rich countries: another look at the "resource curse"'. *Environmental Politics 20*(5): 617 – 632.

Rakner, L. 2003. *Political and Economic Liberalisation in Zambia 1991 – 2001*. Uppsala: Nordic Africa Institute.

Remy, M. I. 2005. *Los múltiples campos de la participación ciudadana en el Perú: un reconocimiento del terreno y algunas reflexiones*. Lima: Instituto de Estudios Peruanos.

Republic of Ghana. 1992. 'Constitution of the Republic of Ghana, 1992'. Tema: Ghana Publishing Corporation.

Republic of Ghana. 2009. 'Budget statement and economic policy of the Government of Ghana for the 2010 financial year's budget speech'. Presented to parliament, 18 November. 2009 financial year budget speech.

Republic of Ghana. 2011. 'Budget statement and economic policy of the Government of Ghana for the 2012 financial year's budget speech'. Presented to parliament, 18 November. 2011 financial year budget speech.

Republic of Ghana. 2013. 'Performance audit report of the Auditor General Utilisation of Mining Development Fund by metropolitan, municipal and district assemblies'. Accra.

Republic of Ghana. 2014. 'Minerals and Mining Policy of Ghana: Ensuring Mining Contributes to Sustainable Development'. Accra: Ministry of Lands and Natural Resources.

Roberts, A. 2011. 'Northern-Rhodesia: The post-war background 1945 – 1953'. In Living the End of Empire: Politics and Society in late Colonial Zambia, edited by J. B. Gewald, M. Hinfelaar, and G. Macola, pp. 18 – 28. Leiden: Brill.

Robertson, G. A. 1819. *Notes on Africa.* London.

Robinson, J., R. Torvik, and T. Verdier. 2006. 'Political foundations of the resource curse'. *Journal of Development Economics 79*: 447 – 468

Roca, J. L. 2008. 'Regionalism revisited'. In *Unresolved Tensions: Bolivia Past and Present,* edited by J. Crabtree and L. Whitehead, pp. 65 – 82. Pittsburgh, PA: University of Pittsburgh Press.

Ross, M. 1999. 'The Political Economy of the Resource Curse'. *World Politics* 15 (January): 297 – 322.

Ross, M. 2001a. 'Does Oil Hinder Democracy?' *World Politics 53*(3): 325 – 361.

Ross, M. 2001b. 'Extractive Sectors and the Poor: An Oxfam America Report'. Boston: Oxfam America.

Ross, M. 2008. 'Mineral wealth, conflict and equity'. In *Institutional Pathways to Equity: Addressing Inequality Traps,* edited by A. Bebbington, A. Dani, A. de Haan, and M. Walton, pp. 193 – 216. Washington, DC: World Bank.

Ross, M. 2012. *The Oil Curse: How petroleum wealth shapes the development of nations.* Princeton: Princeton University Press.

Ross, M. 2015. 'What have we learned about the Resource Curse'. *Annual Review of Political Science 18*: 239 – 59.

Ross, R., M. Hinfelaar, and I. Pesa (eds.). 2013. 'Introduction: Material culture and consumption patterns-A Southern African revolution'. In *The Objects of Life in Central Africa: The History of Consumption and Social Change, 1840 – 1980*, edited by R. Ross, M. Hinfelaar and I. Pesa, pp. 1 – 13. Leiden: Brill.

Ruiz Caro, A. 2002. *El proceso de privatizaciones en el Perú durante el período 1991 – 2002.* Santiago de Chile: CEPAL- ILPES.

Sachs, J., and A. Warner. 1995. 'Natural resource abundance and economic growth'. National Bureau of Economic Research Working Paper Series, No. 539. Cambridge, MA: National Bureau of Economic Research, pp. 1 – 46.

Sanborn, C. 1991. 'The Democratic Left and the Persistence of Populism in Peru, 1975 – 1985'.

Harvard University Department of Government, unpublished doctoral dissertation.

Sanborn, C. 2008. 'Del dicho al hecho: Empresarios y responsabilidad social en el Perú'. *Revista Brújula*, PUCP, Abril-Julio.

Sanborn, C. and V. Chonn. 2015. 'Chinese Investment in Peru's Mining Industry: Blessing or Curse?' Boston: Global Economic Governance Initiative, Discussion Paper 2015 – 8.

Sanborn, C. and J. L. Dammert. 2013. 'Extracción de recursos naturales, desarrollo económico e inclusión social en el Perú'. *Americas Quarterly*, June 19.

Sanborn, C., V. Hurtado, and T. Ramirez. 2016. 'La consulta previa en el Perú: avances y retos'. Lima: Universidad del Pacifico, Documento de Investigación 6.

Sanborn, C. and A. Paredes. 2015. 'Getting it Right? Challenges to Prior Consultation in Peru. Centre for Social Responsibility in Mining Sustainable Minerals Institute'. Queensland: The University of Queensland, Australia.

Sanborn, C., T. Ramírez, and V. Hurtado. 2017. 'Mining, political settlements and inclusive development in Peru'. ESID Working Paper No. 79. Manchester: Effective States and Inclusive Development Research Centre, The University of Manchester.

Sanborn, C. and V. Torres. 2009. *La economía china y las industrias extractivas: desafíos para el Perú*. Lima: Fondo Editorial de la Universidad del Pacifico, CooperAcción.

Sánchez Albavera, F. 1981. *Minería, capital transnacional y poder en el Perú*. Lima: DESCO, 1981.

Sanguinetti, P. 2010. 'Canon minero y decisiones fiscales sub-nacionales en el Perú'. CAF Documento de trabajo N° 2010/01. Caracas: CAF.

Santiago, M. L. 2006. *The Ecology of Oil: Environment, Labor, and the Mexican Revolution, 1900 – 1938*. New York: Cambridge University Press.

Schilling-Vacaflor, A. 2017. 'Who controls the territory and the resources? Free, prior and informed consent (FPIC) as a contested human rights practice in Bolivia'. *Third World Quarterly 38*(5): 1058 – 74.

Schmitter, P. and T. Karl. 1991. 'What Democracy is… and is not'. *Journal of Democracy* 2(3): 75 – 88.

Schuldt, J. 2013. 'Futurología de la Economía Política Peruana'. In *Cuando despertemos en el 2062: visiones del Perú en 50 años*, edited by Bruno Seminario, Cynthia A. Sanborn y Nikolai, Alva. Lima: Fondo Editorial de la Universidad del Pacifico, pp. 73 – 116.

Schünemann, J. and A. Lucey. 2015. 'Success and Failure of Political Settlements: Defining and Measuring Transformation'. Working Paper 2, Political Settlements Research Programme. Edinburg: University of Edinburgh.

Seminario, B. 2014. *Breve historia de los precios, población y actividad económica del Perú: reconstrucción de las cuentas nacionales, 1700 – 2013*. Lima: PUCP.

Seminario, B. 2015. *El desarrollo de la economía peruana en la era moderna. Precios, población, demanda y producción desde 1700.* Lima: Universidad del Pacífico.

Seminario, B., C. Sanborn and N. Ava (eds.). 2013. *Cuando despertemos en el 2062: visiones del Peru en 60 años.* Lima: Fondo Editorial de la UP.

Sen, K. 2013. 'The Political Dynamics of Economic Growth'. *World Development 47*: pp. 71 – 86.

Silver News Online. 2016. 'Obuasi galamsey: Irrate illegal miners destroy MCE, NDC offices, billboards'. 19 March.

Simuntanyi, N. 2015. 'Political economy analysis'. Unpublished. Internal PEA analysis, Center for Policy Dialogue.

Slater, D. and H. Soifer. 2010. *Ordering Power: Contentious Politics and Authoritarian Leviathans in Southeast Asia.* Cambridge: Cambridge University Press.

Smock, D. R. and A. Smock. 1975. *The Politics of Pluralism: A Comparative Study of Lebanon and Ghana.* New York and Amsterdam: Elsevier.

SNMPE. 2012. *Impacto económico de la actividad minera en el Perú.* Lima: SNMPE.

Soifer, H. 2012. 'Midiendo la capacidad estatal en la América Latina contemporánea'. *Revista de Ciencia Política*, Vol. 32, Numero 3 (Santiago).

Soifer, H. 2015. *State Building in Latin America.* Cambridge: Cambridge University Press.

Songsore, J., A. Denkabe, C. D. Jebuni, and S. Ayidiya. 2001. 'Challenges of education in Northern Ghana: A case for Northern Ghana Education Trust Fund (NETFUND)'. In *Regionalism and Public Policy in Northern Ghana,* edited by Y. Saaka, pp. 222 – 239. New York: Peter Lang Publishing.

Stallings, B. 1992. 'International influence on economic policy: debt, stabilization, and structural reform'. In *The Politics of Economic Adjustment: International Constraints, Distributive Conflicts and the State*, edited by Stephan Haggard & Robert R. Kaufman, pp. 41 – 88. Princeton: Princeton University Press.

Standing, A. 2014. 'Ghana's extractive industries and community benefit sharing: The case for cash transfers'. Resources Policy 40: 74 – 82.

Starr Fm Online. 2016. 'NPP will regularize "galamsey"-Akufo-Addo'. 15 July. http://www.ghanaweb.com/GhanaHomePage/NewsArchive/NPP-will-regularizegalamsey-Akufo-Addo-455652 (accessed 11 May 2017).

Stein, F. 2010. 'Bolivian tin miners reconciled'. *Americas Quarterly*, Fall. http://americasquarterly.org/node/1922 (accessed 1 June 2017).

Stepan, A. 1978. *The State and Society: Peru in Comparative Perspective.* Princeton: Princeton Legacy Library.

Stern, S. J. 1993. *Peru's Indian peoples and the Challenge of Spanish Conquest: Huamanga to*

1640. Madison, WI: University of Wisconsin Press.

Stone, D. 2004. *Think Tank Traditions: Policy Research and the Politics of Ideas*. Manchester: University of Manchester Press.

Sucuple, A. 2015. 'Diversificación productiva: avances y retos del plan del gobierno'. In *Semana Económica*. Lima: Semana Económica.

Sulmont, D. 1980. 'Situación y perspectiva del movimiento sindical'. Cuadernos Laborales N°1. Lima: PUCP.

Sulmont, D. 2012. 'Raza y etnicidad desde las encuestas sociales y de opinión: dime cuántos quieres encontrar y te diré qué preguntar'. *La discriminación en el Perú: balance y desafíos*. Lima: Universidad del Pacífico.

'Strengthening African state institutions'. 1998. *Africa Recovery*, 12(2): 25, November. http://www.un.org/en/africarenewal/subjindx/122asia4.htm (accessed 23 March 2017).

SUNAT. 2016. 'Estadísticas y Estudios; Ingresos. Ingresos recaudados por la SUNAT, 1994 – 2016 (Millones de Soles)'. Lima.

SUNAT. 2017. 'Estadística y estudios; Ingresos Tributarios Recaudados por la Sunat-Tributos Internos según Actividad Económica, 1998- 2016 (Millones de soles)'. http://www.sunat.gob.pe/estadisticasestudios/busqueda_actividad_economica.html.

Sutton, J. and Langmead, G. 2013. 'Enterprise Map of Zambia'. Lusaka: International Growth Centre.

Swanzy, S. A. 2016. '"Pay us all our royalties" – Chiefs cry out to finance ministry'. 16 August. http://pulse.com.gh/business/mining-pay-us-all-our-royaltieschiefs-cry-out-to-finance-ministry-id5384719.html (accessed 11 May 2017).

Szablowski, D. 2002. 'Mining, displacement and the World Bank: A case analysis of Compania Minera Antamina's Operations in Peru'. *Journal of Business Ethics* 39(3), pp. 247 – 273.

Szeftel, M. 1982. 'Political graft and the spoils system in Zambia – the state as a resource in itself'. *Review of African Political Economy*, (9)24: 4 – 21.

Tanaka, M. 1998. *Los espejismos de la democracia: El colapso del sistema de partidos en el Perú*. Lima: Instituto de Estudios Peruanos.

Teschner, B. A. 2012. 'Small-scale mining in Ghana: The government and the galamsey'. *Resources Policy,* 37(3): 308 – 314.

Thorp, R. and G. Bertram. 2013. *Perú 1890 – 1977: Crecimiento y políticas en una economía abierta.* Lima: Universidad del Pacífico.

Thorp, R., S. Battistelli, Y. Guichaoua, J. Orihuela, and M. Paredes. 2012. *The Developmental Challenges of Mining and Oil: Lessons from Africa and Latin America.* Oxford: Palgrave MacMillan.

Tilly, C. 1978. *From mobilization to revolution*. Boston: Addison-Wesley.

Tilly, C. 2004. *Contention and Democracy in Europe, 1650–2000.* Cambridge: Cambridge University Press.

Toranzo Roca, C. 2009. 'Economia Política de los hidrocarburos en Bolivia'. DRAFT. pp. 3–5. http://siteresources.worldbank.org/EXTLACOFFICEOFCE/Resources/870892-1253047679843/CarlosToranzo2009.pdf

Torres, V. 2013. *Grupos económicos y bonanza minera en el Perú: el caso de cinco grupos mineros nacionales*. Lima: Cooperacción

Torres, V. and J. de Echave. 2005. *Hacia una estimación de los efectos de la actividad minera en los índices de pobreza en el Perú*. Lima: Cooperación.

Tsikata, F. S. 1997. 'The vicissitudes of mineral policy in Ghana', *Resources Policy,* 23(1): 9–14.

Tsuma, W. 2010. 'Gold Mining in Ghana: Actors, Alliances and Power'. ZEF Development Studies, University of Bonn.

Tuesta, F. 1996. *Los enigmas del Poder. Fujimori 1990–1996*. Lima: Fundación Frederich Ebert.

TWN-Africa. 2016. 'Ghana government's development agreements with goldfields illegal – TWN-Africa'. http://twnafrica.org/Goldfields%20development%20agreement%20with%20Ghana%2 0illegal-pr-2016.pdf (accessed 11 May 2017).

UNCTADSTAT. 2017. 'Free market commodity prices, annual, 1960–2016'. Retrieved September 2017. http://unctadstat.unctad.org/wds/TableViewer/tableView.aspx?ReportId=30727

Valencia, L. 2014. *Madre de Dios: ¿Podemos evitar la tragedia? Políticas de ordenamiento de la minería aurífera.* Lima: Sociedad Peruana de Derecho Ambiental

Valenzuela, I. 2013. 'Activos y contexto económico: Factores relacionados con la pobreza en el Perú'. Serie de Documentos de Trabajo Working Paper series. Lima: Banco Central de Reserva.

Van Cott, D. L. 2007. *From movements to parties in Latin America: the evolution of ethnic politics.* Cambridge: Cambridge University Press.

Vásquez, E. 2016. 'Pobreza e inversión social en Perú al 2011'. En *Metas del Perú al Bicentenario,* pp. 110–124. Lima: Consorcio de Universidades.

Vergara, A. 2012. *Ciudadanos sin República ¿Cómo sobrevivir en la jungla política peruana.* Lima: Editorial Planeta.

Vergara, A. and D. Encinas. 2016. 'Continuity by Surprise. Explaining Institutional Stability in Contemporary Peru'. *Latin American Research Review* (LARR). Volume 51.

Viale, C. and C. Monge. 2012. *La enfermedad chola: novedosos impactos de la minería y el gas en las áreas locales.*

Villavicencio, A. 2015. 'La negociación colectiva en el Perú: la hiperdescentralización y sus múltiples inconvenientes'. Derecho PUCP, N° 75, pp. 333–353. Lima: PUCP.

Vom Hau, M. and S. Hickey. 2016. 'Power relations, political settlements, and the deployment of state capacity in the developing world'. *Mimeo.* Paper prepared for ESID. Manchester: Effective States and Inclusive Development Research Centre, The University of Manchester.

Wainwright, J. and M. Robertson. 2003. 'Territorialization, science and the colonial state: The case of Highway 55 in Minnesota'. *Cultural Geographies 10*: 196–217.

Wardell, D. A. 2006. 'Collision, Collusion and Muted Resistance—Contrasting Early and Later Encounters with Empire Forestry in the Gold Coast, 1874–1957'. In *Collisions of Cultures and Identifies: Settlers and Indigenous Peoples,* edited by P. Grimshaw and R. McGregor. Melbourne: University of Melbourne.

Watts, M. J. 2004a. 'Antinomies of community: Some thoughts on geography, resources and Empire'. *Transactions of the Institute of British Geographers* 29(2): pp. 195–216.

Watts, M. J. 2004b. 'Resource Curse? Governmentality, Oil and Power in the Niger Delta, Nigeria'. *Geopolitics* 9(1): 50–80.

Watts, M. J. with E. Kashi (photographer). 2008. *The Curse of the Black Gold.* New York: Powerhouse Press.

Webb, R. 1994. 'Peru', in *The Political Economy of Policy Reform*, edited by John Williamson. Washington: Institute for International Economics.

Weber-Fahr, M. 2002. 'Treasure or trouble? Mining in developing countries'. Washington, DC: World Bank and International Finance Corporation.

Whitehead, L. 1972. 'El impacto de la Gran Depresión en Bolivia'. *Desarrollo Económico,* 12 (45), 49–80.

Whitfield, L. 2011a. 'Competitive clientelism, easy financing and weak capitalists: The contemporary political settlement in Ghana'. DIIS Working Paper 27. Copenhagen: Danish Institute for International Studies.

Whitfield, L. 2011b. 'Growth without economic transformation: Economic impacts of Ghana's political settlement'. DIIS Working Paper 28. Copenhagen: Danish Institute for International Studies.

Whitfield, L. 2017. 'Ghana's Struggle for Economic Transformation: The Politics of Industrial Policy'. Draft book manuscript (under review by Cambridge University Press).

Whitfield, L., O. Therkildsen, L. Buur, and A. M. Kjær. 2015. *The Politics of African Industrial Policy: A Comparative Perspective.* Cambridge: Cambridge University Press.

Whitworth, A. 2015. 'Explaining Zambian poverty: A history of (non-agriculture) economic policy since independence'. *Journal of International Development*, 27(7): 953 – 986.

Williams, M. E. 2006. 'Escaping the Zero-Sum Scenario: Democracy versus Technocracy in Latin America'. *Political Science Quarterly*, 121:1, 119 – 139.

Wilson, F. 2004. 'Towards a political economy of roads: Experiences from Peru'. *Development and Change* *35*(3): 525 – 46.

Wise, C. 2003. *Reinventando el Estado: estrategia económica y cambio institucional en el Perú*. Lima: Universidad del Pacífico.

Wise, C. and M. Pastor. 1991. 'Peruvian Economic Policy in the 1980s: From Orthodoxy to Heterodoxy and Back'. *Latin American Research Review*. Vol. 27: 83 – 117. The Latin American Studies Association.

Wodon, Q. 2012. 'Improving the Targeting of Social Programs in Ghana.' Washington DC: The World Bank.

World Bank. 1992. 'Strategy for African mining', World Bank Technical Paper No. 181. Washington, DC: World Bank.

World Bank. 2003. 'Project performance assessment report, Ghana: Mining Sector Rehabilitation Project (Credit 1921-GH) and Mining Sector Development and Environment Project (Credit 2743-GH)'. Washington, DC: World Bank.

World Bank. 2005. 'Riqueza y Sostenibilidad: Dimensiones Sociales y Ambientales de la Minería en el Perú. Unidad de Gestión del País-Perú Desarrollo Ambiental y Social Sostenible Región Latinoamérica y El Caribe.'

World Bank. 2008. 'International Development Association Programme Document for a Proposed Credit in the Amount of SDR8.2 Million (SS$13 Million Equivalent) to the Republic of Ghana for a Natural Resources and Environmental Governance First Development Policy Operation. Report No. 42787-GH'. Washington, DC: World Bank.

World Bank. 2009. 'Economy-wide impact of oil discovery in Ghana'. 30 November, Report No. 47321-GH.

World Bank. 2013. 'Project performance assessment report: Ghana Land Administration Project'. Report No. 75084. Washington, DC: The World Bank.

World Bank. 2016a. 'Gasto público en educación, total (% del PIB)'. http://datos.bancomundial.org/indicador/SE.XPD.TOTL.GD.ZS

World Bank. 2016b. 'World Development Indicators: Peru'. http://data.worldbank.org/country/peru.

World Bank. 2017a. 'The World Bank in Peru: Overview'. http://www.worldbank.org/en/country/peru/overview (accessed 15 July 2017).

World Bank. 2017b. 'World Bank Open Data'. Retrieved October 28, 2017, from https://data.worldbank.org/

Yampara, S. 2011. 'Cosmovivencia Andina. Vivir Y Convivir En Armonía Integral — Suma Qamaña.' *Bolivian Studies Journal 18*: 1–22.

Yashar, D. 2005. *Contesting citizenship in Latin America: the rise of indigenous movements and the postliberal challenge*. Cambridge: Cambridge University Press.

Zegarra, E., J. C. Orihuela and M. Paredes. 2007. 'Minería y economía de los hogares en la sierra peruana: impactos y espacios de conflicto'. Lima: GRADE; CIES. Documento de trabajo, No.51.

Zegarra, M. A. 2014. 'The Economic Effect of Peruvian Mining Investment Between 2013–2024'. CRU Insight.

致　谢

在本书的翻译和出版过程中，译者得到了本书原作者、时任秘鲁太平洋大学副校长辛西娅·桑伯恩教授和另外一位原作者、澳大利亚墨尔本大学研究员安东尼·贝宾顿教授的大力支持，他们提供了原稿、原图以及相关数据，并就相关问题进行了认真而坦诚的讨论。英国牛津大学出版社的责任编辑亚当·斯沃洛先生在将本书的中文简体版权免费授予译者并在中国翻译出版的过程中提供了大量的支持和帮助。中国科学院地理科学与资源研究所沈镭研究员对本书做了独到的评论。对外经济贸易大学出版社对本书在国内的顺利出版提供了极大的便利，尤其是出版社的董黛老师，她认真细致的工作精神使本书增色不少。在此一并表示衷心感谢。

由于译者水平有限，在翻译过程中难免出现不当之处，对此全由译者本人承担责任，也敬请大家谅解并批评指正。